新时代教育评价改革研究丛书

新时代
教育评价改革
典型案例

彭斌柏——— 主编

XINSHIDAI

JIAOYU PINGJIA

GAIGE

DIANXING ANLI

北京师范大学出版集团
BEIJING NORMAL UNIVERSITY PUBLISHING GROUP
北京师范大学出版社

图书在版编目（CIP）数据

新时代教育评价改革典型案例 / 彭斌柏主编 . —北京：北京师范大学出版社，2022.8（2024.1 重印）
（新时代教育评价改革研究丛书）
ISBN 978-7-303-27842-8

Ⅰ.①新… Ⅱ.①彭… Ⅲ.①教育评估 – 教育改革 – 案例 – 中国 Ⅳ.① G521

中国版本图书馆 CIP 数据核字 (2022) 第 050354 号

联　系　电　话	010-58805079
北师大出版社教师教育分社微信公众号	京师教师教育

出版发行：北京师范大学出版社　www.bnup.com
　　　　　北京市西城区新街口外大街 12-3 号
　　　　　邮政编码：100088

印　　刷：	三河市兴达印务有限公司
经　　销：	全国新华书店
开　　本：	787 mm×1092 mm　1/16
印　　张：	38.75
字　　数：	432 千字
版　　次：	2022 年 8 月第 1 版
印　　次：	2024 年 1 月第 2 次印刷
定　　价：	136.00 元

策划编辑：郭兴举　鲍红玉	责任编辑：马力敏　李灵燕
美术编辑：焦　丽	装帧设计：焦　丽
责任校对：康　悦	责任印制：陈　涛

版权所有　侵权必究

反盗版、侵权举报电话：010-58800697
北京读者服务部电话：010-58808104
外埠邮购电话：010-58808083
本书如有印装质量问题，请与印制管理部联系调换。
印制管理部电话：010-58805385

序
PREFACE

深化教育评价改革要整体发力、上下衔接、相互呼应

教育评价事关教育发展方向，有什么样的评价指挥棒，就有什么样的办学导向。在全面总结"十三五"规划、科学制定"十四五"规划的关键节点，中共中央、国务院发布了《深化新时代教育评价改革总体方案》（以下简称《总体方案》），就深化新时代教育评价改革的总体要求、重点任务和组织实施进行了系统安排和明确部署。这是在习近平新时代中国特色社会主义思想，特别是习近平关于教育的重要论述的指引下，新中国教育评价的一次重大突破与创新，具有里程碑的意义，必将对进入新时代的中国教育改革与发展产生重大影响。

《总体方案》中有哪些关键点？旨在引领什么？

《总体方案》中明确提出了"五个坚持"的基本原则，即坚持立德树人、坚持问题导向、坚持科学有效、坚持统筹兼顾、坚持中国特色。这"五个坚持"遵循教育规律，全面贯彻党的教育方针，坚持社会主义办学方向，始终围绕培养德智体美劳全面发展的社会主义建设者和接班人这样一个教育根本目标。

第一，《总体方案》突出了树立更加科学的教育评价观。通过建立更加有效的教育评价制度，坚决改变简单以考分排名评教师、以考试成绩评学生、以升学率评学校的导向和做法，旨在建立充满活力、富有效率、更加开放、有利于高质量发展的教育体制机制，为发展具有中国特色、世界水平的现代教育提供重要的制度保障。

第二，突出了全面贯彻党的教育方针。通过设计更加科学的教育评价制度，引领新时代人才培养体系建设，把立德修身、健身强体、崇尚劳动、涵养人文和审美等融进每一个学生的成长中，把立德树人融入思想道德教育、文化知识教育、社会实践教育各环节，建立促进学生身心健康、全面发展的长效机制，旨在引导教育事业始终沿着中国特色社会主义教育方向前进，培养真正能够担当民族复兴大任的时代新人。

第三，突出了全党全社会对推进教育评价改革的重要作用。《总体方案》明确规定了各级党委和政府要正确履行教育职责，牢固树立科学的教育发展理念，坚决克服领导工作中的短视行为、功利化倾向；要求党政机关、事业单位、国有企业率先破除唯名校、唯学历是举的导向，改变用人单位选才、用才过分注重高学历、高文凭的现象；倡导家长树立正确的家庭教育理念和正确的成才观，不能仅用成绩衡量孩子的成长，而是要将目光放宽到品德、智力、意志、兴趣等的综合发展上，为孩子拥有一个丰富、出彩的人生打牢基础。这些举措，旨在为科学管理教育、有力支持教育、真情关心教育、理性看待教育做出制度安排，进而为教育发展营造良好的外部环境，形成健康的教育生态。

《总体方案》为实现改革政策效益的最大化做了哪些安排？

教育改革走到今天，靠单一主体推进改革、在个别环节进行改革、从某个领域探索改革、以一种方式推动改革，往往相互掣肘，实践起来很难奏效，必须整体发力、上下衔接、左右配套、相互呼应，着力增强改革的系统性、整体性、协同性，寻求最大公约数，画出最大同心圆，才能实现改革政策效益的最大化。面对不同利益主体的多元诉求、不同层级和类型教育的各自发展规律、不同地区的教育发展条件差异等，作为教育评价的顶层设计，《总体方案》突出了统筹兼顾推进教育改革的方法论。

第一，《总体方案》就党委和政府、学校、教师、学生、用人单位等各主体进行了系统安排。对于如何评价各级党委和政府科学履行教育职责，明确提出"改革党委和政府教育工作评价"，重点从"完善党对教育工作全面领导的体制机制""完善政府履行教育职责评价""坚决纠正片面追求升学率倾向"几个方面着手，不断提高科学履职水平。对于如何评价学校，明确提出"改革学校评价"，重点是坚持把立德树人成效作为根本标准，使各级各类学校立德树人落实机制更加完善。对于如何评价教师，明确提出坚持把师德师风作为第一标准，重点从"突出教育教学实绩""强化一线学生工作""推进人才称号回归学术性、荣誉性"等方面着手，健全促使广大教师安心教学、潜心育人的评价制度。对于如何评价学生，明确提出"以德为先、能力为重、全面发展"的科学成才观，重点从"完善德育评价""强化体育评价""改进美育评价""加强劳动教育评价""严格学业标准""深化考试招生制度改革"几个方面着手，促进学生德智体美劳全面发展。此外，《总体方案》对社会如何选人用人、家庭如何树立正确的教育观和成才观也做出了规定。

第二，对招生考试、教育教学、毕业就业等人才培养各环节进行了系统安排。在招生考试环节，如对全社会高度关注的中高考问题，《总体方案》提出，要"稳步推进中高考改革，构建引导学生德智体美劳全面发展的考试内容体系""加快完善初、高中学生综合素质档案建设和使用办法，逐步转变简单以考试成绩为唯一标准的招生模式"。在教育教学环节，针对学校教育只注重知识传授等问题，《总体方案》将学生的日常表现特别是践行社会主义核心价值观的情况纳入学生综合素质评价，将达到国家学生体质健康标准要求作为教育教学考核的重要内容，并提出"探索在高等教育所有阶段开设体育课程"等，明显增加了对学生学习过程的评价分量和考查内容。在毕业就业环节，《总体方案》提出严把出口关，就初高中毕业班管理、高校学位论文、学生实习实训等做出了明确规定。明显可以看出，此次教育评价伴随着学生学习、成长的全过程，可以说是一种全程评价、全方位评价。

第三，对学前教育、基础教育、职业教育、高等教育、终身教育等领域进行了系统安排。这主要集中体现在对各级各类学校的评价上。什么样的学校是人们心目中的好学校、满意的学校？这里就有一个科学评价标准制定和全面评价要素选取的问题，以更加充分地发挥教育评价这根指挥棒的正导向作用。《总体方案》从问题导向和目标导向出发分别做出了安排。对幼儿园，重点评价的是科学保教、规范办园、安全卫生、队伍建设以及克服小学化倾向等情况。对中小学，重点评价的是促进学生全面发展、保障学生平等权益、引领教师专业发展、提升教育教学水平、营造和谐育人环境、建设现代学校制度以及学业负担、社会满意度等情况。对职业学校，重点评价的是德技并修、产教融合、校企合作、育训结合等情况。对高等学校，重点推进分类评价，引导不同类型的高校科学定位，办出特色和水平；对社会广泛关注的"双一流"建设，明确提出要制定"双一流"建设成效评价办法，突出培养一流人才、产出一流成果、主动服务国家需求，引导高校争创世界一流。

第四，对结果评价、过程评价、增值评价和综合评价等各方式进行了系统安排。《总体方案》中的很多具体政策措施都是这四种评价方式的具体化。例如，如何评价一个学生？世界上没有两片相同的树叶，也没有两个相同的人，人应该千人千面，每一个人都是独特的自己。但长期以来，我们评价学生习惯用"分数"这一把尺子，重智轻德、重分数轻能力，将学生的成长与发展窄化为分数的提高，这就使得学生穿梭于补习班、埋头刷考题，学生的综合素质和个性发展在分数的约束下被大大削弱，严重影响了学生的全面发展、健康成长，这与落实德智体美劳全面发展的党的教育方针是背道而驰的。当前社会上对教育的诟病，在很大程度上也是"分数至上"的评价标准导致的。为解决这一问题，《总体方案》采取的是"组合拳"思路：既有对学生学习结果的评价，也有对学生学习过程、成长过程的评价,还有对综合素质的评价。一系列多元评价措施,将有力地促进每个学生全面而富有个性地发展。

《总体方案》对教育评价的实践提出了什么要求?

每个时代有每个时代的使命,每个时代也有每个时代的问题。努力解决时代存在的教育问题,完成时代赋予的教育使命,是包括教育战线在内的全党全社会的重大任务。教育的重要使命就是服务中华民族的伟大复兴,为党育人,为国育才,加快教育现代化,建设教育强国,努力办好人民满意的教育。《总体方案》服务和服从于这一重大使命,对教育评价政策、措施、办法做出了一系列的制度安排,与时俱进地深化了教育评价实践。这些制度性安排,顺应时代要求,适应中国国情,因应教育规律,回应人民盼望,务实、可行、接地气,让我们既看到了党中央推进教育评价改革的勇气与决心,感受到了推进教育评价改革的策略与智慧,也体会到了推进教育评价改革实事求是的务实作风和与时俱进的创新精神。

这些制度安排有的是重申与强调。例如,完善党对教育工作全面领导的体制机制,严禁公布、宣传、炒作中高考"状元"和升学率,落实中小学教师家访制度,落实教授上课制度等。

有的是优化与调整。例如,对各级各类学校的评价,根据不同学段的学校定位,进一步优化了评价要素。对高校教师的考核,把参与教研活动,编写教材、案例,指导学生毕业设计、就业、创新创业、社会实践、社团活动、竞赛展演等计入工作量,进一步引导高校教师强化育人功能。

有的是探索与创新。例如,在如何评价一位教师是否上好每一节课、关爱每一个学生方面，《总体方案》吸收了有关地方经验，在中小学提出，探索建立中小学教师教学述评制度，任课教师每学期须对每个学生进行学业述评，述评情况纳入教师考核内容。在现代信息技术日益发达的今天，《总体方案》提出，创新评价工具，利用人工智能、大数据等现代信息技术，探索开展学生各年级学习情况全过程纵向评价、德智体美劳全要素横向评价。可以预见，这些创新性制度安排必将为教育评价的丰富和完善发挥独特的作用。

基于上述三个方面的认识和思考，教育部教育发展研究中心组织力量深入开展教育评价改革研究，编写了《新时代教育评价改革政策解析》《新时代教育评价改革典型案例》两本书。前者全程跟进《总体方案》的制定，对有关教育评价改革重要政策的科学性、可行性和风险点进行了研究论证，以期坚定推进教育评价改革的信心，充实、细化、完善教育评价改革的制度性安排。后者聚焦教育评价改革典型案例开展跟踪研究，对教育评价改革的经验做法、问题挑战等方面进行了分析总结，以期为教育评价改革决策咨询和实践推进提出可行性建议。从这个意义上说，这两本书是教育发展研究中心的集体研究成果，也可视作教育发展研究中心研究水平的整体体现。这么做的全部意义就是加快推进教育评价改革，推动教育的高质量发展。

彭斌柏

教育部教育发展研究中心主任

2021 年 10 月

前 言
PREFACE

　　为深入贯彻落实习近平关于教育的重要论述和全国教育大会精神，扭转不科学的教育评价导向，坚决克服教育评价唯分数、唯升学、唯文凭、唯论文、唯帽子的顽瘴痼疾，各地各校积极探索教育评价改革，并进行了有益的尝试，积累了不少经验。鉴于此，新时代教育评价改革典型案例研究团队在教育部综合改革司的支持下，依托中心专家队伍、地方教育部门和合作单位成员，收集整理典型案例的实践情况，做深入分析概括，形成了《新时代教育评价改革典型案例》（下文简称《案例》）。

　　《案例》归纳整理了26个省、自治区、直辖市，55所部属高校和2所部省共建高校在深化教育评价改革方面的典型做法，内容划分为四大板块：一是各级党委和政府推进教育评价，科学履行职责的情况；二是各级各类学校改革评价，推进落实立德树人根本任务的经验；三是改革教师评价，践行教书育人使命的做法；四是改革学生评价，促进学生德智体美劳全面发展的典型。

《案例》力求深入挖掘基层（地方和学校）在落实全国教育大会精神以及习近平关于改革教育评价重要论述方面所做的探索、政策举措和成功经验，充分反映在科学教育评价理论的指导下，在教育评价改革政策的引领下，各地各校开展的形式多样、内容丰富、措施具体、富有创造性的教育评价改革实践。希望这些实践性的探索，为教育评价改革的宣传推广、复制扩大探索范围乃至适时上升为改革的制度性安排奠定基础，进一步坚定推进新时代教育评价改革的信心。

目 录
CONTENTS

第一部分　党委和政府教育工作评价改革

推进区域基础教育发展评价提升教育治理水平　3
　　/浙江省教育厅

突出基础着眼发展实施中小学办学水平督导评估　6
　　/青岛市人民政府教育督导室

创新教育质量监测，为提升教育质量精准"导航"　11
　　/青岛市人民政府教育督导室

以教育督导评价破解"五唯"难题　15
　　/山东省潍坊市教育局

以监测深化评价促区域教育优质均衡发展　21
　　/深圳市福田区教育局

以教育评价监测推动教育高质量发展　26
　　/陕西省西安市教育局

第二部分　学校评价改革

学校篇

构建办学质量标准，深化校本化评价改革　33
　　/ 重庆市渝中区人和街小学

创设成长观测平台持续打造学生综合评价升级版　41
　　/ 重庆市璧山区实验小学

"尊师爱生121"，师生互评实践探索　50
　　/ 北京市月坛中学

双轮驱动，两翼齐飞——推进三型活力课程评价与学生综合素质评
　　价的融合　54
　　/ 长沙市长郡双语实验中学

在现代学徒制育人实践中推进产教融合立体化教学评价　62
　　/ 江苏省太仓中等专业学校

创新多元主体共评的课堂教学质量评价　65
　　/ 重庆三峡医药高等专科学校

围绕"立德树人"探索研究生培养全方位、全过程评价　69
　　/ 北京工商大学

开展"以本为本"的本科教学质量评价　74
　　/ 浙江农林大学

自主探索"学科特区"新评价模式　78
　　/ 南昌大学

破"五唯"导向的教改项目"放管服"改革　84
　　/ 韶关学院

破立结合，深化专业评估改革　88
　　/ 成都理工大学
以竞赛为抓手，丰富教学评价手段　93
　　/ 西安培华学院

地方篇

大数据助力能力导向的评价改革　96
　　/ 北京市房山区教育委员会
让国际教育评价理念为我所用，为区域教育发展破局　101
　　/ 北京市房山区教育委员会
"用不同的尺子衡量不同的学校"增值评价实践探索　108
　　/ 北京市顺义区教育质量评价中心
利用大数据为教学评价改革赋能　114
　　/ 北京市顺义区教育质量评价中心
"因材施评"的高校绩效管理考核　118
　　/ 辽宁教育学院
学业质量"绿色指标"引领学生全面发展的导航器　122
　　/ 上海市教育委员会
高校"综中有分"的评价经验　129
　　/ 上海市教育委员会
从"聚焦分数"走向"优化生态"——以教育质量监测促教育发展的
　　实践　132
　　/ 江苏省苏州市教育局

探索高职"诊改" 138
　　/ 江苏省高等教育学会

创新开展高水平大学建设绩效评价 146
　　/ 江苏省教育厅

创新诊断与改进并行的中小学教育质量综合评价 149
　　/ 浙江省教育厅

绿色增值评价的区域探索 156
　　/ 浙江省温州市教育评估院

等第赋分，刚性挂钩——基于学生全面发展的初中综合素质评价改革与区域实验 159
　　/ 嘉兴教育学院

"福建评估新模式"在高等教育监测评估中的推广与应用 166
　　/ 福建省教育厅

用评价"量"出一片新天地——深化教科研评价改革实践探索 170
　　/ 江西省萍乡市教育局

探索中小学教育质量综合评价改革 177
　　/ 江西省抚州市教育局

推进综合素质评价，引导学校全面育人 184
　　/ 山东省潍坊市教育局

开展"三级三路径六化六系统"教育评价 195
　　/ 山东省滨州市教育质量评价中心

创新"综合＋专题"的评价 205
　　/ 长沙市教育局

全域推进初中生综合素质评价 212
　　/ 湖南省株洲市教育局

"从入口看出口"的增量评价探索　　223
　　/湖南省永州市宁远县教育局

以科学评价助推素质教育　　228
　　/重庆市九龙坡区教育委员会

发展性督导激发起学校自主成长活力　　233
　　/重庆市巴南区教育委员会

推动有温度、有广度的县域内评价改革　　239
　　/重庆市石柱县教育委员会

推进中小学教育质量综合评价改革　　246
　　/成都市教育局

以监测机制促评价改革　　251
　　/成都市锦江区教育局

基于大数据的中学新型学业质量测评　　257
　　/昆明市官渡区教师进修学校

多举措创新集团化办学成效考核评价　　262
　　/宁夏回族自治区银川市金凤区

第三部分　教师评价改革

中小学校篇

开展"两点、三层、四主体"教师评价　　271
　　/河北省石家庄市神兴小学教育集团

狠抓"五突出",深化中小学教师职称改革　　276
　　/江苏省教育厅

开展师德为先、业绩为重、学术为荣的教师评价　　279
　　/ 浙江省宁波中学

教师职称自主评聘改革的"浙江模式"　　284
　　/ 浙江省教育厅

突出工作实绩，做好岗位职责考评　　290
　　/ 山东省潍坊市潍坊第一中学

深化教师职称制度改革，激发教师队伍活力　　294
　　/ 山东省潍坊市教育局

用积分制撬动教师专业发展　　299
　　/ 山东省泰安市实验学校

以发展为导向的教师从教行为评价改革　　306
　　/ 重庆市璧山中学

高校篇

深化破"五唯"评价，激发教师队伍活力　　312
　　/ 中国农业大学

以职称晋升改革为抓手创新智库型人才评价　　321
　　/ 北京师范大学

构建体现医学高等院校特色的教师教学能力综合评价体系　　324
　　/ 首都医科大学教务处

打破"论资排辈"，多维评价人才　　330
　　/ 中国政法大学

建立以提高教师能力为核心的发展性教师评价机制　　335
　　/ 中国民航大学

探索发展导向的教师评价　　344
　　/ 天津中医药大学

创新实训指导教师职称评审，加强"双师型"教师队伍建设　　347
　　/ 天津市职业大学

创新科研评价，设立应用推广教授　　351
　　/ 山西农业大学

多点突破推进高校评价　　354
　　/ 内蒙古大学

多点发力创新教师评价制度　　361
　　/ 华东师范大学

探索高校教师"代表性成果"评价改革　　369
　　/ 上海大学

以学生评教促教师评价，实现"教"与"学"有效对接　　372
　　/ 江南大学

"教得好"也能评教授　　376
　　/ 南京林业大学

"四类型四层次""双师双能型"教师评价　　380
　　/ 浙江省宁波市宁波财经学院

改革职称评审　　384
　　/ 广东工业大学

成果导向的多样化分类评价　　387
　　/ 中山职业技术学院

高水平教师队伍分类评价机制改革　　390
　　/ 重庆工业职业技术学院

积"分"破除"五唯",标"星"取代投票　　395
　　／西南石油大学

高层次人才评价改革突出实践导向　　400
　　／西昌学院农业科学学院

开展多维度全方位教职工评价　　403
　　／云南大学滇池学院

创造性开展在线学习的智能评价　　407
　　／西安电子科技大学

深化分类分层考核评聘改革　　411
　　／西安石油大学

以科研综合评价引领科研高质量发展　　414
　　／长安大学发展规划处

职称评审改革突出多元化导向　　416
　　／西安外国语大学

创新课程考核多样化模式,突出人才培养能力导向　　420
　　／西安欧亚学院

第四部分　学生评价改革

中小学校篇

依托信息技术创新居家学习评价　　429
　　／北京市西城区志成小学

创新"贡献积分",多维度评价孩子　　434
　　／北京市西城区实验小学

推进评价多元化，全面提高学生综合素质　　438
　　/ 北京小学

多彩评价助力全体学生的全面发展　　446
　　/ 北京市平谷区第一小学

用爱丈量，让学生评价有温度　　449
　　/ 河北省石家庄市神兴小学教育集团

聚焦学生核心素养，创新七彩阳光学业评价　　454
　　/ 浙江省瑞安市塘下实验小学

表现性评价的新范式——小学生游艺性评价的有效实践　　460
　　/ 湖南省长沙市开福区教育局

基于"互联网+"技术的劳动教育评价改革　　466
　　/ 重庆市人民小学

创建"1+1+1"语数学业评价新模式　　475
　　/ 重庆市江北区玉带山小学

推进养成教育评价　　481
　　/ 黑龙江省大庆市林甸县第三中学

以"五维"破"五唯"，创新体育素养评价　　484
　　/ 上海市教育委员会

中高考招录方式改革驱动下的学生综合素质评价　　487
　　/ 上海市教育委员会

以生为本，开启智慧评价新时代　　491
　　/ 浙江省杭州市采荷中学

开展"生本·多元"导向的综合素质评价　　494
　　/ 山东省潍坊市高新区东明学校

用好中小学生综合素质评价平台，开展"阳光"评价　　500
　　／甘肃省张掖市临泽县教育局
新高考背景下学生综合素质评价探索　　505
　　／陕西省渭南高级中学

高校篇

强化应用导向——专业学位硕士研究生学位论文评价机制改革　　510
　　／北京大学研究生院
强化过程评价，创新评价机制——以评价引领博士研究生培养改革　　512
　　／北京大学
以学生为中心推进教学的过程性评价　　519
　　／首都医科大学教务处
积极探索深化岗位分类评价的用人制度　　526
　　／北京师范大学人才人事处
构建博士生学术成果多元评价体系，多措并举破除"唯论文"　　530
　　／中国政法大学
创新大学生双创评价　　533
　　／防灾科技学院
探索校企合作育人模式下的多元评价　　537
　　／吉林动画学院
"特别申报"通道助力优秀人才成长　　540
　　／哈尔滨工程大学

开展成果导向的多元教学评价　544
　　/ 黑龙江职业学院

依托信息技术推进与教学联动的考试改革　552
　　/ 湖南水利水电职业技术学院

深化岗位需求导向的人才考核评聘改革　555
　　/ 中山职业技术学院

扩大行业企业参与评价，引导培养高素质现代学徒　558
　　/ 广西职业技术学院

将多维度学业评价融入教学过程　561
　　/ 贵州民族大学

构建常态化动态竞争的岗位聘任机制　564
　　/ 西南政法大学

毕业综合考核体现专业能力导向　568
　　/ 丽江师范高等专科学校

强化学生课程学习的过程评价　571
　　/ 丽江师范高等专科学校

开展关键核心能力测评试点　574
　　/ 陕西国防工业职业技术学院

六位一体多元化学生综合能力评价改革　582
　　/ 兰州现代职业学院

现代学徒制试点中的"三方评价"　590
　　/ 新疆石河子职业技术学院

后　记　593

第一部分
党委和政府教育工作评价改革

推进区域基础教育发展评价提升教育治理水平

/ 浙江省教育厅

浙江省通过推进区域教育发展评价，准确把握了各地基础教育的发展状况，引导地方政府、学校优化教育生态，提升区域教育治理水平，促进区域教育的可持续发展。

一、主要内容

（一）评价体系体现"结构思维"

将区域教育发展评价的重点放在反映教育系统内部均衡协调发展的"结构意义"的质量指标，特别关注公办教育与民办教育的协调发展、普通教育与职业教育的合理比例、城市教育与农村教育均衡发展等结构性的问题。

（二）评价指数注重教育的均衡度与公平度

构建了反映区域教育发展的教育生态指数，包括均衡度与公平度两方面。均衡度由城区公办学校与城区民办学校的均衡情况、城区公办学校与农村公办学校的均衡情况组成，主要从学生综合发展、学校教育教学及管理两方面来评估，同时兼容了结果型质量与过程型质量。公平度则由贫困家庭子女、富裕家庭子女、普通家庭子女学业成就与家庭社会经济地位相关性构成。教育生态指数的提出，使结构型质量的主张得以落地，突破了以往教育评价唯结果论的局限。

（三）指标设计注重宽度和深度

区域基础教育发展评价主要从三方面设置和采集。一是区域中小学生成长的外部环境，主要包括政府教育政绩观、包容就业环境、舆论引导环境、家庭教育环境、区域教育满意度等有关指标。二是区域基础教育内部的科学协调程度，主要包括公民办教育协调度、城乡校际均衡度、普职融通度、考试难度等方面的有关指标。三是区域中小学生的学业负担指数，主要包括作业指数、补习指数、睡眠指数、学习压力指数、运动健康指数、近视率等。

二、实施效果

第一,推动了地方创新评价体系。例如,台州市开展小学生自我管理能力、高中新生心理适应等专题监测,强化监测归因研究,促进了区域教育的发展。

第二,实现了区域治理实践的创新发展。例如,杭州市江干区关心学生的学习状态,研究影响学生学习的因素,开展了学习质量调查等,使"管理立场"的评价转向了"学生立场"的评价。

第三,营造了良好的育人环境。将评价重点引向教育发展的短板,以求更客观、更全面地反映学生的发展,以求以更宽的视野探寻全面育人的路径与方法,促进学生健康发展。例如,以下观念在社会上引起了积极的共鸣:学生学习品质至关重要,"训练不如反思";教师教学方式对学生学习品质影响最大,"讲授不如探究";要加强全科阅读与阅读策略的指导,因为"补习不如阅读";弱势儿童"留守不如流动",家庭教育"关注不如参与"。

突出基础着眼发展实施中小学办学水平督导评估

/ 青岛市人民政府教育督导室

山东省青岛市实施"基础+发展"的中小学校办学水平督导评估改革,践行发展性评价的理念,摸索了将发展性评价纳入学校办学水平督导评估、破除"五唯"顽瘴痼疾的青岛经验。

一、主要举措

(一)出台学校办学水平督导评估方案和指标体系,形成"基础+发展"的中小学校办学水平督导评估双引擎

2015年出台《青岛市中小学(幼儿园)办

学水平发展性督导评估方案》(简称《方案》);2016年出台《青岛市中小学(幼儿园)办学质量评价指标体系(试行)》(简称《指标体系》)。《方案》和《指标体系》涵盖了幼儿园、小学、初中、高中、特殊学校、中职学校的办学水平整体评价框架和标准;突出了中小学教育质量综合评价改革的要求,以学生发展为核心,把学校工作适应学生全面发展作为衡量学校办学水平的主要标准,注重培养学生核心素养,关注学生的发展过程,注重考察学生进步的程度和增值发展的水平,落实立德树人的工作方针,促进学生的全面发展。

《方案》和《指标体系》成为近年来青岛市开展中小学校办学水平督导评估工作的基本依据,逐步形成了"基础+发展"的中小学校办学水平督导评估双引擎。在学校办学水平督导评估中,既考虑学校的基础和现状,又注重学校发展。结合学校的发展规划,每校一个评估方案,多把尺子衡量,促进学校自主发展和现代学校制度的建设。"基础+发展"的督导评估,注重的不只是最终的教育结果,它更关注起点和过程,使学校督导的目的不仅是甄别和选拔,还可以通过评估学校、教师和学生的发展情况,改进学校的教育教学。

(二)加强组织领导,严格评估程序和实施步骤,实现全市中、小学校和幼儿园的全覆盖

实行两级督导室分工负责制度,市、区(市)政府教育督导室按分级负责、分类指导的原则,负责所辖中小学校办学水平督导评估的组织实施工作。市政府教育督导室对全市所有中小学校的督导评估工作进行指导、监督。局属学校的督导评估由市政府教育督导

室直接实施，区（市）高中段学校的督导评估由市政府教育督导室统筹协调，区(市)政府督导室负责组织实施，保障了"基础+发展"的中小学教育质量评价督导评估在全市3000余所学校、幼儿园全面推开。

评估督导形成了严格的评估程序和实施步骤，每年从两个指标体系中选取不同指标进行重点评估。评估方案的制订从学校工作的实际出发，重视大数据和日常考核的使用，注重体现评估工作的导向性、实效性和可操作性。评估细则涵盖了学生身心健康、学业发展、"十个一"工作推进落实情况、师德师风、教师课程开发能力、课堂教学能力、学校德育工作、现代学校制度建设、师资队伍建设、课程实施等内容。在实施评估的过程中，一是引入第三方收集、汇总数据，随机抽取学校的课堂进行现场录像，聘请外地专家进行线上评课，客观评价学校课堂教学水平。二是各校通过管理系统网络平台集中提取相关档案材料，督导室组织专家在线查阅材料、到校现场考核，对照考核指标体系采用多种方式逐一验证、判断，并对每所学校进行现场反馈。三是考核结束后，汇总各校得分情况，进行数据分析，为每所学校撰写督导评估报告，同时形成年度督导评估总报告。

（三）将督导结果纳入学校年度绩效考核中，保证了督导结果的有效使用

中小学校办学水平督导评估结果分为优秀、良好、合格和待合格四个等级。教育督导部门向社会公布督导评估结果并发布督导评估报告。学校督导评估的结果，作为对学校及其主要负责人业绩考

核和评优的重要依据。市政府教育督导室对局属学校督导评估结果占对局属学校绩效考核的 1000 分中的 600 分，占 60%。对评定为"待合格等级"，且限期整改后经复评仍达不到"合格等级"的学校，建议其主管部门追究学校主要负责人的责任。由于学校管理不善，出现责任事故造成恶劣影响的，学校评估结果降低一个等级。以上两种情况，校长年度考核不得进入"优秀"等级。

二、基本经验

（一）落实发展的理念

以督导评估促教育发展是重要理念，和传统的基础性评价方法相结合，会对学校、教师、学生的评价更加全面和公平。在青岛的教育督导评估中，发展性督导评估在每年的督导中占比较大的比重，教育督导部门指导学校根据督导评估方案制定五年发展规划，在学校自评的基础上，按照"每校一个方案，多把尺子衡量，突出学校自主发展"的原则，对学校发展情况进行督导评估，注重评价学校有效实现自我预设目标的能力，注重学校发展的增值评价。这有助于尊重学校的差异性、多样性，引导不同办学基础、不同发展阶段的学校持续发展。

（二）优化评价方法

创新评价机制和方法，通过学校自评与外部专家评价相结合、过程性评价与结果性评价相结合、定性与定量分析相结合，对学校办学质量做出综合评价。

（三）升级评价工具

引入现代信息技术，自主开发学校办学水平督导评估数字化管理平台，实现学校自我评价、过程性评价和定期监测相结合，使评价有大数据的支撑，提升评价的科学性和有效性。

（四）完善评价内容

将教育部中小学教育质量综合评价五大方面的内容融入学校发展性督导评估范围，将中小学教育质量综合评价改革和质量监测成果纳入学校办学质量评价体系，建立对中小学教育质量综合督导评估工作机制，全面评价学校教育教学质量与发展状况，通过督导评估进一步引导和指导学校持续健康的发展。

创新教育质量监测，为提升教育质量精准"导航"

/ 青岛市人民政府教育督导室

2014年以来，山东省青岛市作为全国中小学教育质量综合评价改革实验区，积极探索和创新全市中小学、幼儿园的教育质量监测工作，形成了科学多元的中小学教育质量监测评价体系，构建了以政府为主导、以学校为主体、以第三方评价专业机构为依托的教育质量监测工作模式，建立了市级、区（县）、学校三级教育质量监测联动机制，为提升教育质量提供了精准的指导。

一、主要举措

教育质量监测着眼于发现教育质量提升中存

在的问题，各区（市）、学校基于教育质量监测报告，着力解决监测报告中反映的问题，提高监测报告使用效果，建立系列制度和工作措施，将整改融入日常工作中，针对问题推进整改，为提升区域教育质量提供精准指导。

（一）培育第三方评估机构

2014年，青岛市市政府教育督导室印发《青岛市教育质量监测实验工作方案》，发挥高校优势，积极培育第三方机构，委托中国海洋大学成立"青岛市教育评估与质量监测中心"，组建了教育质量综合评价改革工作专家指导委员会，建立了一支由国内知名专家、海大教育评价研究团队以及由青岛市优秀的一线教研员和教师共同组成的骨干研究队伍。市财政每年拨款400余万元，专项用于教育质量监测工作。

（二）建设监测的评价工具库

根据国家中小学教育质量综合框架要求，细化、研发评价指标标准和工具，逐步完善青岛市教育发展的评价工具库，监测工具全面涵盖了五大领域、20项指标及相关影响因素。具体包括基于标准的学科监测试卷、品德发展量表问卷、心理健康量表问卷、兴趣特长养成量表问卷、学业负担状况量表问卷，以及学生、家长、教师、校长调查问卷。

在监测工具的研发上，在国家教育质量监测专家团队和相关领域的一流学者的领导下，坚持引进与自主研发相结合，工具的开发严格按照国际上通行的程序，经历论证、初拟题目、预试（两次）、修改、定稿等过程，监测工具难度分布合理，区分度适中，试卷内部一致性信度较高，具有广泛的适应性和良好的测量学指标，部分工具还具有全国可比性。同时在监测结果的分析方面，青岛市根据国家课程标准要求，由教育测量专家、数学学科专家、一线教师组成水平标准划定小组，采用安戈夫法和标签法对青岛市学科监测成绩进行了标准划定，将学科成绩划分为四个水平（不合格、合格、良好、优秀），保证了教育质量综合评价实验的科学有效。

（三）运用现代信息技术

从抽样、实测到数据分析，充分运用教育测量评价技术、现代信息网络技术和大数据分析技术，形成了科学多元的中小学教育质量监测评价体系。自主开发"青岛市中小学教育质量综合评价基础数据库"和"数字化管理平台"，全面用于大规模教育质量监测和学生综合评价，实现学校自我评价、过程性评价和定期监测相结合，使实验工作有了大数据的支撑，提升了实验工作的科学性和有效性。监测方式高度信息化，测试中的问卷调查部分运用网络系统平台进行数据采集和学业水平测试。

二、实施效果

经过近年来的探索，2019年青岛市幼儿园、初中、普高和中职学校比例均为100%，小学抽样比例也达到了70%，基本上实现了教育质量监测的全覆盖，取得了积极成效。

第一，提升了教育治理水平。重点面向各级教育主管部门和学校报告教育质量监测情况，对当前教育教学中存在的问题进行了全面诊断，建立了对中小学教育质量综合督导评估工作机制，为政府履行教育职责提供了科学依据。

第二，提升了教育质量。将质量监测成果纳入学校办学质量评价体系，开展了数学、科学、语文学业发展以及学生品德发展水平、身心发展水平、兴趣特长养成和学业负担状况等方面的质量监测，全面评价学校教育教学质量与发展状况，破除"唯分数、唯升学、唯文凭、唯论文、唯帽子"的顽疾，对全市基础教育、中职教育的改进与质量提升，推动教育高质量发展保驾护航。

第三，营造了良好的育人环境。向社会公布教育质量监测报告的有关部分，使教育质量监测数据服务于社会，接受社会监督，通过监测报告更好地指导社会和家长，引导社会和家长树立科学的教育质量观、人才观，培养科学的家庭教育方法，营造了良好的教育环境，取得了较好的社会影响。

以教育督导评价破解"五唯"难题

/ 山东省潍坊市教育局

经过多年的探索,山东省潍坊市强化教育督导作用、健全教育督导制度、创新教育督导方式,逐步建立起一套以教育督导评价为依托的工作机制,加强了政府对学校的指导、监督和服务,加强了政府与学校的联系,提升了教育治理水平。

一、主要举措

(一)精准制订督导方案解决"督什么"

1. 一突出:突出督政属性

突出对党委政府履行发展教育职责的考核评价,体现督政属性;教育教学内部业务列入督学管理，实行督学与督政分开。

2.五聚焦：聚焦重大事项

一是聚焦党委政府重大教育部署。例如，中小学党建、教育脱贫攻坚行动、全面改薄、破解中小学大班额、优质均衡创建等。

二是聚焦教育经费保障。例如，教育经费两个只增不减、各类教育生均拨款、绩效工资增资政策，以及对县市区经费拨付增项提标激励等。

三是聚焦群众诉求。将通过教育惠民服务中心、督学责任区等机制了解到的基层实际需求和薄弱环节，纳入督导方案。例如，对无证幼儿园的治理、小学生放学延时看管服务等。

四是聚焦、守住安全稳定底线。列出意识形态、疫情防控、招生录取、教师管理、考试安全、校园安全、禁毒环保、党风廉政等负面清单。

五是聚焦教育高质量发展。例如，校长教师管理体制改革等队伍建设、职业教育创新发展示范区的建设、教育现代化的推进等。每年年初，市政府教育督导室研究形成涵盖"建设、发展、经费、改革、安全、奖惩"六大类1000分的教育督政方案，按照"常态化、要素法"要求，每一项指标都明确发展导向、标准规范和评价办法，确保方案有依据、指标可核查、结果能量化。经过校长教师听证、征求县市区和教督委组成部门意见、市教育局党组审核、市政府教育督导委员会研究等环节，每年3月以市教育督导委员会文件印发。

（二）推行互联网+认定探索"怎么督"

一是系统调度。督政方案确定后，全部纳入"互联网＋督政"

系统，根据每项督导指标的运行规律和关键节点，分别设置每月、每季度、每半年等调度周期。例如，教育预算需要人代会审议通过，每年地方"两会"前利用督导系统进行前置审核，督促地方财政预算教育经费"应列尽列"；"全面改薄""破解大班额"是党中央、国务院和省委、省政府做出的重大决策部署，每月在网上审核学校开工、竣工审批手续和进度图片。系统设有超期预警、分类筛查、分析汇总等功能，能够形成同比、环比数据，体现增值发展。

二是媒体公示。对于学校建设、教师引进、经费投入等关键指标，定期在新闻媒体上公开各县市区的进展情况，对阶段性任务的完成情况做出评价，公示无异议后作为督导结果认定的依据，让舆论监督促进工作的落实。

三是调查问卷。督导事项通过网络"晒"出来。通过大样本、无记名形式访问校长、教师，调查结果与县市区自评情况高度吻合的予以认定，存在较大分歧的作为实地核查的线索和依据。让利益相关者有话语权，用民主公开保障客观公正。

四是大数据监测。借鉴宏观经济形势判断概念，将"教育经费比例及附加、普及高中阶段教育、中小学生体质健康水平、学生课外负担水平、办学群众满意度"等指标作为教育事业运行"健康指数"。数据的来源主要有两类。一类是部门数据库互联互通，如高中升学比例通过中考招生平台获取，教育经费使用财政部门结算数据，教育费附加与税务部门数据共享。另一类是通过专业第三方获取，如委托社情民意调查中心对中小学办学群众满意度进行独立调查，通过睡眠时间、作业时间、课外培训情况、家长认可度等反映学生课外负担情况等。

五是实地核查。实地核查从每年 11 月第三周开始，每个县市区安排一天时间，抽调市政府教育督导委员会成员单位相关人员组建督导团，事先集中开展业务培训，督导方式采用到县抽取镇街验证法，对自评不实情况按照自评可信度实行"得一扣二"制度。在督导过程中，白天查看现场、核验数据，晚上撰写报告、录入系统，今日事今日毕。每个县市区出具督导报告，由相关负责人签字确认，作为认定依据。

（三）刚性使用督导结果解决"实效性"

为了让教育督政真正"长牙带电"，潍坊建立起七项刚性使用督导结果的制度。

一是专项督查制度。对工作进度慢、推进难度大的督导指标，由市委、市政府督查室牵头，相关责任部门参与，现场调度，挂牌督办。

二是约谈制度。对思想不重视、工作拖沓延误的县市区，由市政府约谈县市区政府相关负责人，教育督导部门约谈县市区责任部门负责人，提出工作要求和整改时限。

三是通报制度。对于过程性进展情况，市政府办公室和市政府教育督导委员会定期印发通报，年终教育督政结果由市委、市政府两办印发督导通报，公开问题，并提出明确督导整改意见。

四是舆论监督制度。督导结果发布后，在《潍坊日报》、潍坊电视台等新闻媒体上公示，接受全社会的监督，通过公开透明和舆论监督的力量，强化督导威力，落实发展责任。

五是考核制度。将县市区教育的督导结果纳入全市经济社会发展的综合考核中,由市委组织部统筹使用,作为考核县市区领导班子和党政主要领导、分管领导的依据。

六是奖惩制度。督导结果作为评选教育工作优秀县市区的主要依据,以及作为奖励资金分配、干部任用、评优树先的重要依据。对出现重大安全责任事故、重大教育恶性事件的实行"一票否决"制度。

七是问题整改制度。对督导发现的问题,实行一县一清单反馈,建立问题台账,纳入督导平台调度系统,限期整改到位,整改落实情况纳入下一轮的教育督政。建立"专项回头看""督学责任区巡查"等机制,防止问题回潮反弹。

二、实施效果

(一)建章立制,发挥教育督导威力

潍坊教育督导历经20年改革发展,不断深化完善,形成了鲜明的特色:党政主导,威力巨大;市县协同,上下联动;方案精准,统筹兼顾;社会参与,公开公正;一年一度,久久为功。

(二)评价引领,政府不比升学比发展

一是督"标准",促进市域一体。二是督"发展",推进教育公平。三是督"改革",增强发展动力。四是督"专项",补齐农村短板。在党政和社会层面营造绿色的教育评价观,党委政府不炒分数比投入,不炒升学比发展,一把手争当"教育书记""教育市长"。

（三）持续推进，实现三个转变

第一，通过刚性约束，将教育上升为党委政府的民生之首，变教育部门的"协调争取"为党委政府的"自我加压"。第二，通过公开机制，将教育发展与群众的获得感、幸福感紧密地联系起来，将教育内部的事转变为全社会共同关心的事业，形成了党以重教为先、政以兴教为本、民以助教为荣的良好氛围。第三，通过搭建平台，将原来县市区各自为战，变为同台竞技，调动了各县市区发展教育的积极性和主动性。

以监测深化评价促区域教育优质均衡发展

/ 深圳市福田区教育局

为切实扭转以考试分数作为评价学校、教师和学生的唯一指标,以中考、高考成绩衡量地方"教育政绩"的倾向,深圳市福田区先行先试,破解体制机制障碍,构建以教育质量监测结果运用深化教育评价改革的"解码器",以问题为导向,以监测为手段,以应用为目标,打造以监测深化评价、以评价引领发展的福田教育品牌,助力区域教育优质、均衡发展。

一、主要举措

(一)构建领导体制

将原区教育局基础教育质量监测中心升格为

福田区基础教育质量监测中心,由分管教育的副区长出任中心主任,构建系统集成、协同高效的教育质量监测管理治理体系,形成"一个中心、统一指挥"之势,更好地发挥了政府"火车头"的牵引作用,优化了上下沟通、左右协同的监测结果应用体制。

(二)建立协同机制

建立教育系统内外协同机制,形成多方联动、协同推进的新"动力系统",助力政府部门从"简单决策"升级为"系统架构"。

一是与相关部门协同。福田区教育局分别与区科创局、司法局、文体局、卫健局等单位达成"协同协议",针对质量监测报告中发现的问题进行联合治理。

二是教育系统内部协同。加强监测中心与教育局内部各科室、学校的协作,构建监测指引、教研指导、行政决策、学校改进、督导跟踪的教育内部"五位一体"结果应用工作机制。

三是校际协同。区内学校根据区域监测结果,分析共性、互补性的教育教学问题,组建同质或异质的"问题解决联盟"。

(三)打造专门队伍

选优配强监测结果应用的核心、主力、服务团队。核心团队主攻监测结果应用的决策、专业指导和思想引领等;主力团队主要由校长、责任督学和教研员组成,在学校做好数据应用的推进、落实工作;服务团队由协同指导、学校监测、"数据玩家"团队组成,辅助学校应用数据改进教育行动等工作。

（四）推动区域教育的动态监测与评价

推动各级部门基于数据厘清问题、调整教育决策，构建推进学生全面发展的新时代教育评价机制。坚持以监测结果作为发展与评价的起点，注重以数据驱动打造"破五唯"的发展和评价体系。

一是持续监控教育质量。十多年来，福田区六次参加国家义务教育质量监测项目，四次参加全国性绿色指标和教育健康体检与改进提升项目，通过对质量监测数据的研读和分析，全面掌握区域义务教育阶段学生的学业质量、身心健康、教育环境等状况，为福田区改革教育评价、提升教育治理水平提供参考依据。

二是应用多元评价指数。福田区质量监测中心创造性地应用27个"教育质量健康指数"，包括品德行为、学习兴趣、学习自信心等16个"学生发展指数"和师生关系、亲子关系、校长课程领导力等11个"影响学生发展的因素"，逐步打破"唯分数"评价，促进了学校多元评价体系的建立，不断引导学校、社会树立正确的教育质量观，纠正以升学率、分数作为评价学校和学生唯一标准的做法。

（五）打通监测结果应用"最后一公里"

学校是监测结果应用的"最后一公里"，更是"主战场"。针对校长对于质量监测结果呈现只有区域数据而没有学校数据，监测结果应用无从下手的困惑，福田区创建"一核多辅"的监测结构，变国家义务教育质量监测为"体检仪""指挥棒"，让监测结果应用成为学校防范风险的"预警机"、内涵发展的"导航仪"，变质量监测数据终点为起点。

一是扩大监测样本量。为每所参测学校订制"个性化"监测报告，帮助学校厘清"个性问题清单",学校结合校情、学情,制定改进措施,落实整改行动,破解阻碍学生全面发展的问题。

二是制定监测结果应用"路径图"。福田质量监测结果应用团队深入全区 86 所学校,指导学校质量监测小组分析数据、精准诊断、合理归因、靶向改进、后测验证等,指导学校将改进行动落到实处。

二、实施效果

第一,应用监测结果推动课堂改革。针对数据反馈的关于课堂教学方式与评价问题,推动学校教改、课改从"经验判断"转变为"科学实证"。2018 年以来,福田区面向全国举办以"课堂革命·福田表达"为主题的福田课堂改革展示活动,线上、线下观课人数超过 150 万人。

第二,应用监测结果补齐教育短板。针对区内科学专职教师不足、教学仪器配备无法完全满足教学需要、学生学业水平不均衡等问题,福田区人民政府教育督导室从"师资队伍"等六个方面进行专项督导和整治行动。目前,福田区小学科学学业水平位居全国前列。

第三,应用监测结果促进教育优质均衡发展。面对市民对教育日益增长的高需求、高期待,以及校际发展不均衡等问题,福田采取如下策略:一是积极探索集团化办学新模式,推进"名校+""联盟+"等战略,通过新办学校、薄弱学校与现有品牌学校进行集团化办学,发挥品牌学校的辐射带动作用,全面推进区域教育优质均衡发展；二是实施城中村学校整体提质工程，成立全国首个"城中村学校品牌创建联盟"，办出更多"家门口的好学校"，进一步扩大福田优质教育资源的覆盖面，推动福田教育从"学有所教"迈向"学有优教"。

以教育评价监测推动教育高质量发展

/ 陕西省西安市教育局

近年来,陕西省西安市经过不断实践,进一步发挥了评价监测的诊断和导向作用,激励学校树立德智体美劳"五育"成才观,促使教师树立"五育"培养观,引领学校树立"五育"办学观,引导家长、社会形成"五育"人才观,探索以教育监测评价推动教育教学各方面变革、推动教育高质量发展的路径。

一、主要举措

(一)以《西安市基础教育提升三年行动计划(2019—2021年)》为引领

2019年10月,市委、市政府领导统筹,全面推动组织实施《西安市基础教育提升三年行动计划（2019—2021年）》（以下简称《行动计划》）。《行动计划》明确指出："科学开展质量监测评价。依托专业机构开展教育质量监测评价，构建'国家监测评价+西安特色监测评价'的体系，坚持发展性评价与结果性评价相结合，正面引导与问题导向相结合，政府主导与社会、家长参与相结合，加强对县域教育质量、学校办学质量、学生发展质量的监测评价，定期发布监测报告，接受社会监督和评价。强化结果运用，将监测评价结果纳入对区县、开发区、学校的考核。"

（二）以融合创新为特色

西安市坚持融合创新，探索了以评价体系、评价工具、数据支撑、评价反馈为主要环节的教育质量监测评价路径。

1. 形成"131"工作思路

"1"是构建教育质量综合评价监测体系，即围绕"培养什么人"，构建学生德智体美劳"五育"全面发展的质量评价监测体系；"3"是构建"三维一体"教师素养提升体系，即聚焦"谁来培养人"，构建"科研+教研+培训"三维一体教师素养提升体系；"1"是构建"五育"学生全面发展的培养体系，即围绕"怎样培养人"，聚焦课程课堂，深化课程教学改革，坚持信息技术与教育教学融合创新，以学生学习为中心，推进"西安好课堂之品质课程"的工作建设，变革教师育人方式，优化学生学习方式，构建"五育"学生全面发展的培养体系。

2. 创建"五维三段三团队"研发模式

五维：品德、学业、身心、兴趣、学业负担；三段：小、初、高；三团队：全国专家团队、教科研团队、优质学校校长团队，自主研发建成评价工具库。

3. 构建大数据信息平台

完成五次测试，含小、初、高三学段近23万余人次，形成市、区、校、生四级报告数万份。

4. 形成"三级九到位"评价反馈模式

三级：上级、同级、基层区县校；九到位：区长、局长、校长、教师、学生、家长、党代表、人大代表、政协委员，提高教育质量的动能和合力。

二、实施效果

（一）推动基层单位以教育评价监测来提升教育质量

西安教育评价监测推动基层单位提升教育质量和管理水平，部分区域教育质量明显提升。例如，碑林区推行的"阳光学子育人工程"；莲湖区联合第三方专业机构开展"质量检测"；未央区引入"MS·EEPO有效教学"；新城区的"学生常态成长袋评价"；蓝田县的"梯次循进综合评价"；铁一中的"生本发展的过程性多元化评价"；交通大学附属中学的"生本品能化育"；高新第一中学初中的"中学生品德行为评价"；高新国际学校的"1+N评价模式"；庆安初级中学的"绿色评价体系"；西安中学的"七方四主模式"；惠安中学的"321评价体系"；六三〇中学的"2-3-10学校综合评价体系"；

翠华路小学的"过程性阶段性评价";纺织城小学的"3+2学业能力多元评价";长安区第一小学的"生师共成长评价"等。

(二)取得系列研究成果

《西安中小学教育质量综合评价指标体系》获陕西省基础教育成果一等奖;《西安中小学教育质量综合评价改革探索与实践》(三卷)公开出版;综合评价改革实践经验在《中国教育报》等多家报刊发表。

(三)获得良好社会反响

西安市以教育评价监测推动教育高质量发展的探索受到教育部基础教育司领导以及北京师范大学专家的肯定。在第四届"中国教育创新成果公益博览会"上,有关专家指出:"西安走出了具有地方区域特色的创新教育改革之路,结出了丰硕的改革成果,教育质量综合评价不仅走在了全国的前列,也走在了国家实验区的前列,取得了很好的成效。"兄弟城市如太原、乌鲁木齐、成都、东莞等多次到西安考察教育质量综合评价改革实验工作。

第二部分
学校评价改革

学校篇

构建办学质量标准，深化校本化评价改革

/ 重庆市渝中区人和街小学

2019年，中共中央 国务院发布了《关于深化教育教学改革全面提高义务教育质量的意见》，明确提出国家要制定县域义务教育质量、学校办学质量和学生发展质量评价标准。重庆市渝中区人和街小学积极响应国家要求，结合学生培养目标与学校发展实际，启动了办学质量标准体系研制，探索了基于标准的校本化评价改革。

一、主要举措

(一)"四项标准"阐释办学质量标准体系的具体内涵

1. 学科标准

基于学科课程标准,制定了小学语文、数学、体育与健康等学科的质量标准,逐步形成有针对性、规范性的全学科教育质量标准。

2. 课程标准

"人和六质"课程标准。以"人和六质"课程体系为中心,提炼并形成了和德、和健、和雅、和理、和美与和融的六个课程群的标准。

3. 教学标准

"和声课堂"的教学标准以学校"和声"课堂为主阵地,形成覆盖一至六年级的和声课堂教学标准,将脑科学等神经教育学范式及先进技术手段引进课堂教学研究。

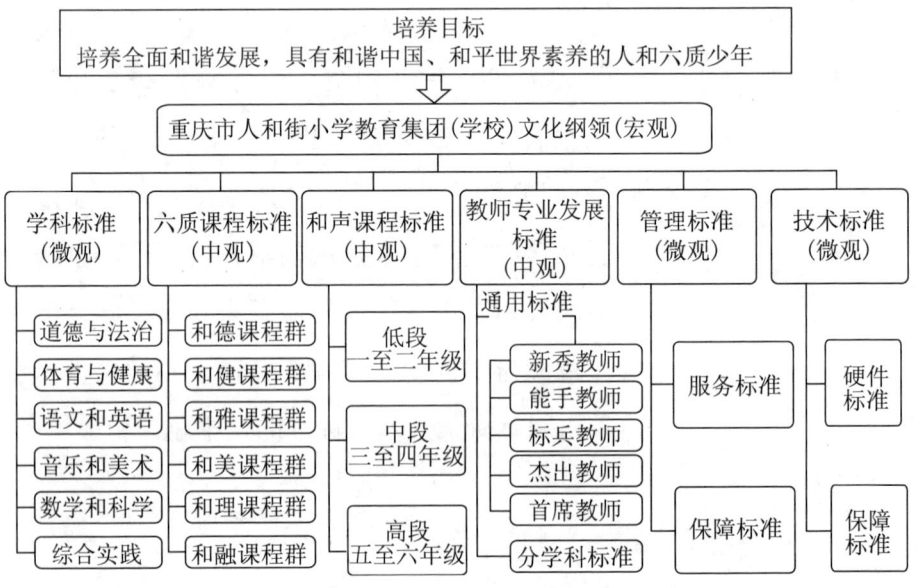

图 1 人和街小学办学质量标准体系

4.教师标准

人和教师发展标准,包括教师基本素养标准、教师队伍培训标准(包括人和新手型教师发展标准、人和熟手型教师发展标准和人和专家型教师发展标准),引领教师的整体发展和专业成长。

(二)"一套指标"评价办学质量标准体系的成效

评价指标,是教育评价体系的核心。基于人和街小学教育质量标准体系,学校进一步提炼了校本化评价指标,对包括学生学业水平、教师发展水平在内的学校整体育人质量开展科学评价,以便更好地促进学生德智体美劳的全面发展,同时监测学校或学校教育活动在特定时期内给学生成长所带来的积极影响。该体系以《重庆市人和街小学(教育集团)文化行动纲领》为引领,依据各部分的标准生成相应的评价指标,详见图2。

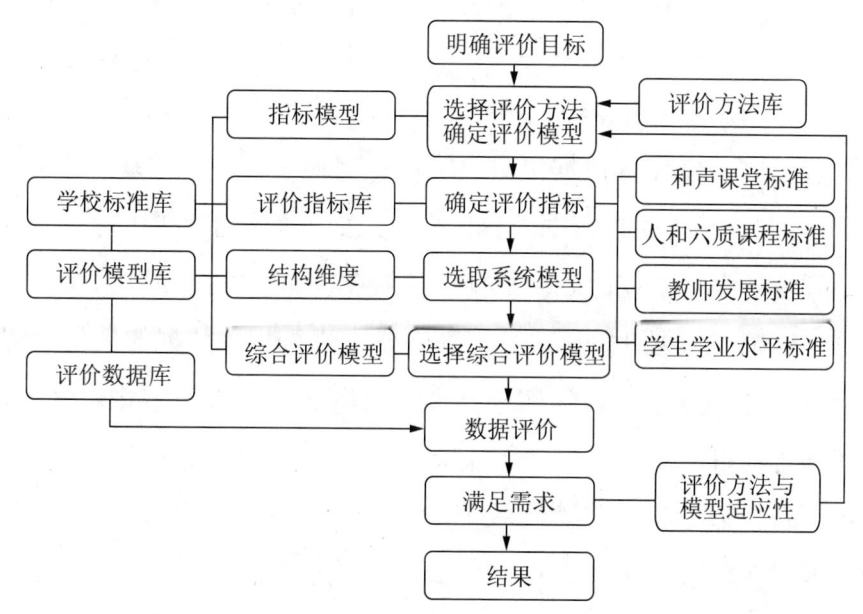

图2 学校评价指标图谱

（三）"标准之尺"衡量学校评价的全过程

标准是评价的"量尺"，实施基于标准的学校评价就是使用尺子对评价的对象进行测量、比较、分析、反馈的过程。

1. 围绕指标，采集数据

在数据采集过程中，我们注重基于高效理念，实现海量数据的全面采集。学校评价过程中需要采集种类多样的海量数据，包括对学校、教师、学生基本信息的静态数据进行阶段性、制度化的采集，以及对学生监测评价、教师发展等动态数据的实时采集，通过丰富采集方式、优化采集手段完成对数据的全面采集。

2. "四全"监控保障数据的收集

每一个评价项目有不同的评价目的，依据评价方案在相应的数据收集工具库中选择评价方法和评价模型（量表以及量表使用的方法），利用互联网技术，实现校内校外、线上线下同步数据的无间隙链接，弥补学校评价数据单一、对学生发展评价不全面的缺陷。同时，学校采用全方位、全样本、全过程、全因素的"四全"监测监控评价模式，使评价数据更具真实性，促使学校评价更臻科学和完善。"全方位"监测指依据内容标准，全面覆盖学生发展的各方面，包括学生各学科学业的表现数据、学生在校品行发展的数据等。"全样本"监测指依据评价标准，对所有学生进行相关数据的采集。"全过程"监测一方面指依据实施标准，使教学与评价一体化；另一方面对评价项目的整个情境进行评价。"全因素"监测指围绕学生全面发展，对教师（职工）、家长、社会人士关于学生在多方面、多维度的发展表现数据，详见表1。

表 1　人和街小学校评价数据收集监测监控运行

学校评价	评价模型	监测监控	评价假设
项目评价目标	学校标准全量数据评价模型	全方位	为了发展目标
项目评价实施		全样本	为了达到目标
评价项目活动		全过程	为了产生影响
学校质量	资源运用	全因素	为了未来发展

3. 对照标准全方位、立体化分析数据

依据宏观、中观、微观三级标准体系，开展全方位、立体化的数据分析工作，包括不同项目针对学生个体、班级群体、年级分布等从个体到群体的横向分析，也包括各种指标在不同年级的纵向分析，以及不同评价项目间的比较分析等。

上述三个过程以体育学科为例，具体可参照表 2～表 4。

表 2　以体育学科课程分类为例

体育课教学	课外体育活动				体育竞赛			课余运动训练		
	早操	大课间活动	课间活动	班级体育锻炼	小型单项运动竞赛	学校运动会	校外运动会	本校传统运动项目	校外运动竞赛项目	2+1 体育运动项目

表3 体育小组学习评价表

渝中区人和街小学_____年级上学期体育小组学习评价表

_____年级_____班 第____学习组   组长_____

学号	姓名	学期学习态度、合作与交往、情意表现的评价内容（15分）										教师综合评价
		按时集合上课，不迟到、早退，能做到快速、整齐、安静地集合。（3分）		不穿凉鞋、皮鞋、裙子、大衣上课，不带玩具等上课。（3分）		主动参加学习，刻苦锻炼，遵守课堂常规，积极归还器材。（3分）		在学习锻炼中与同学友好相处，课堂上不讲话，不影响他人，尊重和关心同伴。（3分）		认真参加组织管理工作，当好小组长或小裁判。每节课都带绳。（3分）		
		自评	互评	自评	互评	自评	互评	自评	互评	自评	互评	

注：以上评价内容中，违反以上内容一次，就扣0.5分。

表4 以体育家庭锻炼评价为例

人和街小学体育家庭锻炼评价表

五年级____班   姓名_____   学号_____   第___组

各位家长：

本学期期末体育成绩的分值（100分）分配为：体育课中运动知识与技能占80分（本期考了六项），体育课中的学习态度、合作交往和情意表现占15分，家庭锻炼占5分。

家庭锻炼的目的是形成家校合力促进学生健康成长！让学生养成终身锻炼的好习惯！请家长诚实、认真、严肃地评价，您的孩子家庭锻炼得分为：（　　　）分。

标准： 最近五周内的锻炼情况，每周锻炼三次及以上，且每次锻炼时间在30分钟以上的得5分；每周锻炼两次，且每次锻炼时间在30分钟以上的得4分；每周锻炼一次及以上，且每次锻炼时间在30分钟以上的得3分；一周偶尔锻炼一次，或者锻炼时间不足30分钟以上者，得2分。

家长签名：

二、实施效果

（一）学生全面发展获得广泛认可

在全市基础教育质量监测和国家质量监测中，人和街小学的学生成绩名列全市前茅。近三年来，学生体质健康标准测试合格率均在98%以上，优良率在60%以上。在全国、省市级体育、艺术、科技、文学竞赛中的获奖达3000余人次。其中，获"全国十佳少先队员"荣誉称号的1人，全国科技创新一等奖2人，"重庆市争光贡献奖"1人，"青少年科技创新"市长奖5人、区长奖12人，并有2人出版长篇小说，啦啦操比赛三次获全国比赛第一名、两次第二名，男子篮球队近三年在渝中区的比赛中获得第一名和第四名的好成绩。

（二）教师专业素养提升成果丰硕

20余人次荣获全国五一劳动奖章，享受国务院政府津贴，被评为全国优秀教师等。86人获全国、省市级教学竞赛一等奖。1名教师入选由教育部体卫艺司和中央电视台联合主办的《我是体育教师》十强。每年有150余人次的教师发表文章并获奖，出版成果专著3部、著作6本、成果系列丛书47本，30人参与5门学科国标教材的编写。在《中国教育学刊》等核心期刊上发表文章10篇。

（三）育人模式的辐射示范作用显著

"人和"育人模式向许多地方的学校辐射推广，成功帮扶41所学校。学校承办全国大型会议7次，向26个省市300余所学校展示学校的改革成果，在中国教育学会年会、整体改革委员会学术年会上做主题报告，在许多省市做报告交流80余场。近三年到校学习的团队达500团次、上万人次。

（四）校本化的特色办学成果丰硕

学校被评为"教育部贯彻《学校体育工作条例》优秀学校"、教育部"全国绿色学校"、中国科协"全国十佳科技教育创新学校""全国足球示范学校"、中国书协"兰亭学校"。学校的改革探索经验先后被央视《新闻联播》、新闻频道、《光明日报》《中国教育报》《人民教育》等多家媒体报道。

创设成长观测平台持续打造学生综合评价升级版

/ 重庆市璧山区实验小学

2015年以来，重庆市璧山区实验小学聚焦学生综合评价与育人变革的有机融合，使教育评价成为学校在深化教育改革关键期的新的生长点，并取得了一些成效和经验，促进了五育并举，在全区教育发展中发挥了示范和辐射作用。

一、主要举措

（一）推行"二变"评价理念，重建评价管理机制

学校首先更新评价理念：变"评价学生是一

个什么样的人"为"评价促进学生成为一个什么样的人";变"评价是课程的末尾环节"为"评价贯穿学生学习的各个方面"。学校一直以学生综合评价改革为主线,以评价引导学生核心素养在学校课程建设中落地生根;引导教师和家长在教育理念、教学方式上的转变;引导学生的全面发展和个性发展,同时凝练学校课程特色;提炼值得推广的校本化评价实施模式。

学校着力推动学生"学业统考"向"学习质量调查"转型。学生发展质量评价改革伊始,学校以市级重点课题即"小学生综合评价的校本化实践研究"的开展保障评价改革推进的科学性。学校得到了上级的支持,璧山区教委特许学校不参加区域统一的教学质量监测,保障学校教育评价改革的顺利推进,让学校真正从一个被动的评价者变成了主动的评价建构者。

为推进学校的评价改革,由校长牵头,校长任组长,课程部、校务部、物业部三部部长为成员组成管理团队,下设管理办公室,课程部部长任办公室主任,全面负责评价管理和评价考核;教学主任、德育主任、教研组长为成员,负责评价实施及反馈。学校将评价实施纳入教师工作考核,并将其作为"评优推先"的重要依据。

(二)构建"三雅"评价体系,推动综合评价落地课堂

基于坚持"五育"并举、全面发展素质教育育人目标,以学生综合评价为导向,制订《璧山区实验小学学生评价方案》,完成学生以"雅言、雅行、雅趣"为特质的评价体系的构建,重构了以评价为导向的课程体系。学校突出考查学生品德发展、学业发展、身心健康、兴趣特长和劳动实践等,依据"育人目标—评价体系—课程

体系—课程实施—课程评价—育人目标"建构了促进学生全面而有个性发展的闭环式的学生发展质量评价育人体系。

同时，学校聚焦学生核心素养和关键能力，整合推进"基础学力课程、雅行修养课程、个性涵养课程"三类课程，研发各学科评价标准。厘清三类课程评价目标，实施面向学生全面发展的综合改革，在关注学生学业成绩的基础上，更加关注学生德智体美劳的全面发展。以学科组、年级组为单位制定评价标准，研发评价手册，包括评价指标、评价量表、视频评价标准、过程性记录标准、主题活动评价标准等，探索出"134课堂范式"，将评价落实在课堂上。学科评价标准突出纵向突破，即体现六年一贯目标明晰，体现不同学段的学生特点；围绕"关注每个学生"，在抓好常规的基础上，侧重教室小课堂，体现学科特点。在学生发展质量评价实践的基础上，提炼出《璧山区实验小学学生综合评价实施指南》。

（三）创新评价工具，建立学生成长档案

学校紧扣课程体系，横观三类课程，纵览六年一贯，着眼学生的终身发展，从学业水平评价、雅行修养评价、个性涵养评价三个维度细化研究评价指标、评价标准、评价工具、评价方式、评价主体等，研发了12册系统的校本化1.0版本的评价工具——《学生综合评价手册》。

在此基础上，学校研发了2.0版本的评价工具——"青雅榜样徽章"，又创新地用信息技术手段代替简单、机械的劳动，自主研发出3.0版本的评价工具——学生成长观测平台。整合《学生综合评价方案》《学生综合评价手册》，从课堂观察、脑科学研究、成长观测平台的完善等角度切入，完成了评价工具的集成和简化，建立了"学生成长档案袋"，实现了评价结果的可视化，以技术赋能评价，解放教师的头脑去关注评价的温度。学校还率先应用脑科学测评为个性化教育和创造力的培养提供科学数据支撑，指导学生成长观测平台评价数据的运用，以更好地服务于全校师生和家长，提升育人质量，促进师生能力的可持续发展。

（四）实施综合能力评价，注重全员、全程育人

学校的评价将过程性评价与终结性评价相结合，将分散评价与集中评价相结合，将能力测试与纸笔测试相结合，将传统的卷面成绩100分按每个年级设定的不同权重进行折算，并进行综合评价。改变了过去单纯"一支笔、一张试卷"的评价模式，更注重学生综合能力、素养的评价，以促进学生综合素质的发展。例如，学校分不同时间在一至六年级开展了以"成长大舞台，悦评越精彩"为主题的学生期末综合评价展示。从开学初，学校根据不同年段、不同学期、不同学科教学内容巧设项目，融入各学科知识，以星级评价帮助学生认识自我、建立自信，促进了学生的健康发展以及整体素质的提高，同时关注学生的情绪情感、参与程度、努力程度，以活动促进学生综合评价的真正落地，以评价助推学生的全面发展。

学校还采用"评价星星班队"的班级评价表，评价个人的"学生评价表""青雅榜样微笑上墙"等方式对学生的雅行修养进行评价。评价主体包括学校、班主任、任课教师、家长、同伴，结合多方面评价对学生进行综合评价，以提高评价的信度。

（五）用好评价结果，助推学生健康成长

学校评价的目的是让学生人人出彩、班班精彩。为了达成这一目标，学校设置了专门的评价课，每周或分阶段导出学生成长观测平台的数据，结合师生和家长的评价，利用班会时间，让学生通过自我反思、同伴交流等来回应目标的达成度。评价结果的运用，由自我定位到教师评、同学评、家长评，学生形成自我成长内驱力。同时，家长还需做好学生发展质量评价的每一件事，每期召开"学生发展质量综合评价展示家长会"，呈现学生发展质量评价结果，并科学利用评价结果给予学生正确的指导和规划，让评价结果赋能学生成长。

（六）完善校本化评价模式，推进学校发展

五年来，学校从规划入手，各个突破，一步一个脚印，系统推进学生发展质量评价的改革。

2015年，学校完成了学校育人目标的清理、评价体系的建构以及以综合评价为导向的课程重构，让评价和课程互为表里，完成了整个评价导向下的课程体系图谱，并系统实施了三类课程。2016年，在综合评价理念的指导下，学校围绕育人目标，基于三类课程评价标准的研发，明晰了评价路径。

2017年，学校在实践中优化，尝试用信息技术手段代替简单、机械的劳动，研发了成长观测平台，让教师更全面、更便捷地进行评价操作，与家长共同评价，感受数据变化与学生的成长，对学生发展进行全方位的动态评价。2018年，学校开始技术赋能评价的研

究和探索，从课堂观察、脑科学研究、成长观测平台的完善等角度切入，完成了评价工具的集成和简化，以技术赋能评价，让评价结果赋能学生成长。2019年至今，通过阶段性实践成果的梳理提炼，《璧山区实验小学学生综合评价实施指南》应运而生。

学校建立了可推广、可复制的校本化评价实施模式，研发出"以评价为抓手"的学校发展模式，建构评价育人体系，为评价改革提供了实践方法论。

二、实施效果

（一）评价回归学生本身，促进学生全面发展

评价实施促进了学生全面而有个性的发展。学校从"评价学生是一个什么样的人"转变为"评价学生成为一个什么样的人"，对学生实施基于素养的激励性评价和发展性评价，引导学生不断完善自己，让评价回到学生本身，引领学生不断超越自己，促进其社会性发展和能力的提升，引导学生德智体美劳全面发展。评价改革以来，学校学生的雅言、雅行、雅趣逐步得以外显，青雅文化特色也得以彰显。

学生每年参加体育、艺术等比赛，获国家级、市区级一等奖均达300余人次。在全国"NOC"大赛多次获一等奖，十几名学生获得中国少年科学院"小院士"的荣誉称号。

（二）评价改革解放教师头脑，助推教师专业发展

在以学生发展质量评价为导向的课程改革实践过程中，教师真正走上了专业化发展的道路。以评价为导向的青雅课程体系重构教师专业发展方式，树立评价导向的新课程观，建立起素养评价下的教师成长机制。教师树立了正确的育人观，有分数不唯分数；坚持正确的质量观，有评价不唯评价；坚定正确的价值导向，"五育"并举不唯单一发展。

自评价改革以来，参与研究的教师人数达 200 余人次，老师们自觉地在工作中做研究，在研究的状态下工作。每一位教师都在教育理念、教学技能、教育科研、课程开发、评价改革等方面得到了不同程度的提升，不少教师已悄然转变为研究型教师。比如，市级名师雷飞燕、骨干教师江霖作为璧山区种子专家团队成员，经常对全区教师进行学科专业和学科评价的培训；雷飞燕、刘登庆等八名教师被聘为璧山区国培指导教师，指导街镇级学校的教学工作和评价工作。

其间，教师参加国家级赛课获一等奖 18 人次，市级赛课获一等奖 16 人次，发表文章 100 余篇，论文获奖 500 余篇，参编、主编专著 8 本。2017 年，出版专著《学生综合评价引领全人发展》《134 范式课堂研究与实践》。2019 年，学校编写的《基于核心素养的小学生综合评价改革试点成果》荣获重庆市级一等奖。目前，正在编写《小学学生综合评价实施指南》。

（三）评价促进家校沟通，丰富学校发展内涵

学校的评价改革实现了"两改"和"五解决"：改变了对学生

唯分论的评价，改善了家校之间的有效沟通；解决了评价过程中科学、公开的问题，解决了评价结果分析运用问题，解决了家长全面知晓学生在校情况的问题，解决了学科评价指标模糊停留在终结性评价的问题，解决了因材施教的问题。实施学生发展质量评价，使家长增强了对学校的认同，凝聚了家校共识，家长对学校满意度持续上升。

评价改革以来，学校成功申报国家级、市区级课题、项目27个，成为重庆市首批德育特色项目基地。2015—2019年，学校获得国家级和市区级奖项100多项，先后获得"全国优秀少先队集体""重庆市立德树人特色项目实践研究基地"等荣誉称号。

（四）以学校评价为基点，辐射带动区域教育整体发展

学校在努力实现自身优质发展的同时辐射引领兄弟学校共同发展，在璧山区教育评价改革中发挥了引领作用。2016年，经区教育委员会研究决定，北街小学等5所学校实施以璧山实验小学为牵头单位的"1+5项目"研究，2017年新增4所小学进行"1+9"项目研究，专题研究小学生综合评价改革。从研究之初的实验小学3300名学生增长到10000多名学生成为研究对象，在社会上形成了广泛的影响。璧山实验小学专家团队入校指导共计40余次，召开现场研讨会40余次，同时，还对镇级的一些学校进行了帮扶指导。

（五）树立学校特色评价改革品牌，社会影响范围广

在研究与实践中，璧山实验小学逐步树立起自己的品牌，并发

挥了越来越大的影响力。《重庆日报》、重庆大渝网、新华网、《璧山报》多次对学校的评价改革进行了专题报道。

2018年，在西南交通大学举行的全国第二届班主任峰会上，璧山区实验小学师生团队50人面向来自全国的参会代表进行了题为"评价促进班级生态变革"的论坛分享。2019年，学校在全国新样态联盟学校——莞城中心小学举办的交流会上做了"学生雅行修养评价实践"的经验交流与分享。近五年来，有100余个团队到学校参观学习，了解学校综合评价方式和改革成果。

学校从管理、研发、实践、物化成果四个方面，系统梳理和总结了评价改革的成功经验，邀请市内外专家和璧山区教育委员会成员做评估指导，得到了全区教育系统、家长群体和社会大众的高度赞赏，整个区域的教育质量也因为学生发展质量评价改革而得到了进一步的提升。

"尊师爱生121"，师生互评实践探索

／北京市月坛中学

自2007年高中课程改革后，北京市月坛中学结合学校实际发展需求，创造性地开展了"尊师爱生121"的师生互评活动，并实践至今。该评价重视激励性、个性化评价和多元主体参与评价，激发了学生发展的内驱力，促进了教师专业的自主发展，形成了教学相长的良性机制。

一、主要举措

（一）教师书写"1"段评语

第一个"1"指的是每学期每位教师给每名学生写一段个性化评语。作为活动育人的一种方

式，是教师对学生进行世界观、人生观、价值观的引导，学习方法、求学心态的指导，以及投入班级文化建设、增强集体荣誉感的激励。

例如，"求学之路不会太通顺，如果觉得最近很累，别放弃，你一定是在越过一座很难爬的山丘。我会陪着你，一如既往。"（黄老师写给学生李某的话）

"老师看到了你在数学学科上的不懈努力，上课总能看到你专注的眼神。学习数学就是一种积累，越积累，越灵活。数学会回报你意想不到的惊喜，更会为你今后的发展践实这门学科应有的价值。"（李老师写给学生侯某的话）

（二）学生送出"2"句话

"2"指的是每位学生给每位老师写两句话——一句赞美、一句建议。学生就是教师的一面镜子，教师通过学生的视角来明确自己教育教学的得失，听听他们的声音，找准问题，及时改进、及时调整。

例如，"您还根据我们班的上课情况调整适合的教育方针，所以我们班的进步才会这么快。您不太注重我们笔头的练习，更重视口语练习。"（学生张某写给李老师的话）

"首先谢谢你的肯定。还有我作业不注重笔头练习吗？怪不得你们总背不下来单词，看来下学期我又要调整教学方案了。嗯，谢谢你的提议。"（李老师回复张某）

（三）学校开展"1"次总结和表彰活动

第二个"1"指的是学校每学期开展一次师生总结、表彰活动。

班级对学生的反馈形式多样：主题班会、元旦贺卡、期末总结、墙报素材等；校级对教师的反馈是学校研讨会、教师节庆祝大会、印刷成册等。例如，在近 3 年研讨会"121"板块中，做过经验介绍的有程老师的《如何用 121 转化特殊学生》、高老师的《121 师生故事》、孙老师的《121 与班主任的自我成长》、王老师的《静待花开》、陆老师的《121 师生情 家校配合促发展》、李老师的《让 121 帮助"三无"老师成长》、胡老师的《在 1+3 项目班开展"121"工作心得》、齐老师的《121 带来的变化》等。

二、实施效果

（一）促进学生全面自主发展

学生从被动评价转为主动借助"121"这个平台和老师进行良性互动。在一次次老师给予的个性化评语中，学生更加客观地认识自我，在持续激励中不断提升自我，并转化为一种强烈的自我发展愿望。同时，每一名学生既是评价者，又是被评价者，在角色转换之间，培养学生客观评价他人、看待他人的能力，这也为学生社会参与能力的发展奠定了基础。

（二）促进教师专业自主成长

借助"尊师爱生 121"评价活动，让教师了解到学生喜爱的教师特质，同时也激发了教师专业化发展的动力。学生从不同侧面，关注着每一位教师。他们在评价中正视教师的缺点和不足，提出意见和看法。教师耐心听取学生的建议，在反思自身问题之后，很多教师都积极主动地做了调整。在持续的"尊师爱生 121"活动中，学校惊喜地发现，与以往相比，学生提出的一些比较尖锐的建议大大减少了，这体现了互评推进教师做出改变的成效。

（三）构建和谐的师生关系

"尊师爱生 121"活动架构了一座桥梁，让教师与学生更真诚地交流、让学校教育与家庭教育更密切地合作，从而营造了和谐的师生关系和家校关系，成就了自主发展的校园文化。它给教师带来了巨大的成就感，满足了教师被肯定的情感需求；它作为评价学生的重要途径，真正实现了学生个性化、差异性的评价需求，师生间日趋和谐的关系也有助于学校和教师的理念、做法赢得家长的认同，家校、师生间关系日趋融洽。学校的评价改革由此成为学校良性发展的助推器。

双轮驱动，两翼齐飞——推进三型活力课程评价与学生综合素质评价的融合

/ 长沙市长郡双语实验中学

湖南省长沙市长郡双语实验中学被选为教育部基础教育课程教材发展中心首批综合素质评价课题实验校。目前，学校正在探索开展融合三型活力课程评价和学生综合素质评价的评价改革，并取得了一些积极成效。

一、主要举措

（一）三型活力课程的构建和评价

学校总结十年课程建设和评价的经验，以湖南省十三五重点规划课题"基于学生核心素养培

养的初中课程重构与实施"为引领，将学校教育教学活动课程化，构建与学校"活力教育"文化相适应的由基础型、拓展型和实践型课程组成的三型活力课程实施和评价体系。

1. 基础型课程与评价

基础型课程包括语、数、外、理、化、生、政、史、地、体、美、音、信息、劳技、长沙地方课程、心理、口语等国家规定课程和地方课程，学校通过狠抓高效课堂建设，强调三维目标的达成，利用课堂主渠道培养学生的综合素质。基础型课程评价量表充分考虑了学习过程评价与学习结果的有机结合，除考查考试成绩外，还将学生在课程学习中的行为表现、习惯培养等纳入评价中，同时还对学习的标志性成果进行了表彰和鼓励。

2. 拓展型课程与评价

拓展型课程为 40 门左右的校本选修课程，涵盖人文素养、科学素养、艺术修养、创客活动、生活技能、信息技术等，让学生根据兴趣特长自主选课，采取走班制上课，促进学生的个性化发展，培养学生的兴趣和特长。拓展型课程评价量表充分考虑学生在某个课程领域的个性发展和特长培养，关注过程与结果的结合，将学生在课程学习中的表现、参与的相关活动、标志性成果等纳入量表。

3. 实践型课程与评价

实践型课程由志愿服务、研学旅行、职业体验和主题实践四大板块构成，包含 20 多门选修和必修实践课程，旨在通过校外实践和体验，增强学生的综合能力。实践型课程评价将服务对象、活动管理者、活动参与者的评价相结合，将自评与他评相结合，既关注学生在课程中的纪律、参与程度等表现，又关注学生的研学成果、展示汇报等，实现了多角度、多维度的评价。课程评价工作由班主任、课程实施教师和学生干部共同完成。

（二）确立学生综合素质评价工作"五三"线路图

学校总结十年综合素质评价经验，确立了学校学生综合素质评价工作"五三"线路图，将学校课程实施全程纳入学生综合素质评价。

课程建设领导小组、综合素质评价委员会、班级综合素质评价小组三重领导梳理了综合素质培养与评价的培评关系；通过完善教育部、市教育局、学校三级培养目标，明确培养方向；通过三型活力课程的构建落实了各门课程、各类活动对学生综合素质的培养和评价；通过人人通平台、校园网站、校内"澄池大舞台"对学生的综合素质进行展示、记录、评价、激励等；通过时间主线上的"日常评价""阶段评价""毕业评价"三类评价和评价主体上的"自评、互评、师评"三类评价实现了内容多元、方法多元、主体多元的评价模式。

学校把综合素质评价方案纳入《学生成长手册》，让学生更为清晰地了解自身成长目标和路径，了解综合素质评价的相关要求，促进自我教育，充分发挥了综合素质评价的作用。

开设专门综合素质评价班会课，提高学生互评能力。各班成立学生综合素质评价委员会，规范评价程序，收集意见。

学校定期组织学生综合素质评价委员会举行座谈，收集、整理反馈意见，并成立专门研究小组，不断完善方案。学校将实施方案付诸实践，不断发现问题，优化操作方案，确保更好地发挥综合素质评价的育人功能。

（三）三型活力课程评价与综合素质评价对接

一方面，充分利用网络学习空间的展示、分析、记录、查询等功能，对三型课程实施全程量化评价，实现三型课程阶段性评价与总结性评价的便捷记录与及时反馈，形成课程实施评价的大数据。教师通过网络学习空间支持下的课程评价方式，不断优化课程实施效果。学校充分发挥学术委员会的督导功能，不断优化课程评价方式。

另一方面，厘清三型活力课程评价与综合素质评价的内在关系，将课程评价结果纳入综合素质评价体系中，打通课程评价与综合素质评价维度指标的关联，构建课程量化评价结果与综合素质评价各维度评价等第间的关系，真正实现全员育人与"五育"并举，充分发挥课程评价与综合素质评价的育人作用。

（四）展示和评价平台助力评价工作的高效推进

1. 学校建设智慧校园系统，构建既相对独立又互相关联的评价模块

创建基于智慧校园的"网络学习空间人人通"，实现三型课程师生的全程评价，推动其与综合素质评价的高效对接。学生在"学习空间"上传个人综合素质评价的实证材料，记录个人成长瞬间和心得，利用课程资源进行再学习和提升，与教师实现良好互动；教师在"学习空间"上传课程资源供学生参考学习，回应学生的相关问题，同时对学生进行课程量化评价，并展示评价的具体过程和结果。"学习空间"打破了信息孤岛，利用智慧校园建设的相关数据，记录和分析学生的成长，为教师评价学生和学生进行自我评价提供

数据依据。同时，学生上传的个人综合素质评价材料自动转入上级教育部门的考核系统，成为学生毕业评价实证材料的重要来源。

创建基于智慧校园的"德育三刊"，从不同层面记录和评价学生。德育周刊由学校教育处主办，分为"放眼天下""闪亮播报""德育活动""执勤总结""常规评分"等板块；年级周刊由年级组主办，分为"教育格言""美文共赏""班级闪亮播报""精彩瞬间"等部分；班级周刊由各班主办，分为"教师寄语""常规总结""团队比拼""精彩回放""家长分享""作品赏析""温馨提示"等栏目。通过对学校、年级、班级的学生成长过程和素材的汇总、归纳、评价、呈现、记录，形成了图文并茂、文化气息浓厚的精美三刊，以校园官网、校园官微、校园广播、校内电子屏为媒介，多渠道、全方位、立体化地进行传播。

2. 学校建设各类展示平台，为学生综合素质的展示和相互学习提供支持

学校组织实施"校园六节"和"校外六走向"实践活动，让学生在丰富的实践活动中培养学生之间的协作精神，提升自己的综合素质。利用"澄池大舞台"平台，激励学生展示成果。"澄池大舞台"有几个系列活动，如每学期初的"勇担当·志青春"社会实践活动汇报，从班级、年级到学校层层评选出十个左右的学生社会实践活动优秀案例，组织全校学生收看汇报展示；每年年底的"秀出真风采，青春无极限"艺术节闭幕式暨优秀节目展演；每学期期末的"多彩青春，个性绽放"社团活动风采展，学校组织对学生在校本选修课和社团活动中的成果采取才艺演出、学生作品和活动图片等进行展示。鲜活的案例和直观的呈现，让学生能近距离欣赏到优秀作品。

为做好三型活力课程评价与综合素质评价的对接融合和高效实施，学校正在开发基于智慧校园的师生网络学习空间。

二、实施效果

（一）促进了教师队伍的快速且可持续成长

1. 教师育人观念与教学方式的转变

在日常教育教学活动中不断反思自己，扭转过多关注分数与考试结果的现象，注重学生学习全过程评价，实现了从关注学习成绩到关注综合素质提升的转变。一大批年轻教师成长起来，目前学校共有市级卓越教师、骨干教师 27 人。

2. 教师课程开发与实施能力的增强

教师角色由传统的知识传授者转变为课程资源的整合者和学生思维的引导者。教师根据学生需要和个人特长开设、组织拓展型课程和实践型课程，编制课程实施方案，组织课程实施与评价，增强了课程意识，提高了课程开发与实施能力。近年来，学校共研发了 16 种校本教材。

3. 教师信息技术应用能力不断提升

学校教师微视频在各类比赛中屡获佳绩，全国一等奖 9 人次，市级以上获奖 60 人次，微课作品正式出版 2 个。微课广泛应用于课堂教学和课后学生自学。翻转课堂、网络直播课、教学 App 应用等信息化教研有效开展，翻转课堂课例正式出版 4 个，有多个荣获"部级"优课,有力推动了信息技术与学科的深度融合。2020年新型冠状病毒肺炎疫情期间,长沙市开展"停课不停学"网络授课,学校承担了全市八年级全部网课的录制工作,学生及家长普遍反映教师素质高,课堂设计好,获得了广泛赞誉。

(二)促进了学生素质的全面而有个性的发展

1. 学生道德品质和习惯养成好

每年长郡双语实验中学学生综合素质评价得A率在长沙市同类学校中都遥遥领先,涌现了一大批"全国最美中学生""长沙市新时代好少年""诚信友善好少年"等。2019年4月,各报纸、电视台、主流新闻网络媒体报道和转发了杨思睿同学感动全城的诚信故事。

2. 学生实践能力和创新精神优

学校通过开展内容丰富的艺术节和科技节活动,如课本剧大赛、创意编程设计大赛、3D打印设计大赛等,为学生激发其活力、施展其才华、锻炼其能力搭建了平台;又如2018年,学校用心、用情创造了一系列校园剧作,被中国文明网头条报道。

3. 学生运动素养和审美意识佳

在长沙市中考艺术考试中,我校学生的合格率超过98.4%,体育中考的合格率超过99%,表明我校学生整体艺术素养水平高,身体素质强。学校先后被评为"全国篮球特色学校""全国体育传统项目学校""全国乒乓球传统项目学校",学校近十年在"阳光体育大课间"比赛中均获得长沙市一等奖;在长沙市历届中小学校园文化节艺术展演活动、中小学生艺术展演器乐组比赛、长沙市中小学班级演唱比赛、长沙市班级合奏比赛中均获一等奖。

4.学生的综合素质得到全面的提高

九年级毕业学生在全市综合素质评价中，各维度A率均在全市名列前茅。学生学习能力和文化基础强，中考文化成绩整体水平高，在长沙居于领跑位置。截至2019年，学校共有七届学生参加中考，11个维度（文化成绩6个、综合素质评价5个）全A人数达2805人，在长沙市处于领跑位置。有四届毕业生参加高考，其中被北大、清华录取的共146人。

（三）促进年轻学校实现了跨越式提升

建校短短十年间，三型活力课程评价和综合素质评价在实践中的开展，推动了学校的特色发展不断彰显，学校成为享誉三湘的基础教育名校，获得了种种荣誉，如"湖南省文明标兵校园""湖南省现代教育技术先进单位""湖南省生态文明示范学校""湖南省教育系统先进基层党组织""湖南省优秀少先队集体"等。2019年，全面总结学校十年课程建设经验的《长郡双语三型活力课程构建与实施》一书由湖南师范大学出版社出版，荣获首届湖南省学校文化建设创新成果奖。同年，长沙市教育局获批成为教育部科技司项目"网络学习空间支持下的综合素质评价"实践共同体，长郡双语实验中学作为成员单位，承担"网络学习空间支持下基于三型活力课程的学生综合素质评价"研究工作，以研究深化评价改革。

在现代学徒制育人实践中推进产教融合立体化教学评价

/ 江苏省太仓中等专业学校

江苏省太仓中等专业学校面向艺术传媒系五年一贯制艺术设计专业学生，开展教学评价改革。在专任专业教师、现代学徒制企业师傅、学生等几方主体的积极参与下，探索产教融合立体化教学评价，有效推动了现代学徒制的深化落地。

一、主要举措

（一）构建立体化评价体系框架

产教融合立体化评价分三个维度：X轴为知识技能评价，Y轴为岗位能力评价，Z轴为综合素养评价。其中，X 轴设教学过程评价、教学阶段评价、毕业考核三个评价模块；Y 轴设综合工作素养评价、部门满意度评价、实习考核三个评价模块；Z 轴设面对面评价和综合素质评价两个评价模块，如图 1 所示。

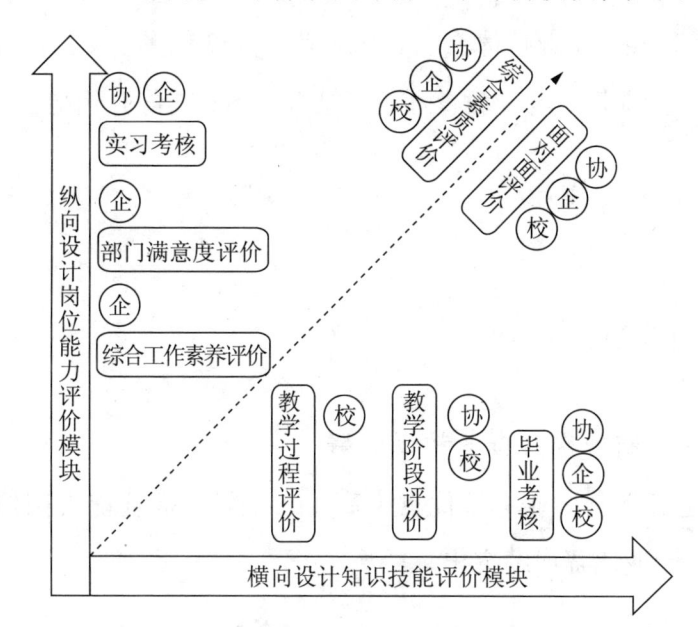

图 1　产教融合立体化评价体系

（二）确立立体化评价体系标准

一是设计评价指标。通过对教学目标、教学内容、教学过程的分类，归纳出对应教学评价指标，分类中范围最大的为一级指标，继续细分为二级指标，细化到具体可描述标准的为三级指标。二是构建评价标准的内容。主要是指三级指标的设计，设计时遵循直观原则、量化原则和梯度原则。

（三）运用立体化评价体系实践

根据 2019 年《教育部办公厅关于全面推进现代学徒制工作的通

知》"完善政府、行业、企业、职业学校等共同参与的学徒培养质量评价机制"的精神，学校推进立体化评价，旨在有效实现教育评价主体多元化、维度多样化、过程动态化，以期促进现代学徒制的深化发展。学校在落实评价体系的具体实践中遵循三大要义：定性与定量相结合；"职业性"与"教育性"相结合；动态与静态相结合。

二、实施效果

（一）有效提升专业教学质量

一是五年制毕业考核优良率高，二是学生职业能力岗位适切度高，三是专业比赛成绩突出。

（二）有效强化专业内涵建设

一是提升校企合作的广度与深度，二是壮大师资队伍和力量，三是用人单位满意度高。

（三）有效提升了业内影响力

一是校内辐射系部多个专业，二是市内辐射兄弟学校同类专业，三是在省内成果展示中获得较高的关注度。

创新多元主体共评的课堂教学质量评价

/ 重庆三峡医药高等专科学校

重庆三峡医药高等专科学校以课堂教学评价改革为突破口，形成"全员参与、全过程监控、全方位覆盖"的多元主体共评的教学质量监控与评价机制，推动了学校教育评价工作有序、有效的开展。

一、主要举措

（一）多元主体，创新评价

1. 创新以课程门次为单位的多元主体听课评课模式

对教师课堂教学质量的评价按每课程门次 /3 次并分别有不同权重占比，多元评价主体共同参与，具体为"督导专家评价、院部评价（包括院部高年资教师＋行业专家评价＋社会评价）、学生评价（学生家长）"，形成了全面育人理念下的"评价主体多元、评价方式多维、评价过程贯穿人才培养全程"的教学质量评价新模式。

2. 强化质量评价结果的使用

教师课堂教学质量评价结果与绩效考核、评优评先挂钩，确保课堂教学质量建设的持续好转，激励教师提高工作质量。

（二）加强领导，健全机制

1. 聚焦质量，加强教育评价与教学质量管理的组织机构建设

成立教育评价与质量管理办公室，在校级层面组建了一支业务能力强、专业素质高，并有丰富一线教学经验的督导专家队伍，全方位推进学校教育评价工作，并重点加强对课堂教学评价的管控。

2. 建章立制，构建了"校—院"二级的质量监控评价运行体制机制

明确职责，各司其职，紧密配合，全校形成了自上而下的"全员参与、全过程监控、全方位覆盖"的教学质量监控评价运行机制，有效、有质地保证了教学质量监控的实施。

（三）制度先行，统一标准

1. 规范管理，系统建立了一整套较为完善的质量监控评价制度体系

学校先后出台印发了《重庆三峡医药高等专科学校教学督导工

作条例》《重庆三峡医药高等专科学校教学质量监控评价组织机构》《重庆三峡医药高等专科学校教学质量监控评价工作方案》《重庆三峡医药高等专科学校教师课堂教学质量监控评价体系》等系列制度文件，从工作任务划分、组织机构建立、体制机制运行、标准体系建设等方面保障了学校质量监控评价工作的有效实施，使教学质量评价做到有章可循、有理可据。

2.明确标准，修订完善了课堂教学质量评价指标体系

重点考核教师课堂教学质量和教书育人水平，围绕教师课程教学"教学准备、教学实施、教学效果"3个方面，从"备课、教研、上课、课后、考试、教学效果的满意度"6个维度35个主要观测点实施监控考核，使课堂教学评价科学化、制度化、标准化、规范化。

二、实施效果

（一）推广应用评价高

"以课程门次"为单位的教学质量监控评价制度体系已在其他同类高职院校推广运用，并得到了高度的赞扬。

（二）课堂教学质量持续上升

以提升课堂教学质量为抓手的教育教学评价改革成效显著。学校获国家精品在线开放课程2门、市级20门，学校内评选精品在线开放课程50门。改革以来，学校共评出优秀课程2000余课程门次，

占全市的 30%。"以课程门次"为单位的评价模式提高了教师教学的积极性与主动性，上好"高质量"的课成为教师教育教学的最终目标和诉求。督导专家累计完成对 1000 余条课堂教学问题的收集与诊改，体现了"以质量为核心"的教学评价改革理念，保障了教师课堂教学质量的持续提高。

围绕"立德树人"探索研究生培养全方位、全过程评价

/ 北京工商大学

北京工商大学研究生院通过"立德树人"看导师、"课程思政"进评价、"综合素质"评学生等举措,探索构建全方位、全覆盖研究生培养评价体系,致力于破除"五唯"不科学导向。

一、主要内容

(一)"立德树人"看导师

1. 组织"立德树人"评价与考核

通过开展导师自我评价、"研评导"活动,结合督导座谈的反馈意见,促进研究生导师在履

职尽责方面贯彻"立德树人"的教育理念。根据《北京工商大学全面落实研究生立德树人职责实施细则》的规定，从政治素质、师德师风、业务素质、思政教育、专业培养与人文关怀五个方面对导师立德树人履行职责情况进行了评价。

2. 开展"优秀研究生导师"评选活动

通过学科推荐、师生投票、分党委审核、学位评定委员会投票推选立德树人成绩突出的导师，对其进行表彰奖励。

3. 征集"我心目中的好导师"优秀作品

学校共评选出 36 份优秀作品，并在研究生毕业晚会上予以表彰。运用作品传情、让作品说话，拉近师生距离，在研究生心目中树立优秀的导师形象。

（二）"课程思政"进评价

1. 推进"课程思政"

课堂教学作为研究生培养过程中的重要环节，不只是传授科学方法和专业知识，还要充分发挥育人作用。为此，学校设立"一个专项"——校级课程思政教学建设专项项目，2019 年立项 32 门，覆盖所有教学单位的 25 个专业，涉及公共课、专业必修课和专业选修课所有课程类型；推进"三项设计"——重新设计修改培养方案、教学大纲和课程教案，将课程思政很好地融入教学过程中。

2. 实现"课程思政"进评价

在推进"课程思政"的基础上，学校以评价为抓手，提升了"课程思政"的效果。一是开展"两重评价"，通过教学督导和学生评教考察"课程思政"开展的情况。二是开展"一评一检",评选"课程思政"教学,宣传效果好的课程,年底对"课程思政"建设情况进行总结,有层次、有步骤地推动"课程思政"与评价的相互促进。

(三)"综合素质"评学生

1. 制定"研究生综合素质测评"评价体系,实现研究生评价的综合性和客观性

研究生工作部每年9—10月以该评价体系为依托,指导学院开展学年综合素质测评工作,实现对不同培养阶段的研究生进行100%全覆盖、全面考核评价的目标。该评价体系广泛应用于研究生各类奖学金、助学金的评审要素中,以测评结果排名为导向,全方位反映研究生在校学习期间的各方面情况,实现了研究生评价的综合性和客观性,改变了"五唯"评价的导向。

2. 搭建活动平台,通过"评优选先"发挥榜样示范作用

开设明德大讲堂,搭建以思想引领学术、以学术支撑思想、融思想性与学术性于一体的教育平台;加强迎新季、毕业季、学术节、文化节、党校、干校、校研会微信平台等"两季两节两校一平台"的"2221"活动载体建设,活动覆盖全体研究生,实现全过程、全方位育人。在搭建上述活动平台的基础上,每年评选"学术之星"20人、"优秀学术团队"10支、党校优秀学员15人,评选其他拔尖人才若干,这种榜样评选的方式,催生了"身边人带动身边人"的效应。

二、实施效果

（一）打造了政治强、业务精、作风好的专家型研究生导师队伍

通过围绕"立德树人"的核心精神，在研究生培养体系中实现了更加重视导师优秀师德师风的树立，导师从重视研究生的成绩与论文转向注重培养研究生的综合素质能力。"立德树人"从各方面提升了导师的综合素质，强化了导师的正能量导向。2018年和2019年，学校研究生导师"立德树人"评价考核结果全部合格，并评选出53名优秀研究生导师。特别是以孙宝国院士为代表的食品添加剂教学科研教师团队于2018年被评为全国高校"黄大年"式教师团队。同时，学生评价导师的"研评导"结果显示，研究生满意度在90%以上的导师占99.82%，表明了学生对导师在师德师风、业务素质和人才培养能力方面的认可度明显提高。

（二）构建了各类课程都要与思想政治理论课同向而行的课程体系

思想政治教育贯穿于课程体系的各个环节，激发不同课程中的思政元素，将知识传授与价值引领结合形成协同效应。2019年，学校完成"课程思政"改革32门，2020年在此基础上，又启动了研究生培养模式改革、研究生全英文示范课程建设、研究生思政课程改革创新研究、专业学位研究生联合培养基地建设、专业学位研究生课程案例库建设共五类研究生教育教学综合改革专项的立项工作，探索并实践了德育为先、五育并举的培养理念，注重引导学生树立正确的人生观、价值观和世界观，以百年树人的精神贯彻培养全过程。

（三）培养了有信念、有本领、有担当的新时代研究生

学校修订了 2020 级研究生培养方案，注重研究生的思想政治教育和综合素质的提升。要求各专业培养方案围绕"立德树人"的人才培养目标，在研究生课程中增加体育、美育、人文类课程，在必修环节中增加综合素养部分，实现了在研究生课程培养各环节中贯彻思想政治教育、学术能力和综合素质提高相结合的模式。

研究生综合测评工作覆盖所有学生，而且学校各类教育教学管理人员、导师、学生骨干都参与到测评每位同学的评价中，这一测评程序和评价内容的设计，起到了全方位、全过程、全员育人的作用，体现了学校对全面促进研究生发展、培养拔尖人才和培育创新性成果的重视和激励。研究生在综合素质评价考核体系的激励下，思想政治素养、课业成绩、发表论文质量、科研创新能力连年稳步提升，综合测评结果排名前 20% 的学生可以荣获国家奖学金、双百奖学金、学业奖学金、拔尖创新人才奖励等奖项，人才培养质量效果良好。2019 年，共有 74 人次研究生在 26 个省部级以上竞赛中获得奖项，发表各类学术论文 897 篇，其中 SCI 收录论文 109 篇，较上年增长 34.57%。部分研究生响应国家号召，毕业后积极投身于国家"志愿服务西部计划""三支一扶""村官、选调生""应征入伍"等项目。

开展"以本为本"的本科教学质量评价

/ 浙江农林大学

近年来,浙江农林大学深入实施新一轮本科教学质量评价改革。在评价中,注重以评促学、以评促教,落实教学工作的中心地位,在教师职称评定、岗位聘任等方面突出教学工作业绩导向。

一、主要举措

(一)推进教学质量评价改革,提升人才培养质量

1. 制定各专业培养标准,严格学历学位管理

各专业根据培养目标和定位,对人才培养进行科学分类,结合专业国家质量标准和认证标

准，制定本科专业人才培养标准，完善学历学位授予制度。

2. 推进考核方式改革，强化教学质量评估

推广形成性与终结性评价相结合的考核模式，鼓励多种形式的课程考核方式，加大过程考核在总成绩中的比重，培养学生注重过程学习和自主学习的能力。完善"学生评教、领导听（观）课、督导、同行评价"为一体的教学评价体系。

（二）加强教师教学业绩考核，提升教师教学能力

1. 各等级考核标准增加限定条件

A级要求未出现教学建设相关项目撤项或验收不合格情况；增加须至少完成教师教学工作业绩考核指标中指导学生及成果和承担教学建设与研究项目两个二级指标的两项观测点内容。

2. 考核增加了完成指定条件可以直接定为A级，且不占学院（部）比例的条件

指定条件包含：作为主要完成人（前2）获校级教学成果一等奖；作为主要完成人（前3）获省级教学成果奖；作为主要完成人获国家级教学成果奖；作为主要指导教师指导学生一类学科竞赛、大学生创新创业大赛获国家奖；作为主要完成人（前3）参与专业认证，当年获得认证通过；作为主要完成人获得国家级精品在线开放课程认定称号；作为主持人获得省级精品在线开放课程认定称号；作为主编、副主编获得国家级规划教材；作为主编获得省（部）级规划教材；作为主要完成人（前3）获得国家级教学建设项目；获浙江省高等学校青年教师教学竞赛一等奖及以上。

（三）改革教师职称评聘条件，引导教师教书育人

出台《浙江农林大学专业技术职务评聘实施办法（修订）》，强化对教学业绩的要求，引导教师参加教学建设与改革、指导学生科技创新等，设置教学为主型教授、副教授，单设学科评议组和指标单列，以此激发教师指导学生的主动性和积极性。

二、实施效果

（一）教学成效显著提升

2019年，学生学科竞赛获省部级以上奖599项，其中一类竞赛获得国家级奖项43项，较去年增长79%。首次获"互联网+"创新创业大赛国家金奖、银奖各1项，金奖数并列全国农林院校第一。

（二）专业内涵建设取得进展

学校6个专业入选2019年国家级一流本科专业建设点，12个专业入选省级一流本科专业建设点，1个通过工程教育专业认证（全国农林高校首批通过认证的计算机科学与技术专业），1个专业通过SWST国际认证。

（三）课程建设和课堂教学创新成果丰硕

学校被认定为浙江省课堂教学创新校，11门课程被认定为第二批省级精品在线开放课程、25门课程被认定为省级一流课程，2019

年浙江省本科院校"互联网+教学"优秀案例评选中2门课程荣获特等奖、3门课程荣获一等奖。

（四）教师教学能力得到提升

2019年以来，考核改革直接认定为A的获益人数25人。教师教学发展中心被认定为省级高校教师教学发展示范中心，浙江省第十一届高等学校青年教师教学竞赛中获一等奖1项、二等奖2项。

自主探索"学科特区"新评价模式

/ 南昌大学

近年来,江西省南昌大学以建设"学科特区"为契机,自主探索"学科特区"新评价模式,在"破五唯"、突出"品德、能力、业绩、贡献"导向方面取得了阶段性胜利,成为学校构建人才培养、科技创新和成果转化"三位一体"创新平台、推进学科链、人才链与创新链、教育链互联互通的关键一环。

一、主要举措

(一)优化制度支持和政策保障

学校先后颁发了《学科特区管理办法(试

行)》《"食品科学技术与健康"学科特区管理细则》和《"新材料技术"学科特区管理细则》。该管理细则系列文件包括岗位设置管理办法(试行)、专业技术资格(职务)评(聘)管理办法(试行)和优秀贡献绩效发放办法(试行)。

学校深化"放管服"改革,积极探索简政放权、高度自治、自我约束的运行机制。学科特区遵循"目标引领、自主管理、过程监控、绩效评价"的建设原则,通过实行学科特区负责人首席负责制、预算审批制、年终审计制及联席会议制,实现最大限度的简政管理。

学科特区实行总额控制范围内的高度自治,在以下几方面享有自主权:一是自主聘用权,建立合同化管理基础上的人才遴选、进编、流转、退出机制;二是自主薪酬权,可自主制定在国内同级学术机构中有一定竞争力且科学合理的薪酬标准和发放办法;三是自主评聘职称权,建立相对独立的专业技术资格、职务评聘及岗位聘任管理体系;四是自主绩效考核权,可自主制定学科特区内人员岗位考核标准、绩效考核及奖励办法。

推行规范的权责书备案制。各学科方向负责人与学校签订《南昌大学"双一流"学科建设项目负责人权责书》。根据权责书,负责人享有建设规划自主权、资金支出自主权、资金调配自主权、人事管理自主权和绩效考核自主权,并履行项目建设主体责任,承担资金使用经济责任,制定人才用留管理办法,保障项目建设周期的完整以及承担相应的学术责任和政治责任。

（二）推进品德、能力、业绩和贡献导向的评价实践

1. 转变"数论文、点项目、看帽子"的人才评价模式，创新职称评审方式

学科特区高级职称评聘指标单列、自主评审、代表作评议，强调品德、能力和实际贡献。从2018年开始，2个学科特区高级职称评聘指标单列与特区内自评。遵照破除"五唯"的要求，参考院士评选程序和投票办法，业绩材料和现场答辩相结合，对申请人的品德、能力和研究成果的贡献度及影响力等进行评审，强调对经济社会发展的实质性贡献，宁缺毋滥。2018年，特区单列5个正高、8个副高指标，最终评审通过正高5人、副高7人；2019年，单列5个正高、8个副高指标，最终评审通过正高4人、副高7人。两年的评审结果公布后均无异议，有效激发了学科特区聘用人员的积极性、主动性和创造性。通过完善人才评价机制，鼓励和引导学科特区聘用人员"把论文写在祖国大地上"。

2. 推行以"创新质量和服务贡献度"为导向的学科绩效评价改革

近年来，学校逐渐确立了"需求牵引、科学发现、技术发明、哲学思考、文明演进"的学科建设总方针。学校首届科技创新大会提出了"面向重大需求，完善评价机制，构建特色鲜明的创新体系，提升创新能力与服务贡献度"的变革思路和要求。作为改革转型、先行先试的"试验田"，学科特区坚持需求导向、目标导向、创新导向和内涵导向，学科绩效评价重点在新技术、新产品、新设备、新工艺、新应用的创新性、成熟度、稳定性、可靠性上，突出成果转化与应用情况及其在解决经济社会发展关键问题、支撑引领产业发展中发挥的作用，即创新的质量及贡献程度。学校将陆续出台相关

制度和措施，优化科研评价体系、修订科研奖励制度、提高科研管理效率和完善学术惩戒制度。

3.配套按需设岗的人员聘用制度

学科特区坚持"按需设岗、淡化身份、竞聘上岗、按岗聘用、合同管理"。专业技术人员设立五级岗，即学科带头人岗、方向带头人（特聘）岗、关键岗、骨干岗和基础岗，另设学科特区工作小组管理人员岗。实行一人一议一合同，2个学科特区，11个学科方向，共计271名人员上岗。学科特区内聘用人员坚持师德师风问题一票否决，实行动态调整制度，年度考核"不合格"者自动解聘。落实"同台竞技、同轨运行"，将品德、能力、水平、贡献作为人才考量和业绩考核的重要标准，试点改革薪酬结构，实现引育留用者同工同酬。

二、实施效果

（一）战略科学家脱颖而出

南昌大学新材料技术学科特区学科带头人江风益教授，始终秉承"不唯书，不唯上，不唯洋，只唯实"，把论文写在祖国大地上。2019年，他成功当选中国科学院院士，这是该校本土培养的第一个院士。同年，江风益教授还被国际半导体照明联盟（ISA）授予"全球半导体照明突出贡献奖"。迄今为止，全球只有包括诺贝尔物理学奖得主中村修二在内的9位个人和5个国际组织获此殊荣。

（二）重大创新成果不断涌现

通过运行学科特区模式，由江风益教授领衔的发光材料创新团队，继 2016 年 1 月硅基 LED 蓝光成果获得国家技术发明一等奖、2016 年 2 月习近平总书记来学校视察以来，取得了多项水平更高、用途更广、价值更大的创新成果，包括高光效 LED 黄光、绿光、红光、金黄光及其高端装备设计与制造技术 5 项成果。通过专家鉴定，4 项国际领先、1 项国际先进，在高档发光芯片技术创新方面取得了领先世界的技术突破，并成功推出了系列创新产品。

经过对比测试，国际同行、诺贝尔奖得主中村修二教授，于 2019 年 7 月在 LED 照明产业论坛上公开评价："南昌大学发明了世界上发光效率最高的黄光 LED，技术水平在国际上领先，这是中国人的一项非常大的发明，具有非常大的价值。"之所以获得如此高的评价，是因为发光新材料创新团队解决了 50 多年来困扰 LED 界的一项世界难题，即"黄光短板"问题，不用稀土荧光粉，实现纯 LED 照明技术的世界性突破，具有里程碑意义，属于自主创新、民族技术、中国方案、健康照明。

（三）学科内生动力得到激发

通过成立学科特区建设办公室，出台相关管理办法和实施细则，成立新材料技术学科特区和食品科学技术与健康学科特区，组建 11 个"问题导向、需求牵引、基础扎实、卓越引领"的优势特色学科方向，签订建设任务书和个人上岗合同，兑现高级职称评聘指标单列与自评，兑现特区岗位绩效与优秀贡献绩效，确保重点保障建设资金和倾斜政策落地等一系列先行先试的激励措施，实现了学科特区稳定规范的实体化运行，极大地激发了学科特区在建学科内生发展的动力和活力。

破"五唯"导向的教改项目"放管服"改革

/ 韶关学院

广东省韶关学院坚持"分类指导、凸显特色、重在改革、突出成效"的原则,以提高教育教学质量为目标,推进教育教学改革和实现优质资源共享为抓手,破除"五唯",对教改项目管理全面实行放管服改革,在申报立项、结项验收、应用推广等关键环节重点发力,不断加强内部治理和内涵建设。

一、主要举措

(一)在申报立项环节,打破诸多限制

破除过去立项过程中"唯文凭"(是不是博

士以上学位）、"唯论文"（有多少核心论文作为基础）、"唯帽子"（是不是领导或教授）的做法，逐步打破对项目主持人的职称与文凭限制，放宽项目主持人特别是重点项目主持人的申报条件。

同时，秉着公平公正、自主高效的原则，根据各二级单位教师人数和上一年项目结项通过率的情况，确定二级单位的申报立项指标，将申报立项权力下放到二级单位，由二级单位组织专家评审，择优推荐项目到学校教务处报备立项。

（二）在结项验收环节，坚持多元标准

根据项目本身的研究内容来区别对待，根据项目的类别给予不同的验收标准。项目结项验收不再仅仅关注是否发表论文等理论成果，而是更加突出项目研究的实践应用和对学生成长成才、学校教育教学管理的实际影响。

例如，纯理论研究主要以期刊公开发表的论文类成果结项；教材类项目研究主要以公开出版的教材结项；在线开放课程类项目主要以在线课程的建设以及应用推广作为结项依据；教考分离类项目主要以试题库建设和考试标准的制定等作为结项依据；课堂教学改革项目主要以"对分课堂""翻转课堂"等教学新方式应用和教学效果的评价作为结项依据；新课程建设主要以新开课的教学计划、教案、课件 PPT 等结项；有的项目主要以网站建设、视频制作等作为结项依据。

（三）在应用推广环节，注重项目成果升级与转化

项目结项验收并不代表一个项目的终止，而是后续进一步深入

研究的开始，很多老师从一个项目的研究推而广之进行了一系列相关研究，以点带面，由表及里，在教育教学的过程中不断积淀，逐步凝练成校级和省级的教育教学成果，逐步走出校园，面向全国。

二、实施效果

（一）教师申报教改项目的积极性大大提高

因为放低了项目主持人的职称和学历要求，破除了职称、文凭、年龄的限制，教师参与教育教学改革的热情高涨，申报项目的积极性大大提高。

（二）院系参与教改项目的积极性明显增强

由于对二级单位下放了项目申报立项自主权，二级单位能够针对本单位存在的教改问题进行深入研究并申报项目，破除了以往项目审批大包大揽的做法，提高了二级学院的积极性。同时，二级单位的结项通过率直接影响下一年的申报立项指标，倒逼二级单位改变以往"重立项轻建设"的做法，从而持续跟踪项目建设并指导、督促开展研究。近几年，教改项目的结项通过率和结项质量稳中有升。

（三）学生成为教改项目成果的最大受益者

学校教改项目管理坚持"以学生为中心"的原则。教师能将更多精力投入项目的实施过程中，将教学改革成果融入课程建设、教材建设和课堂教学中，更多地去关注项目本身对学生的成长、成才和对学校教育教学管理的影响。只有当教师不再拘泥于发论文，而是切切实实为了学生的成长、成才和学校教育教学管理着想去实施教育教学改革的时候，学生才能成为教育教学改革成果的最大受益者。

（四）教改成果不断涌现

由于改变了以往"唯论文"结项验收的标准，学院近几年的教改成果日趋多样化。例如，多门课程实施了课程思政改革；学分制改革稳步前行；新开设课程数量增加；在线开放课程上线后面向全国选课人数骤增；校本教材得以丰富；试题库类成果加快了学校教考分离的推进；"对分课堂""翻转课堂"等新型教学模式正在课堂教学中推广应用等。同时，由于老师的长期跟踪研究和不断积累，很多项目逐步得到深化拓展，获得了校级和省级教学成果奖。2019年，韶关学院在广东省教学成果奖评选中喜获佳绩。在全省39所本科高校排位中排第15名，成果的知名度和学校的影响力不断增强。

破立结合，深化专业评估改革

/成都理工大学

成都理工大学以专业评估为改革试点，"破"除对唯一、单一评价的崇拜，"立"起综合评价标准体系，通过在"评"上做好文章，为"管"提供依据、为"办"提供服务，下好专业供给侧结构性改革先手棋，逐步构建起了与"双一流"建设相适应的本科专业体系。

一、主要举措

（一）完善评估制度，构建多维度评价体系

为改善"评价指标单一、唯论文唯帽子"的不足，落实《普通高等学校本科专业类教学质量国家标准》要求，以量化指标为基础，结合专业的社会声誉、学科支撑、服务能力等，找到非量化点突破，构建包含6个一级指标、17个二级指标、43个主要观测点的专业评价体系，形成校内本科专业的质量标准，突出"用自己的尺子量自己"。同时，学校通过制定《本科专业评估实施方案（试行）》，构建了集评估规则、评估指标、技术标准、计算方法、实践操作规程于一体的专业评估工作体系，为专业的优化调整与建设提供了科学依据。

（二）改革评价方法，强调评价主体多元化

为改善评估"只注重结果、不注重过程"的不足，充分利用信息技术和大数据手段，搭建本科专业监测系统，面向教学过程中学生、教师、管理人员三大主体的行为要素开展常态化数据采集，将评估任务分解渗透到日常教学管理、专项检查和教学督导等常规工作中，确保评估与教学运行和监控环节高度契合。以教学运行全流程中的客观数据、活动记录和反馈信息为评价依据，实行分布式动态监控，实现评估信息来源的多元化和数据采集的常态化、过程化。

（三）创新服务方式，真正做到以评促建

为改变专业评估"只重结果、一评了之"的做法，聚焦问题梳理分析与对策研究，使评估更好地服务于专业建设，真正做到以评促建、以评促管。运用数据挖掘相关方法对多元数据进行分析，从总体排名、分项指标得分、同类专业比较、改进方向等方面对专业建设情况进行深入研究，并编制《专业评估分析报告》，让数据"说话"，指导各专业更好地进行改造与建设。

（四）强化结果运用，健全动态调整机制

为改进专业调整"过分依赖评估分数，一刀切"的不足，出台《成都理工大学关于新一轮本科专业优化调整的实施意见》，以评估分数为参考，健全"有进有出"的专业预警、退出和动态调整机制。对行业和区域需求迫切的专业做"加法"，适时发展符合国家和地方战略性新兴产业需要的新兴专业，新增人工智能、大数据管理与应用等专业，补齐学校原有专业的短板，增强专业与地方经济的契合度。对各类监测排名靠后、办学优势不明显、特色不突出、办学条件不够的专业做"减法"，限招、停招、关停部分专业，2019年停止7个专业招生、限制6个专业招生。对优势特色专业做"乘法"，依托世界一流学科和省级一流学科建设项目，发挥资金投入和政策支持的"倍乘"效应，在地质、土木、计算机、数学、化工等优势领域培育国家级一流专业建设点，在能源、测绘、核工程、材料、管理、新闻传播等领域培育省级一流专业建设点。对基础相同、基础平台相近的专业做"除法"，通过推进大类培养改革，将其整合成相近专业，发挥教育资源的集成优势。

（五）统筹一校两地，构建专业分类建设格局

为破除用一套标准评估所有专业的弊端，以产业技术学院建设为契机，通过专业优化调整，构建一校两地专业建设新格局。校本部共开设专业60个，坚持优势特色办学路径，全面实行大类招生、大类培养，深化科教融合协同育人，主要培养一流本科学术型人才；产业技术学院共开设应用型本科专业11个，专业立足区域经济发展需求，深化产教融合协同育人，主要培养本科应用型人才。

二、实施效果

以评估为抓手深化专业供给侧改革，有力促进了学校专业内涵的建设，形成了控制规模、提升品质、结构合理、彰显特色的专业建设新格局，为加快推进一流本科教育和"双一流"建设夯实了基础。

（一）专业数量进一步精简

学校专业总数从2018年审核评估时的92个缩减至71个，单个学院的专业类数量控制在2～3个。

（二）专业办学特色更加突出

使各专业按照人无我有、人有我优、人优我特的原则，紧贴经济区域发展需求，确定专业办学特色，牢固树立精品意识，倾力打造特色品牌。

（三）专业质量大幅提升

提高专业核心竞争力为整合办学资源提供了外部动力。在教育部实施一流本科专业建设"双万计划"的首轮评选中，学校共有21个专业入选四川省一流本科专业建设点名单，位列省属高校第一；8个专业入选国家级一流本科专业建设点名单，位列省属高校第二。

（四）社会反响积极、热烈

教育部以"成都理工大学以专业供给侧改革为抓手，提升本科教育质量"为题，对学校专业评估改革进行宣传报道，引起了社会积极、热烈的反响。

以竞赛为抓手，丰富教学评价手段

/ 西安培华学院

西安培华学院以竞赛促评，在改革中不断优化方案，打造有活力、有竞争的应用型课程生态，提升了应用技术型人才的培养水平。

一、主要举措

（一）坚持举办课程大赛

定期举办"西安培华学院应用型特色课程评比大赛"并择优推荐参加全国应用型课程建设大讲堂说课比赛，对获奖教师予以表彰奖励。大赛的举办促进了教师积极改进课堂教学，实现了翻转教学、案例教学与 STEAM 教学等新型课堂模式，将传统学习和 MOOC、微课、SPOC 教学有机结合，构建以学生为主体的启发式教学模式，充分运用数字化校园系统，实现学生个性化学习、合作学习、线上线下学习，形成学生与学生、学生与教师的问答式、讨论式教学模式。

（二）不断完善相关方案

修订《西安培华学院专业技术职务评审工作实施办法》，将"获得校内应用型课程大赛最高奖"作为破格申报副教授职称资格的条件；制定《西安培华学院教学名师、教学新星培养项目管理办法》，将"推进应用型课程教学改革，形成特色性成果"等要求作为教学名师与教学新星的职责；修订《西安培华学院教师工作量暂行规定》，将"应用型课程改革"相关项目作为核算教师工作量、制定积分奖励政策的重要依据；配套制定《西安培华学院关于深化应用型课程改革的实施意见》等重要文件。

二、实施效果

（一）创新了人才培养模式

在课程评比大赛、教学能手、教学新星等项目的推动下，学校的创新改革取得了积极进展，逐渐和国家有关部门、公司、科研单位进行了深度合作，形成了带有学院特色的创新人才培养模式。例如，学校与企业携手共建二级学院，同时建立"教育部—

中兴通讯ICT产教融合创新基地""麦可思第三方管理大数据评价"等项目，并建成培华"创客中心"、大商科综合实训中心、中兴电信实验教学中心、医学实验教学示范中心等实训平台，把企业的真实业务、真实项目、真实工作流程带进了学校课堂，引导师生创客"学中做、做中学"，引导学生跨专业、跨平台进行合作学习与创作。

（二）提升了教师专业水平

有3名教师被教育部聘为应用型课程建设大讲堂讲师；学校教师共编写"应用型系列教材"16部；学院教师受邀参加宁夏回族自治区教育厅、广西壮族自治区教育厅、苏州大学应用技术学院、南宁学院等单位交流活动二十余场，主办应用型课程研修班并接受校外教师培训170余人次。

（三）取得了系列奖项

学校获得陕西省2019年高等教育教学成果奖一等奖；获得2019年应用型课程建设联盟课改创新奖；在全国应用型课程建设大讲堂说课比赛中荣获多个奖项。

地方篇

大数据助力能力导向的评价改革

/ 北京市房山区教育委员会

北京市房山区教育委员会利用最新的信息化手段和智能技术,引入以核心素养关键能力为导向的教育教学理念,全面推动了房山初中阶段教育教学的全面深化改革,开创了一条引领教育评价改革的创新之路。

一、主要举措

（一）创新能力导向的教育评价机制

能力素养诊断基于"智慧学伴"平台在房山区的规模化使用，学生通过在线学习积累了学习过程中性数据以及诊断测评数据，教师能够根据学生的个性化诊测报告，分析学生的薄弱知识点，并且还能关注学生阶段性学科能力及关键素养的发展情况。教师根据学生的测评情况还可以清晰了解每个学生在能力表现、素养发展上的个性化指标，深入分析每个学生擅长的能力点，从而为组织个性化的教育教学提供可靠依据，推动个性化教学与自主学习教育实践的进行。

（二）优化指向学生综合素质的测评

综合素质测评是指除了学业水平的测试之外，还从学生的学习品质、心理健康、教育环境、认知特征等方面进行系统测评，了解学生的非智力表现的测试。该测评深度聚焦学生的个体表现，为之后的精准学习提供了支撑。本部分的服务采用北京师范大学心理学院研制的心理素质测评工具，全面了解学生的综合素质情况，助力教师、家长、学校动态知悉学生的发展进步情况，促进学生的健康成长。

另外，学生的健康问题是各级各类教育部门广为关注的话题，借助"互联网+"手段，用智能手环设备，对学生的体质健康进行基于大数据的监测，了解学生的健康情况，结合学生的健康数据提供健康反馈报告，为提升学生的身体健康素养打下基础。

（三）借力学科专家提升教师的教学水平

学生学科能力、关键素养及综合素质测评的精准诊断为提升房山区教育教学改进服务工作奠定了基础。依托北京师范大学九大学科团队专家在学科能力导向下的教学技能以及学生关键素养培养方面的深入研究与实践，我们邀请学科专家以数据为依据与抓手，组织区域教研活动，将专家引领的教学改进提升活动嵌入房山区日常区域教研活动中，开展持续性的干预及改进，为更好地提升本区教育质量提供了可行方案。

借助学科专家的学科影响力，各学科专家团队基于 3×3 学科能力和学科素养体系指导教师设计公开课，并据此开展点评课，从理论与实践的角度全面提升了教师的学科能力和学科素养。

公开课教学指导主要包括备课研讨、展示交流、课后研讨、公开研讨课展示等环节。在备课研讨环节，通过教师说课的方式展示前测数据，剖析课前学生的能力水平现状，基于此，设计改进思路。同时，专家结合教学设计，从教学目标、教学活动、学科能力的设计、学科素养的融合、学习资源的融入、教学策略的设计等方面做指导。在展示交流环节，学校将修订后的教学设计方案转化成公开课，通过专家点评指导等方式促进教师教学方式的根本转变。在课后研讨环节，将课堂中设计优秀的环节提炼出来，供其他教师学习，并辅以智慧学伴测评，帮助教师了解自己能力和水平的变化情况。

二、实施效果

（一）学生综合素养得到提高

经过三年的探索与实践，积极参与项目的学校和师生都取得了较大的进步，其学科水平逐年提高。学生心理素质和体质健康数据的监测及汇聚，向教师、家长和学校动态呈现了学生的进步情况，促进了学生的全面发展和健康成长，为学校构建良好的教育生态提供了数据支持。

（二）教师专业素养得到提升

利用网络平台诊断学生学情，借助数据分析，找准教学改进方向，依托专家引领提升教学技能，房山区涌现了一批勤于思考、勇于尝试的教师，教师也逐渐体会到了项目带来的帮助和改变。学科专家对各学科指标的解读活动和主题讲座，使教师对于在日常教学中如何更好地落实学科能力与核心素养有了更深入的理解与体会。

房山区教师通过积极申报小课题开展教学实践研究，增强了房山区教师群体的科研氛围，调动了教师参与教学研究的积极性，提升了教师教育教学业务素质。项目带来的研究契机和房山区教师的积极参与取得的成果，成为带动房山区教师综合素养快速提升的最佳途径。

（三）区域影响力逐步扩大

北京师范大学未来教育高精尖创新中心共主办了三届"大数据时代的未来教育"论坛暨数据驱动的学校发展转型与变革研讨会，

房山区作为项目的参与者及实践者，从学科能力、关键素养、学生综合素质发展等层面，结合实践经验做了分享，并跨区域进行了有效经验的交流展示，提升了区域与学校的影响力。

让国际教育评价理念为我所用，为区域教育发展破局

/ 北京市房山区教育委员会

教育评价不是目的，而是促进区域教育发展的有效手段。从 2007 年起，北京市房山区教委开始着手考试评价研究，思考如何通过教育评价，预测未来社会对人才的需求，从而根据教育规律思考学生和学校的发展。基于此，房山区主动参与了 2009 年和 2012 年的"学生能力国际评价 PISA 中国独立研究项目"，2015 年房山区所有中学参与"PISA2015"正式测试。通过参与 PISA 项目，房山区不仅获得了区域测试数据，对区域教育有了一个新的审视视角，还借鉴 PISA 测试理念，完善了区域教育评价，发展了区域教师的培养模式，推动了区域课程改革，真正做到了以"评"促"教"，推进教育改革，初步形成了具

有房山特色的教育评价体系。

一、主要举措

（一）成立专门部门推进PISA测试及分析

为了组织参与PISA测试及后期结论研究和成果的转化推广，房山区教育委员会在考试中心成立了考试评价研究办公室，任命了专项负责同志，并引进了研究人员，在教育委员会的领导下专门从事考试评价日常工作。这一个创新的机构，对教育评价研究的推进起到了关键性作用。全区很多教育工作依赖该中心具体推进，诸如组织参与PISA测试及结果研究和成果转化；参与区级大型考试的组考、阅卷、数据分析；开展考试评价技术的培训，促进考试评价与教学的融合，充分利用考试分析数据，提高课堂教学实效；探索按照增值评价理念进行考试结果与背景分析相结合的评价方法；等等。

（二）用好PISA测试结论改进管理

根据2009年的测试分析报告，区里专门请了PISA评价专家给房山区教育委员会的行政领导和评价研究项目组同志做了解读和应用指导，并通过他们在全区教师中培训预热，普及评价理念，应用测试结论，改进课堂教学，完善课程设置，改进了教育管理和评价办法。参与2012测试后，将测试分析报告纳入全区教育系统党政正职的培训中,启动了科学素养提升研究。广泛的培训使教育工作者认识到,以PISA评价理论为引领的考试评价研究,确实能影响教学管理,深化课程改革。干部教师接受培训后,使区级很多教学改革项目得以顺利推进。参与PISA2015测试后,聘请专家对房山区PISA2015的数据进行了更细致的分析,为推动教育改革提供了有力支撑。

(三)利用PISA测试理念改进教育教学

基于PISA测试的理念,结合房山区测试结果,自2010年起,针对全体学生的"阅读能力培养""数学思维训练""科学素养提升"三大教学实验项目陆续启动,形成了固定的研究团队,制订了研究方案,并且还有了阶段性的收获。三个项目的开发和实践研究,基本上都是跨地域、跨学校、跨学段、跨学科的实施,研究结论在学校落地的方式,更是"摸石头过河"。三个项目最长的已经近十年,项目组负责人带着大家进行了艰苦的探索,很多领域的研究都是自发开展的,大家在这个过程中主动找办法、想思路,乐在其中,收获颇丰。

例如,在2009年PISA测试中(该年度测试主领域是阅读素养),房山区样本比我国整体样本的成绩要低。显然,在阅读教学方面房山区存在问题。经过研究,房山区发现,阅读教学中最大的问题是教师对阅读概念的片面理解。本区教师引导学生阅读时,阅读领域很小,主要以文学作品为主,对学生阅读能力的培养也只集中在检索和获取信息方面。而PISA的阅读素材领域包括文学、科技、生活等方方面面,素材形式也不仅限于文字,还有数字、图表等。PISA

的阅读素养既包括运用文本内的信息，如获取与检索信息，形成广义的理解或具体的解释，又包括对已有外界知识的运用，如反思与评价文本内容或文本形式等。

房山区为此组织了包括语文、数学、外语、物理、化学、生物、历史、地理、政治等多学科骨干教师编订《房山区中学生阅读指导书目》，书目涉及经济、哲思、军事、宗教、地理、医学、心理学、伦理学、自然科普和社会观察等各个领域；进而开发中学生阅读能力培养课程，系统培养学生阅读多种形式文本的方法和技巧，形成了约16万字的地方课程教材《中学生阅读能力培养》。房山区35所学校的八年级全面开设此课程，并在学期末组织统一考试；高一年级也开设每周不少于1节的阅读课程，进行阅读方法和阅读技巧的训练。房山区还开发了《阅读能力素养课程教师指导手册》以指导各校教师高质量实施课程。

同时，房山区还与中国少年儿童阅读指导中心等文化单位开展合作，积极开展"大阅读"促进项目。通过在全区有规划、分步骤、有深度地开展全教育体系的阅读促进工作，激发了学生和社区居民的阅读兴趣，培养了他们的阅读习惯，提升了他们的阅读量，提高了他们的阅读能力，丰富了学校阅读文化，提升了社区阅读氛围，建设了一批书香校园特色学校和阅读特色社区。

以阅读核心素养为抓手，房山区践行了"得阅读者得天下"的教育主张，通过全面系统的阅读课程创设带动了学习型房山的建设。

同样，PISA测试显示房山区的学生在完成数学思维、科学素养领域的问题时，在获取信息、解释文本、思考判断、图标处理等方面存在问题，创新精神和实践能力也较为缺乏。为此，房山区着重引导教师在课堂教学中挖掘学科知识中所蕴含的学科思想，将学科研究过程和方法渗透到学科知识的传授中，培养学生"从生活中发现学科问题，利用学科知识理解、解决生活问题"的意识和能力。通过在课堂教学中加强基于学科素养的培养，促进房山区中学生学科素养培养与提升的科学化、常态化。

（四）参与PISA测试项目优化考试评价

1. 制定大型考试管理流程

学习 PISA 测试的流程管理，制定区级大型考试管理流程，包括命题，制卷，组考，阅卷，分析（命题质量、教学管理改进）等环节，特别是研究"命题蓝图"，编制"双向细目表"，规范"数据分析报告"表述结构等，提升了命题的规范性。

2. 研发区级考试质量分析平台

提升命题能力之后，房山区依据教研人员分析试卷的数据支撑学校改进教学管理的研究报告，对原有的考试数据统计系统进行了升级，与公司合作开发了符合实际需要的"考试质量分析平台"。

3. 尝试开展增值评价研究

借鉴 PISA 测试手段——能力测试与问卷调查相结合，对学生进行诊断。从 2011 年，房山区对七年级新生尝试进行增值评价研究。一是开展了数学、英语、科学的学科测试，采用了无纸化网络阅卷，方便精细分析，确保了测试结果的可信度。二是开展了调查问卷，聘请教育评价专家设计了涉及"学习环境、兴趣爱好、意志品质、认知能力"等方面的问题。

项目组完成的七年级学生整体的多维度分析报告，反映了房山不同区域小学毕业生的教育差距，房山与同步测试区域的学生相比，在学科知识和能力的均衡程度等领域，都掌握了第一手的研究数据。结合调查问卷，研究学生学业成就与非智力因素的影响关系，为更加全面地制定区域针对性教学规划提供了参考，为改进家庭教育提供了数据支持。

4. 修订了中小学阶段质量标准

反思 PISA 整个测评过程，体会和学习其先进的测评理念和测评技术，认真研究测试分析报告的框架和导向，从更宽的视野了解学校本学段学生综合发展的指标要素和阶段标准，淡化结果的功利性，充分发挥教育过程的对照和矫正作用，聚焦学生发展，实现正确导向，促进学校形成正确的教育质量观。教育是科学，培训学校干部教师理解测评理念和测评技术，基于参照维度和标准，自主选择适合学生成长的教育方式和过程，大幅修订了原来的"中小学生阶段性质量标准"，并向全区中小学做了使用推广。

二、实施效果

（一）学生素养显著提升

从总体水平分析，PISA2012 测试报告显示，我区数学、阅读、科学素养的学生平均成绩较 PISA2009 均有所提高，且增幅较大，说明学生的可持续发展潜力有了提升，问卷反映的学生负担过重的问题，引起了更多人的关注，在学校层面推进的减负增效工作进展顺利。现在，学生有了更多走出课堂的机会，参加到课后素质提升工程中，学校组织的课外综合实践活动也越来越得到家长的认可和学生的喜欢。

（二）唤醒了一批教师的专业成长

考试评价具有复杂性，PISA测试具有综合性，为推进这些工作，房山区直接成立的项目就有十多个，参加研究的部门从行政到教研、科研，从考试评价项目组到基层骨干，从区域整体到实验学校，陆续参与的核心组成员过百，聘请过的专家有几十人。更主要的是，部分同志参与了PISA测试试题的命制、测试组织、试卷评阅、试题分析和测试结果应用的分析研究。这些同志迅速成长为我区教育评价的核心骨干，并将学到的评价理念和技术应用于我区教育评价研究。这种上下联动、理论与教学实践相结合的方式，积累了大量的资源，催生了更多的研究课题，吸引了大批学科骨干、教科研人员，激发了很多老师的研究热情。行政和学校管理人员的参与，影响着教育教学管理制度的制定和教学模式的改进。

"用不同的尺子衡量不同的学校"增值评价实践探索

/ 北京市顺义区教育质量评价中心

北京市顺义区通过对部分幼儿园、小学、初中、高中开展学校增值理念指导下的自我评价与发展研究,帮助区域内学校完成学校诊断评价,指导学校实施自我评价;借助专家资源,准确把握学校发展的优势与问题,制订学校发展方案;建立学校自我评价制度,帮助学校优化学校内部治理,形成现代学校制度,促进学校的发展。

一、主要举措

(一)研制评价方案

针对不同学段研制适合幼儿园、小学、初中

和高中学段的学校自我评价方案，其中幼儿园阶段完成工具的研发和试测，再进行自我评价。

评价方案包括发展规划、干部队伍、教师队伍、德育工作、教学工作、体育卫生工作、心理健康工作、办学条件、学校氛围（学校管理）和学生素质发展水平 10 个方面，共计 10 项一级指标、31 项二级指标、77 项三级指标。确定评价内容和评价指标体系之后，项目组研制了一系列评价工具，包括专家评价表、课堂教学评价表、学校发展现状教师调查问卷、学校发展现状学生调查问卷、家长满意度调查问卷和评价访谈提纲（分为干部访谈提纲、教师访谈提纲、学生访谈提纲、家长访谈提纲）。

（二）明确评价方法

主要是两种评价方法，一种为学校自我评价，一种为外部专家评价。

学校自我评价主要采用问卷调查法，包括三类调查对象，分别是学生、教师和家长。其中，学生包括小学四至六年级学生、初中所有学生、高中所有学生；教师包括学校全体任课教师；家长包括学校所有学生的家长。

在学校自我评价后，组织专家团队入校，通过听取校长汇报、听课、访谈、校园观察等方法收集信息，针对学校的发展问题做进一步的诊断分析，运用 SWOT 分析法，结合学校自评的结果，综合分析，找准学校的优势和问题，制订小学、初中、高中的学校发展计划。

（三）细化评价过程

学校评价分为指标和工具研制、学校开展问卷调查、数据反馈、专家外部评价、分析与撰写报告五个阶段。

第一，指标和工具研制。项目组依据教育部《义务教育学校管理标准》《北京市普通中小学校全面实施素质教育督导评价方案与指标体系》等政策文件，研制了评价指标和评价工具。

第二，问卷调查。项目组指导学校开展教师调查问卷、学生调查问卷和家长满意度调查问卷的填答工作。

第三，数据反馈。项目组对数据进行整理分析后反馈给各所学校，指导学校撰写自评报告。

第四，专家外部评价。每所学校组织4～5名专家到学校开展为期1天的评价工作。评价工作采用校长汇报、听课、查阅资料、召开座谈会、校园观察等不同形式，在此基础上开展团队内部交流工作，形成学校评价意见，填写专家评价表。

第五，分析与撰写报告。项目组基于问卷调查数据，结合学校自评报告和专家外部评价意见，形成学校评价报告。

（四）做好结果分析

对调查问卷主要运用SPSS统计软件进行统计分析。

$$评价得分 = \frac{100 \times a + 75 \times b + 50 \times c + 25 \times d}{a+b+c+d}$$

其中，a、b、c、d分别表示很符合、比较符合、不太符合、不符合四个选项有效作答问卷份数。

基于各学校问卷调查结果、学校自我评价和外部专家评价意见，项目组梳理了顺义区学校发展的优势、存在的问题，为学校改进提出了建议。由于各学校基本情况、发展周期、自身优势和存在的问题各不相同，因此主要结论与建议侧重于总结各学校或多数学校体现出的优势以及存在的问题，并从区教育整体发展的视角提出建议。

二、实施过程及改进效果

本项目直接受益的范围包括顺义区 12 所中小学、幼儿园。通过不断探索学校的评价改革，特别是借助专业研究机构对学校的发展现状及存在的问题进行科学诊断，指导学校制定发展规划和改进计划，引领学校走内涵发展之路，真正推动学校治理水平和育人水平的提升。

（一）查摆问题

对照项目组给出的自评报告，学校评价小组从 24 个维度、141 个数据和 47 条开放问题进行了大量、认真的分析。首先，是看三组数据的雷达图，认识问题比较大的方向；其次，把每个维度的得分比较低的两项共 48 个问题选项提出重点加以分析；最后，在开放的问题中寻找真问题。从主客观两个方面分析造成问题的成因，找到解决问题的方法，确定解决问题责任人和制订解决问题的方案，确保诊断问题的准确，问题成因的分析深刻，寻求解决问题的方法恰当，解决问题责任落实，解决问题及时。

(二) 针对问题，改进落实

1. 针对学生提出增加课余体育活动、增加社团、扩大知识面等方面的问题

学校研究解决，限定时间，落实到人，开展了足球嘉年华、篮球联赛、16×400接力、趣味运动会、拔河大赛、乒乓球混合团体赛等多彩体育活动，增设后的艺术、手工才艺、科技活动、学科趣味活动等校本课程达20余门。

2. 针对教师提出的信息技术软硬件以及PAD应用等问题

学校与相关公司合作，指导教师的PAD应用，每学期15节PAD研究课的开展，为教师的PAD教学提供了动力。2019年学期末，学校聘请相关公司的软件工程师到校为教师做指导，在2021年4月开展的"新媒体新技术优质课例评选大赛"中，四位教师分获一、二等奖。

3. 针对教师提出拓展和利用周边资源的提议

学校与许多相关公司进行了合作，开设了全营农场、剪纸、汽车课程，建立了太阳村党风廉政建设基地。

4. 针对教师教育理论和实践不足的问题

先后邀请生本教育创始人郭思乐教授团队两次来校指导和培训生本教育，组织生本课堂研讨、交流，由学校发起，成立了由12所学校参加的顺义区生本联盟，组织了"顺联杯"生本大赛，请区教师研修中心德育室专家做有关主题班会的班主任培训工作等。

5. 针对教师教科研能力有待提高的问题

在教师中开展基于小问题的研究，教师根据自己工作中的问题申报了 20 项小课题，有近 30 人参加，涉及学校方方面面的工作，既培养了教师的教科研能力，又解决了工作中的实际问题。

（三）推动学校发展

增值性评价项目组结合问卷结果和专家下校调研情况，形成了学校发展的评价报告。明确了学校发展中存在的突出问题，即学校发展规划的制定和落实亟须强化；学校管理的制度化、规范化和民主化还需提升；教师队伍专业水平与主动发展的积极性需要提升；课堂教学改革缺乏创新，学生学习积极性普遍不高；学校课程体系建设需完善，校本课程还需要多元化；学校对特殊群体学生发展提供的专业支持力度不够六方面的问题。

学校认为，增值性评价为学校提供了一面镜子，找到了学校发展的各种不足，为今后的发展提供了努力的方向。面向未来，顺义区还要着力提升学校增值评价的内驱力，不断探索学校改进的有效策略，推动学校的持续发展以及学校的特色发展。

利用大数据为教学评价改革赋能

/ 北京市顺义区教育质量评价中心

北京市顺义区教育质量评价中心从实际出发,稳妥扎实推进教学评价改革。依托互联网及大数据分析,有效提升顺义教育质量评价,以深入研究教学规律为基础,探索科学的教学评价方法,为教育改革、质量提升增添助力。

一、主要举措

(一)编制学科测评框架

第一,分析需求,收集与整理基本信息。

第二,设计检测框架,根据需求制定各科各项检测内容,制定量表及指标说明。

（二）研发测试工具

第一，双向细目表。

第二，专家与学校命题组卷。

第三，审题调整。

第四，定稿印卷。

第五，学生测试。

（三）组织测试

学校组织学生在规定时间内完成主观题与客观题的测试。

（四）网络阅卷

第一，数据采集。

第二，网上阅卷。

（五）数据分析

第一，数据导入。

第二，数据分析。

（六）数据建档

为教育主管部门、学校各级管理者、学科教师、学生及家长建立浏览报告权限。

（七）解读与培训

服务方负责向各级用户提供报告解读工作与培训工作。

（八）干预教学

第一，学校召开教研会议，分析测试结果并有针对性地对教师进行教学指导。

第二，由服务方负责聘请市区级专家进行有针对性的教学指导。

三所学校先行试点，先以语文、数学和英语三科的阶段检测为数据采集点，逐渐推广至每次阶段性测试甚至每次课堂小测试中，用三年时间完善基于数据的教学评价诊断系统的大数据库。同时，以同阶段的分析结果为依据，观察、对比使用此评价系统对学生发现自己的学习弱项及强项起到了多少作用，对教师自我完善、专业提升和学生全方位发展所起到的作用，每次采集分析数据后，以备课组为单位集体研讨本学科的教育教学方式，并结合小组成员自身优势，落实下一步的整改方案和教学方案。

二、实施效果

（一）为学生建立数据档案，让学习有据可循

帮助区域建立基于数据改进教学的机制和评价制度，为每个学生建立电子学习记录档案和学习者特征数据档案，帮助学生自我诊断、自我反思、自我改进；及时分析学科强弱项，改变以往只孤立关注分数和名次的情况；注重分析学科的强弱知识点和问题所在，基于数据改进自己的学习。

（二）助力课堂教学活动，提升教学品质

帮助学校建立目标、活动、评价一致性的课堂教学；建立基于运用数据改善教与学的机制；落实教学评一致性依据，数据实施个性化教学指导；建立基于数据改善教学的机制；掌握及时反馈提升质量的方法。

（三）帮助家校深度沟通，见证孩子成长进步

基于反馈报告，详细了解孩子学习的问题所在；与孩子共同学习，见证孩子的进步与成长。

"因材施评"的高校绩效管理考核

/ 辽宁教育学院

辽宁省对全省高校实行不同发展定位、不同考核标准、不同发展变化、不同财政支持的新型治理模式,在指标设计和评价实施中因材施评,开创本省特色高效绩效管理考核模式,激发了高校内生动力和创新活力。

一、主要举措

(一)指标总体设计上,多元视角

一是突出学科特色,分类设置评价指标,注重引导学校特色发展。

二是"管理能力指标+办学水平指标"相结

合，定性与定量相结合的双重体系结构，既注重结果导向，又强调夯实办学基础。

三是规模指标与人均指标相结合，既考虑高校投入与产出的总量，又考量生均和师均的产出，引导高校增强可持续发展的能力。

四是引入社会评价的新视角，多维度地开展问卷调查，关注教职工、用人单位、在校生和毕业生等不同群体对学校办学的满意度和认可度。

五是充分尊重学校发展实际，注重"用自己尺子量自己"，既强调年度综合绩效结果，又关注高校自身的成长进步。

（二）指标内容设计上，规避"五唯"

现行考核指标中，管理能力指标分为党的建设、内部治理、办学经费 3 个一级指标，下设共计 12 个二级指标、32 个三级指标。办学水平指标共分为人才培养、学术研究、师资队伍、社会服务、就业创业、社会声誉 6 个一级指标，下设 21 个二级指标、63 个三级指标。现行考核指标中办学水平指标共计 133 个观测点，无针对教师职称、学历的考核要求，仅两个观测点分别考核全校具有博士学位的专任教师占比、受聘高级职称中的专任教师占比；仅 1 个观测点考核教师发表高水平论文情况、2 个观测点考核高校高层次人才数量、5 个观测点考核高校教师获批教学成果奖和科研成果奖情况。以上 7 个观测点，占观测点总量比重不足 5.3%。

（三）指标权重设计上，分类发展

大部分地方所属应用型高校所占权重最高的指标是人才培养，

其次是学术研究和社会服务，最后是师资队伍、就业创业和社会声誉。

一是在人才培养指标下，得分权重最高的是专业建设和人才培养质量指标，其次是教学研究与成果。在教学研究与成果的指标中，教学成果获奖指标权重最高，但得分仅占指标总分的 1.8%。

二是在学术研究指标下，得分权重最高的是学科建设，其次是科研经费和科研成果。在科研成果指标中，高水平论文指标得分占指标总分的 1.2%、科研获奖指标得分占指标总分的 1.6%。

三是在师资队伍指标下，得分权重最高的指标是师资队伍的数量和结构、层次与水平。层次与水平中，高端人才指标所占权重小于优秀师资，得分指标占总分的 0.9%。

综上所述，辽宁省高校绩效管理考核在对高校进行学术研究评价时不唯奖项、不唯论文，对高校人才进行评价时不唯帽子、不唯职称，注重构建适合辽宁高校实际的分类发展体系，引导高校找准自身办学定位，明确发展目标，实现科学发展。

二、实施效果

（一）获得专家认可

经过初期的探索与尝试，高校绩效管理工作得到了全省高校和省内专家的普遍认可。

（二）结果有效利用

年度绩效考核结果经省政府常务会议审议通过，并应用于年度高校财政资金预算安排。

（三）迸发创新活力

三年来的改革实践证明，通过实施高校绩效管理，调整财政资金分配结构，健全与质量、贡献和绩效挂钩的激励约束机制，有利于激发高校内生动力和创新活力。

学业质量"绿色指标"引领学生全面发展的导航器

/ 上海市教育委员会

自 2004 年上海市参与教育部基础教育课程教材发展中心"建立中小学生学业质量分析、反馈与指导系统"项目至今，逐渐形成了具有区域特色的学业质量绿色指标综合评价（以下简称"绿色指标"）。在十多年的发展过程中，上海充分借鉴国际和国内大规模学业质量评价项目的相关技术与经验，采用定性与定量相结合的方式，基于中小学学科课程标准，建立了促进质量提升的绿色指标评价体系，引领学生全面发展。

一、主要举措

自 2014 年起，上海市教育委员会基础教育质量监测中心在前期实践基础上，系统梳理了学业质量评价的关键技术、方法和流程，自主开展了绿色指标评价实践。

（一）自主研发测评工具，开展评价实施

根据上海课程标准，上海市教育委员会开展了学科测试框架的研制，确定了学科测评工具的开发原则，形成了标准化的考务和数据处理流程。摒弃统考统测模式，采用科学的抽样方法，确定测试的学校和学生。编制测试实施手册，按照考务规范实施测试，制定可操作的评分手册，委托专业机构阅卷，将数据完整录入数据处理系统。

（二）完善绿色指标评价体系，确定绿色指标评价周期

为了给区、校更多的教学改进时间，绿色指标的测评周期从原来的"一年一测"改为"三年一测"，即在一个评价周期内，一次测评，三年改进。此外，从 2015 年起，"上海市中小学生学业质量绿色指标综合评价"正式更名为"上海市中小学学业质量绿色指标综合评价"。将"学业质量绿色指标"之前的限定词从"中小学生"修订为"中小学"，更体现出了绿色指标的价值导向。虽然很多评价信息是从学生个体上获取的，但评价结果指向的是学校和区域。

（三）持续推进区、校教学改进实践

对学生的学习过程、教师的教学过程以及学校的课程设置等进

行全面、深度的调查和分析后，才能优化下一阶段的教育教学。因此，2015年，上海市教育委员会发布了《关于开展中小学以校为本的教育质量保障体系建设试点的通知》，正式启动了开展中小学以校为本的教育质量保障体系建设试点。

（四）搭建交流平台，形成海内外合作研究的机制

2016年，上海市教育委员会举办了港澳地区教育质量综合评价会议。与香港、澳门、台湾等地区分别就基础教育质量评价系统、教育质量评价面临的挑战及解决办法、四地之间的合作等话题展开了热烈对话、深度交流和经验分享。

（五）不断深化反思，形成"绿色指标2.0"

经历了"引进—改造—自主"的发展阶段后，从2018年起，上海市教育委员会基础教育质量监测中心加强了对绿色指标综合评价的反思。同时，为深入贯彻落实党的十九大精神，顺应国家和上海教育改革的新形势，上海开展了绿色指标的修订完善研究工作，推进了绿色指标的深化发展。

在坚持目标导向与问题解决、上海特色与融通中外、顶层设计与基层创新相结合原则的基础上，通过前期分析、专家研讨和指标修订，最终形成了"绿色指标2.0"。"绿色指标2.0"共包含10个指标，分别为学生学业水平、学生身心健康、学生品德和社会化行为、学生学习动力、学生对学校认同度、学业负担与压力、教师课程领导力、校长课程领导力、教育公平和跨时间发展。

二、实施效果

（一）改善了学生的学习状态，学生学习过程得以优化

学业质量不等于学业成绩，它具有构成性，包含学业成绩、品德行为、身心健康等诸多领域的发展水平；又具有关联性，包括影响学生发展的个体、教师、校长、家庭等各方面的相关因素；还具有发展性，体现学业的进步、均衡、连续。我们摒弃了统考统测的模式，在科学抽样的基础上，运用学科测试、问卷调查、现场观察和体质监测等多种方式采集学业质量的信息。测试结果显示，在学业成绩保持大体相当的同时，学生学习的过程得到了一定程度的优化；学生学习自信心水平较高，与前两年相比提升明显；内部动机较强的学生越来越多；小学生对学校的认同度越来越高，学生的学业负担有了一定程度的减轻。

（二）提升了教师的专业能力，引导教师全面看待学生的成长

"绿色指标"对学生发展的全面关注，引导教师全面看待学生的成长，突破以分数论英雄、以成绩论成败的传统评价观念。全面考查学生发展状况，既关注学生的学习结果，又关注学生的学习过程和代价，既关注学生当下的学习表现，又关注学生的进步状况。建立了基于实证数据改进教学的机制，使"教学→检测→分析→改进"逐步成为教师的自觉行为。许多学校的教师能够灵活地运用数据来改进教学，在教学内部建立起了"检测→分析→改进"的循环。例如，从"绿色指标"报告分析中，奉贤区教师进修学院附属实验小学发现学生的作业难问题非常突出。于是，数学组针对教学重难

点制作了一个个微视频，每个微视频5～10分钟，讲解某一难题、易错题的解决方法，并设置游戏通关模式，增加学习的趣味性。学校把微视频放在校园网上，学生可以随时点播与回放，课堂上学生更加积极了，作业的正确率也明显提高，这样的做法深受家长的欢迎。

同时，"绿色指标"也提高了教师关注学生学习过程的能力。教师在关注学生全面发展的过程中，及时把握每一个学生在学习过程中出现的状况并加以补救或矫正，增强正确使用评价促进教学的体验，提高教师敏锐洞察学生学习过程的能力。

（三）"绿色指标"激发了学校的办学活力

从学校对评价结果的使用来看，"绿色指标"能够帮助学校找到闪光点和待改进之处，激活了学校的办学活力。

一些原先不引人注目的学校，学业表现比较好，学生负担比较轻，显示了过硬的育人质量，找回了办学的自信。有的学校通过分析评价结果，发现了潜在的不足和隐患，如学生的校园生活质量低、学生对学校的认同度不高，提出了需要改进和提升的地方。"绿色指标"帮助学校找到了持续发展的方向，引导学校在与区域、自身比较中找到了发展的增长点。

（四）催生一系列配套的改革政策

与"绿色指标"相协调，上海制定出台了《上海市教育委员会关于开展义务教育阶段学校"减负增效、提高质量"活动的通知》《上海市教育委员会关于小学阶段实施基于课程标准的教学与评价工作的意见》。特别是从 2013 年新学年起，上海在小学全面推行"基于课程标准的教学与评价"，核心是根据课程标准科学确定教学基本要求和评价要求，促进课程、教学和评价的一致性，教师不能随意拔高教学和评价要求，不能随意加快教学进度，在教学与评价过程中既关注知识与技能维度，又关注过程与方法、情感态度与价值观这两个维度课程目标的落实以及学生学习方式的变革。

全市 17 个区县均出台了有关"绿色指标"的改革政策，其中许多政策是专门落实"绿色指标"的，如《闸北区教育局关于推进小学生学业质量绿色指标研究与实践的若干意见》《松江区贯彻落实中小学生学业质量绿色指标的实施意见》等，并在办学行为、教学行动中提出了具体落实"绿色指标"的要求。

目前，上海市正推进学校发展性督导，将绿色指标作为学校发展性督导的一项重要依据。与"绿色指标"相配套，上海正在逐步推进中小学生综合素质评价改革，其中学生成长记录册已引入了"绿色指标"评价。

（五）形成评价改革持续推进的保障机制

增强评价的科学性，专业化的评价队伍不可或缺。在开展学业质量综合评价的过程中，各区县纷纷组建教育质量评价专业机构，配备教育评价专业人才。市、区县通过专题培训、项目带动等方式，提高了评价专业人才的实战能力。

上海市政府连续数年将学业质量评价改革纳入市政府重点工作，并加强对评价改革工作的督察。拨出专项经费，用于全市"绿色指标"的研究与实践；同时在教育费附加中列出"课程评价改革"

项目，支持全市评价改革的硬件建设、技术引进、师资培训。

向社会发布评价结果，实现区域内公众对义务教育教学质量的知情权，在全社会逐步树立正确的教育质量观，在一定程度上改变了家长、社会对学校"好差"口口相传的主观评价状态，为进一步推进基础教育内涵建设的改革创新提供了较好的社会环境。静安实验小学前身是新江宁小学，曾是区内比较薄弱的学校，曾因各种原因，教育质量不如人意，对口学生流失严重，办学遇到了很大的困难。现在，社会、家长、学生对学校认同度得到了大大的提高，对口学生流失少，还有许多家长想方设法把孩子送进该校的情况。出现这样变化的原因有很多，其中很重要的一点是该校在"绿色指标"中的表现引人注目，"教学方式""师生关系""睡眠时间"等指标尤为突出。

学生健康快乐地成长是教育部门、学校、教师、家长乃至全社会的共同愿望。如何营造学生健康快乐成长的良好环境，既是一个重大的理论问题，又是一个现实的实践问题。"绿色指标"评价改革迈出了可喜的一步。随着改革的深入，"绿色指标"综合评价改革所释放的教育正能量将更加充分地显现出来。

高校"综中有分"的评价经验

/ 上海市教育委员会

上海市坚持综合评价,设置指标,聚焦高校办学的五大功能。坚持分类评价,分别制定四种与高校类型定位相匹配的指标体系,拓展高校特色自主表达空间,通过权重设置兼顾学科专业特点。

一、主要举措

(一)建立相对完备的制度体系

一是坚持规划引领。出台《上海高等教育布局结构与发展规划(2015—2030年)》《上海教育现代化2035》,部署高校分类管理评价。

二是注重法律保障。通过制定《上海市高等

教育促进条例》，将基于"学术研究型、应用研究型、应用技术型、应用技能型"的分类管理评价思路固定下来。

三是加强政策落实。联合市委组织部、市发展改革委、市财政局、市人社局等6部门联合印发《关于深入推进高校分类管理评价促进高等教育内涵式发展的指导意见》，从法律法规和规划层面将此项工作落地、落实。

（二）制定符合新时代要求的指标体系

一是坚持综合评价。设置办学方向与管理水平、办学条件与资源、办学质量与水平、办学声誉与特色4个一级指标，13个二级指标，聚焦高校办学的五大功能。

二是坚持分类评价。分别制定四种与高校类型定位相匹配的指标体系，增强高校的特色自主表达空间，通过权重设置兼顾学科专业特点。

三是坚持引导评价。根据上海高等教育的目标定位，重点进行内涵质量进步评价，引导高校追求卓越、追求特色。坚持动态调整，每年根据最新要求，在保持评价体系相对稳定的前提下，对评价指标和标准进行动态调整。

（三）构建公平有序的评价流程

一是实现全闭环评价，建立从评价动员到结果使用的一整套操作程序。

二是发挥第三方机构优势，搭建高校分类评价信息采集平台，信息的填报工作均在网上操作完成。

三是减少高校负担，政府能够掌握的数据，就不再要求填报。

四是加强数据核查，确保数据准确、真实、有效。实行网上数据审核评价与实地督导相结合的模式，组织沪内外专家对定性指标进行集中评价，赴部分高校开展实地检查督导。

（四）加强结果的科学使用

一是加强数据分析研究，形成对接不同需求的研究报告。

二是加强评价结果与政府资源配置、评选考核挂钩，实现在高水平大学遴选、内涵建设经费分配、市属高校党政负责干部考核、高校绩效工资分配动态调整等方面的充分运用。

三是促进分类评价引领高校分类发展落到实处。召开高校集中反馈会、赴高校开展实地调研，加强分类评价精神要求和年度结果宣讲解读。

二、实施效果

经过两年多的具体落实，上海高校的分类评价理念已深入人心。分类发展、特色发展成为上海高校的自觉行动，大多数学校都以分类评价指标为基础构建了自我评价体系。高校分类评价成为教育行政部门的思想共识，在政策制定、成效监测方面越来越多地借助高校分类评价这个有效工具。

从"聚焦分数"走向"优化生态"——以教育质量监测促教育发展的实践

/ 江苏省苏州市教育局

教育评价改革的价值在于构建公正、科学、有效的评价文化。一直以来,江苏省苏州市以"让孩子们的努力更有价值"为目标,以学业质量监测为抓手,坚持"尊重差异,追求合适;激励增值,促进发展"的评价导向,通过"低利害、轻问责、增内驱、重改进"的教育评价,促进区域教育生态渐进优化。

一、主要举措

（一）构建"1+N"区域教育质量评估监测体系

"1"即面向苏州全市初中学生的义务教育学业质量监测，把这一项目定位在构建一个"超大型 CT"，为苏州教育提供"客观公正、快速高效、科学准确、全面系统"的教育质量健康体检。

"N"即开展各类专项监测和微监测项目。一方面，对教育热点、难点问题开展专题式或追踪式的研究，为教育行政管理部门的决策提供依据；另一方面，吸纳各地教育测评研究团队，为苏州幼小初高职开展各类"微监测"，补充完善教育质量监测体系。

（二）研发"学科+相关因素"教育质量监测评价工具

学科工具包括语文、数学、英语和科学四门。以"基于课标、关注素养；对接国际，着眼未来"为目标，打造能够全面反映苏州市义务教育阶段学业水平的学科工具。

同时，将相关因素工具分为"追踪监测、周期监测、热点监测"三大模块，构建多维的相关因素评价工具。从成长背景、身心健康、学习品质、学业负担、学业支持等多个维度全面评价教育质量。通过"追踪监测、周期监测、热点监测"三大模块找出诊疗当下"教育时代病"的靶点。

（三）建立基于大数据的区域教育生态预警机制

预警机制包括"学业生态健康""学业质量增值发展"和"办学规范执行"三个方面的预警。"学业生态健康"预警是为了刻画区域和学校学业生态的质量特征;"学业质量增值发展"预警是为了对区域和学校学业质量发展状况进行增值评价;"办学规范执行"预警是为了强化政策法规的执行底线,矫正办学方向。

(四)形成多方联动的教育生态优化合作机制

整合市、区域的督导、教研、基教等部门,构建"多方参与、量质互证、互助共进"的合作机制,开展基于大数据的评估监测工作,促进决策管理和教育教学的良性循环。

(五)构建基于监测数据的区域、学校自主改进机制

持续开展基于监测大数据的"优秀案例评选"活动,构建以内需为动力的自主改进机制,推动区域和学校通过"研读数据、精准诊断、合理归因、科学寻策、靶向改进、后效检验"六个环节开展基于大数据的区域和学校过程性自我诊断和自主性改进。

(六)打造支持评估监测全流程的专家智库

一方面主动寻求国家教育质量监测协同创新中心的专业指导,同时强化自主成长,努力培养本土化的专业人才和专家智库。另一方面采用滚雪球方式,不断扩大参与评估监测各项工作的专家人数,把发现和培养本土化的评估监测专业人才纳入各项监测工作实践中。

(七)构建标准化、一体化的监测数据处理信息化平台

整合监测工具研发系统、数据采集系统、数据分析系统和数

据可视化系统，构建支持区域监测大数据加工的统一入口、多个终端、多维用户、多层功能的信息化平台。

二、实施效果

经过 5 年多的探索实践，教育质量监测已经成为撬动苏州市义务教育质量迈向"教育新常态"的重要支点，苏州市"1+N"立体化的区域教育质量评估监测体系，通过与其他部门的协同联动，发挥了决策性评价、认定性评价和服务性评价的作用。具体成效包括以下七点。

（一）教育诊断实现从"经验驱动"转向"证据驱动"

五年来为苏州市、区县和小学、初中共提供了 5000 余份学业质量监测报告，为区县和学校提供了 20 余份综合分析报告，为教育行政管理部门提供了 20 余份决策咨询报告。以督导部门为例，2019 年就基于监测数据对区县和学校进行了近视、作业时间、课程开设等方面的专项督导。

（二）教育评价实现从"考分排序"转向"多元评价"

建立了"基于课标，关注素养；对接国际，着眼未来"的学科监测工具指标体系。2019 年，通过社交平台推送了 7 份监测工具特色与亮点系列文章，传递学科工具命制理念。

在相关因素工具的研制中融入培养具有"情感张力、生命活力、思维能力、学习动力的活生生的人"的价值导向，深入挖掘可能影响学生学业质量的关键因素。

监测数据分析实现了由"单一分数"到"多元指标"、由"水平判断"到"增值评价"的转变，构建了适合苏州教育的增值评价模型、学业生态健康指数等多元评价手段。

（三）教育理念从"聚焦分数"转向"优化生态"

以"优秀案例评选活动"为抓手，引导区县和学校将监测结果转化为自我改进的行动。从2016年至今，已经评选出优秀案例400余个，案例申报数量从2016年的91项增加到2019年的287项，越来越多的区县和学校参与到监测结果的运用中。

（四）社会对教育认识从"成绩排名"转向"全面发展"

通过各类媒体及社交平台发布了"1+X"份社会发布版报告，包括一份总报告和X份专项监测报告，向社会传递科学的教育质量观。以2018年为例，总报告名称为"让孩子们的学习更具效能"，分报告包括《父母阅读少，孩子成绩差》《加重课外补习，不如每天吃好早餐》。

（五）教育研究从"现状描述"转向"因素挖掘"

在五年的实践中，苏州基于监测大数据开展的教育研究逐渐从最初的"统计描述""横向比较"等现状描述，转向开展教育质量内隐影响机制的"关联归因"挖掘研究。开展了包括"增值评价""抗逆、被逆学生特征""学业负担与学业成绩""作业效能""学业生态指数""家庭教育与学业成绩""电子设备使用与学业成绩"等多项研究，并在《基础教育课程》《上海教育科研》《中小学信息技术教育》等多个期刊上发表相关成果，获得了教育界的广泛好评。

（六）评估监测队伍从"凤毛麟角"实现"日渐壮大"

通过工具的研发、报告的撰写、结果的反馈、案例的研究等逐步建立了一支评价理念先进、专业技术过硬、专兼职结合，共计200多人的监测评价专家队伍。

（七）苏州实践从"蹒跚学步"走向"辐射示范"

苏州从2015年起正式启动第一轮面向全市初中生的义务教育学业质量监测，在北京师范大学基础教育质量监测协同创新中心的指导下经历了"帮、扶、放"的学习阶段，到2017年开始探索"独立自驾"。作为全国为数不多的独立建制的地市级教育质量监测中心，目前已经初步建立了具有"国际视野、国家标准、苏州特色"的教育质量评估监测体系。苏州教育质量监测工作的经验在教育部"基于监测的督导能力建设"、上海及安庆的"长三角基于大数据的区域教育评价变革论坛""10+教育测评深度实践"等活动中受到好评。

探索高职"诊改"

/ 江苏省高等教育学会

为贯彻落实《国务院关于加快发展现代职业教育的决定》精神，切实发挥学校的主体作用，持续提高职业教育人才培养的质量，江苏省开展高职院校"内部质量保证体系诊断与改进工作"（以下简称"诊改"）。"诊改"覆盖了全省90所高等职业院校，按照"试点先行、示范引领、全面落实"的工作思路分批、分层次、分步骤推进"诊改"工作。先后设有"诊改"国家级试点院校3所、第一批省级试点院校2所、第二批省级试点院校20所，目前一批非试点院校也在积极推进校级"诊改"工作。

一、主要举措

（一）省级中层担纲，构建省级试点方案

江苏省研制公布了《江苏省高等职业院校内部质量保证体系诊断与改进工作方案》《江苏省教育厅关于深化高职院校内部质量保证体系建设推进诊断与改进试点工作的通知》，搭建出以行政为牵引导向、以院校为职责主体、以专委会为复核组织的新型多元治理格局，从制度设计层面为省诊改工作的具体实施铺陈轨道。根据全省诊改工作的实施进度，省教育厅联合专委会构建省级复核标准，发布了《江苏省高职试点院校内部质量保证体系诊断与改进复核工作实施方案（试行）》《江苏省高职院校内部质量保证体系诊断与改进试点院校复核专家工作手册》，为加强事中事后监管、履行管理职责提供了重要手段和工作依据。

（二）落实教育"管办评"改革，发挥专家组织的智库作用

2016年，由省教育厅遴选熟悉职业教育、具有管理经验、具有公信力的高职教育专家、教育教学研究专家和高职院校领导等组成江苏省高职诊改专家委员会，由江苏省高等教育学会代行专家委员会职能，负责日常联系和管理工作。

专家委员会成立以来，一直实施动态调整，并不断充实专家库，下设专项工作组、理顺工作机制：一是分类分批指导一批高职院校形成各具特色的《内部质量保证体系建设与运行实施方案》；二是组织专家深入学校一线，先后调研4所高职院校，覆盖苏南、苏中和苏北三个片区，对学校诊改工作的规划目标体系、质量改进、智能校园建设情况进行现场查诊并当场反馈调研意见；三是积极参加全国诊改专家委员会全体委员会议和培训，承接全国诊改专家委员会安排的工作，并受邀作为专家组成员对兄弟省份高职试点院校开展现场调研，与受调研院校充分交流、研讨。

（三）把脉全省诊改，理论与实践实现同频共振

2017年以来，共召开了4次全省范围的诊改培训会、研讨会或推进会，共计500人次参加了会议。会议以理论探讨、工作部署、文件解读、案例分享、经验交流、现场答辩、会议资料交流等多种形式，引导学校积极开展诊改工作。根据试点院校的不同进展，诊改工作秉承分类指导原则，略有侧重地推进：面向首批5所试点院校，着重强调诊改与评估在目标、动力、标准、指标、主体、行政角色、运行、操作等方面的不同；面向第二批20所试点院校，逐步细化下沉宣传层级，动员院校所有人必须直接参与、设定标准和目标；面向非试点院校，重在理念宣传，促进广大干部教师树立立足本位、创新发展的责任意识，树立服务需求、与时俱进的现代质量文化理念。

二、实施效果

（一）明晰了管办评中各类主体的职责范围

界定了人才培养质量各方责任的总体框架，完善了政府、行

业、企业、职业院校等共同参与的质量评价机制，构建发展性政策体系，实现教育治理体系和治理能力的现代化，助推江苏现代化教育强省建设。职业院校是人才培养质量的第一责任主体，确保人才培养质量在其生产过程中得到保证，体现职业院校担负主体责任的内在自觉性；教育管理部门是人才培养质量的第二责任主体，复核职业院校是否具备履行第一主体责任的制度、机制和能力，体现行政管理部门的管控应激性；利益相关方是人才培养质量的第三责任主体，以结果评价导向、倒逼第一和第二责任主体推动人才培养质量持续改进，体现第三方责任主体的外在技术性。在政府、学校与社会的新型关系中，职业院校不断强化主体责任，用好办学自主权，实现院校质量自治；政府更加尊重学校办学自主权，履行营造公正公平发展环境的管理责任；社会全过程参与办学质量评价，促进教学质量的持续提升。

（二）形成了教育教学质量的持续改进机制

学校健全了自主发展、自我约束的运行机制，形成了持续改进和提高教育教学质量的机制，为高质量高职教育发展提供了进步的阶梯。长期以来，有关教育教学及人才培养质量机制，都是政府主导的多、学校自主思考的少，政府大包大揽的多、学校主动作为的少。而且，学校层次不同、类型不同，发展阶段不同，主要矛盾和矛盾的主要方面也不同。所以，从制度设计上看，诊改鼓励引导职业院校分析人才培养质量的生成过程，自主寻找教育教学质量的关键控制点（环节），构建网络化、全覆盖、具有较强预警修复功能和激励作用的校本内部质量保证体系。

学校通过诊改，分析质量生成过程，寻找教育教学质量的关键控制点（环节），运用制度、机制、能力、文化、行动等实施控制，让制度运行成为机制，让机制坚持成为能力，让能力升华成为文化，让文化自觉形成行动，从而实现持续提升人才培养质量的目标。

在"双高计划"的契机下，诊改成效已经从学校层面质量内涵建设的内功外化为全省层面卓越高职院校的成绩单——2019年江苏列入"双高计划"首批建设单位的20所高职院校，其中80%为诊改试点院校；其余非诊改试点的4所"双高"院校，也都有学校代表加入了专家委员会或专家委员会下设的工作组。

（三）各学校形成了特色化的诊改方案

诊改没有统一模板，各校将规定动作与自选动作相结合，实现了特色办学和优势办学。每所学校在办学初期都有一套自己的质量管理制度，问题是制度健全不健全、好用不好用、运行没运行、有无实际效果，这是开展诊改后需要回答的具体问题。开展诊改不是"再搞一套"、更不是"推倒重来"，而是在现有基础上完善、重组和优化——缺失的制度要建立，要查漏补缺；已有的制度要完善，进一步健全、整合和优化。

截至2019年4月，全省已有27所院校向社会公开了本校诊改方案，形成了百家争鸣、百花齐放的局面。高职院校办学水平有高低，履责能力有大小：优质院校重在集聚优势、凝练方向，提高发展能力，形成智慧校园的雏形；新建院校则保证学校的基本办学方向、基本办学条件、基本管理规范，守好办学的底线；大部分院校沿着均线发展趋势，保证院校履行办学主体责任，建立和完善学校内部质量保证制度体系。

（四）形成了持续诊改机制

诊改没有终点，以诊改为抓手，找准起点、聚焦过程、优化技术和营造动力，质量提升螺旋内洽为院校持续发展的内生动力。在日常教学工作中，院校以事实和数据为基础，自行设定计划目标，再以标准衡量目标的达成度，形成查找定位、诊断问题、改进提升、持续循环的质量改进螺旋；在覆盖面上，诊改制度要求囊括校级、专业、课程、师资和学生五个层级；在系统上，诊改制度要求贯穿决策指挥、质量生成、资源建设、支持服务、监督控制五个过程；在平台上，诊改制度要求以现代信息技术为支撑实现数据源头采集、及时采集和开放共享。在这个工作模式和制度设计中，院校的内部质量保证体系是核心支撑，它将学校各部门、各环节的教学质量管理活动严密组织起来，形成质量依存关系。

2019年，经试点院校申请、省教育行政部门沟通协调、全国诊改专家委员会复核，江苏省3所国家级试点院校——无锡职业技术学院、南京工业职业技术学院和常州工程职业技术学院先后完成了诊改复核，并获得复核结论有效的评价。其中，无锡职业技术学院成为全国第一所正式复核的诊改试点高职院校。这3所院校在取得诊改的阶段性成效，收获诊改带来的教育教学质量提升红利后，没有止步，又自主进入了诊改建设的新阶段，与智慧校园、专业建设等耦合衔接。

（五）校内不同责任主体承担了自身质量主体责任

诊改努力营造良好的育人环境和氛围，增强师生员工的获得感和幸福感。在诊改工作中，不同类型的主体承担了自身质量生成的主体责任。

1. 校级领导

承担学校人才培养质量的主体责任，科学制定学校"十三五"发展规划，明确办学定位、办学理念，组织制定和动态调整人才培养方案，科学设置专业，优化专业结构。

2. 二级教学单位负责人

承担本部门人才培养质量的主体责任，科学制定部门发展规划，明确办学定位和任务，科学制定专业建设规划，明确专业定位和目标，加强师资队伍建设，条件保障到位，落实产教融合、校企合作、工学结合培养人才。

3. 专业（课程）负责人

承担本专业人才培养的主体责任，制订和落实人才培养方案，制定专业目标和标准，设置科学合理的课程体系，制定课程目标和标准，加强专业（课程）团队建设。

4. 教师

承担教师教书育人的主体责任，保证各教学环节的教学质量，做好个人成长规划，按照目标任务要求努力完成教育教学工作。

5. 学生

依据科学的学生发展标准，做好个人成长成才的职业生涯规划，诊断自身的发展，明确自己的发展目标，不断提升自身素质，增强人生出彩的能力，促进自身全面发展。

6. 机关、行政职能部门及员工

承担本部门人才培养的主体责任，按各部门的岗位职责制定部门的工作目标和标准，做好个人成长规划，按照目标任务要求努力完成管理育人和服务育人工作，做好条件保障工作。

在诊改平台的架构中，全体师生员工的"画像"清晰，相同群体内部形成公开透明的竞争关系，"同侪压力"成为个体积极向上的驱动力。诊改明晰了管办评中各类主体的职责范围，界定了人才培养质量各方责任的总体框架，完善了政府、行业、企业、职业院校等共同参与的质量评价机制，构建发展性政策体系，实现教育治理体系和治理能力的现代化，助推江苏现代化教育强省建设。

创新开展高水平大学建设绩效评价

/ 江苏省教育厅

江苏省充分发挥绩效评价的导向作用,立足本省实际,"四个坚持"建立高水平大学建设绩效评价指标体系,以此为抓手深入推进高校评价改革,体现科技评价要求。

一、主要举措

(一)研制高水平大学建设绩效评价指标体系

2019年,江苏省教育厅组织专门力量研制了江苏高水平大学建设绩效评价指标体系。该指标体系从江苏高水平大学建设目标任务出发,设置了办学方向、师资队伍、人才培养、科学研究、社会服务与文化传承、国际合作与交流、体制机制改革与特色发展、社会影响与声誉8个一级指标、18个二级指标、40个观测点。

（二）确定"四个坚持"原则

坚持综合性评价；坚持定性与定量、主观与客观相结合；坚持横向水平与纵向进步相结合；坚持综合改革与发展任务相结合。注重标志性成果的质量、贡献和影响，重点看做了什么、做成了什么、自身进步如何、与社会需要符合程度如何。"四个坚持"既考察了高校建设基础和综合实力，又考察了高校建设成效和进步度。

（三）注重体现地方特色

将学生生源质量、师资国际化水平、社会捐赠等首次纳入考评体系，更加对接江苏实际，凸显江苏特点。将科技成果转化数量、金额及省内占比等纳入考评体系，旨在引导高水平大学建设高校为区域经济社会发展做出贡献。

（四）强化科技成果转化考核

强化科技成果转化考核，明确将开展科技成果转化或承担企事业单位委托项目的工作情况，纳入江苏高水平大学建设年度绩效评价指标体系。

二、社会反响

该评价体系得到了省相关部门和高校的肯定。参加评审的专家反映,江苏高水平大学建设绩效评价指标体系注重水平、质量和贡献,体现了高等教育发展的追求和方向。北京理工大学王战军教授指出,江苏高水平大学建设绩效评价指标体系,与国家"双一流"建设评价的思路吻合,对高校的导向作用明显。

创新诊断与改进并行的中小学教育质量综合评价

/ 浙江省教育厅

实施科学的中小学教育质量综合评价,有利于有效诊断存在的问题,推动中小学转变育人模式,有利于进一步落实基础教育"立德树人"的根本任务,激励学校内涵发展。近十年来,浙江省创新诊断与改进并行的中小学教育质量综合评价改革,探索了有效举措,取得了积极成效。

一、主要举措

(一)开展"学习质量调查",诊断学校教育教学状况

以往诊断将区域性统考作为教育质量管理的

基本手段，但这种无视对象差异、简单横向比较的做法，从学校评价延伸为班级评价与学生评价后，弊端十分突出。

随着对区域性统考利弊客观认识的深入，浙江省部分地区改革传统区域性统考的做法，向以诊断归因为主要功能的学习质量调查转型，向以基于数据实证的教育教学改进深化。杭州市江干区在组织期末考试的同时，开展学生学习状况的调查，将学业测试成绩与学习现状调查情况一起反馈给学校，指导诊断分析。

丽水市莲都区等地在区域、学科层面同步跟进培训指导，通过自我诊断及改进、跟进性调研、典型现象分析、对异常数据的跟进验证等，形成了改进教育教学的具体建议。嘉兴市南湖区"课程立意、学生立场"的绿色评价、杭州市上城区构建发展意义的学校评价和学生评价成为实践亮点，东阳、南湖不依靠区域统考统测提升质量的做法成为全省榜样。

（二）构建坚持"四个关注"的学生发展评价体系

在浙江省自主开展的小学监测中，特别关注学生在创新实践、自我认知上的发展水平，首次监测学生的动手操作能力；在初中监测中，特别关注基于教与学国际调查的国际比较、劳动教育、家庭教育等新元素。在此基础上，浙江省创造性地发展了坚持"四个关注"的学生发展评价指标体系，强调关注学生的全面发展、关注学生的学习品质、关注质量形成的过程与成本、关注学生的成长环境。通过体现"四个关注"的指标体系，呈现学生的全面发展，克服唯学业的评价惯性；探寻学生进步的机制，形成优化学生成长环境的建议；重视评价结果的科学运用，结合区域教育质量管理与校本研修，形成基于实证改进教学的工作机制。

2013年，浙江省构建了包含学生学习状况、学生综合素质和学生成长环境3方面12项指标的教育质量综合评价指标体系，随后在北京师范大学的专业支持下开展了三次省级综合评价监测。

2017年，浙江综合评价监测进入自主监测的新周期，按照"一年监测，两年改进"的机制，小学与初中轮流进行。在研究借鉴的基础上，从"学生发展+影响因素"的分析模式发展为"学生发展+成长环境"的综合评价体系，以学生德智体美劳全面发展的关键要素为切入点，反映学生品德行为、学业水平、身心健康、兴趣爱好、实践创新等方面的发展。特别将学习品质作为学生成长的重要方面，重视学习动力的激发和学习策略的训练。系统分析学生家庭、教师、学校以及区域等成长环境，重点关注在教育管理、教育教学活动以及家庭教育指导中作用显著的影响因素，突出教师的教学方式和师生关系，突出对学校教学管理以及对教师专业发展的促进，体现综合评价的引领作用。

（三）开展促进学生全面发展的综合评价改革实践

浙江省在省级层面、区域试点与学校的日常教育实践中，克服"重结果评价、轻过程评价"的倾向，不断践行教育质量综合评价改革的新理念，并进行了多种综合评价的实践探索。

1. 推进小学生综合评价改革

为克服"过度依赖纸笔测验"的顽疾，2014年，省教育厅积极推进小学低段考试评价改革，坚持小学低段不以纸笔测试为主要评价形式，推广模块游考等成功做法。2015年，小学评价改革向高段发展，指向学科关键能力的小学学业评价体系初见端倪，项目式实践任务的表现性评价得到了较好的应用。2017年，省教育厅启动小学生综合评价改革试点，根据学生的年段特点，采用体现课程性质的评价方式，分项等级描述学生学科素养的发展情况。在这一过程中，经历了从基于实践任务的项目化学习评价，到表现性评价的学习与推广，到分项等级的小学学业评价改革，再到小学生综合评价的整体设计，全省数万名教师参与实践。

省教研室于2018年推出《小学学科分项等级制评价操作手册》，以此作为指导教师研制表现性评价量规的指南。手册采用等级描述的教学要求，明确了小学各学科、各年级学习内容的评价标准，有利于一线教师设计项目式学习的量规，推动基于深度学习的非纸笔测评方式向深层次发展。浙江小学考试评价改革探索，特别是以突破量规研制技术为亮点的非纸笔测评研究受到全国各地的关注。

2. 重建初中教学质量管理机制

针对学校过分采用横向比较，教师过度采用题海战术的突出问题，浙江省于2017年启动重建初中教育质量管理机制项目，从校内考试现状调研入手，指导实验学校完善校内考试制度，构建目标与过程清晰、体现"学生立场"、激活教师智慧的学校教育质量管理机制，推广基于自主命题的校本研修和基于数据改进教学的校本研修。

基于大样本调查，浙江省形成调研报告《从校内考试制度看优质学校的密码》，以样本达30556份的实证描述了初中校内考试的频次、难度、教师自主命题与结果运用等现状，以及教师对改进校内考试的建议，分析了薄弱学校与优质学校在作业、考试、命题等方面的差异，挖掘了不同类型学校之间教学管理的规律，提出扼制学校和教师不计成本追求结果型质量，重塑校内的作业与检测机制，加强校内考试命题的管理机制，建立考后数据分析与教学改进机制。

3. 深化考试招生制度改革

浙江省不少地方将综合素质评价作为克服学校教育"唯分数"的关键切入点，让综合素质评价成为促进学生全面发展的抓手。鼓励与指导各市探索综合素质评价在高中招生与录取中的实质性应用，深入研究综合素质评价与中考成绩等级制融合。例如，嘉兴市率先将综合素质评价与高中招生"硬挂钩"，以"综合素质评价等第赋分制"将综合素质评价结果折算入中考成绩中，激励初中学校规范推进综合素质评价的热情和动力。有关经验受到教育部的重视，并在2016年全国中考改革新闻发布会上交流。

浙江省坚持中考试卷质量评价与考试命题培训近20年，相关工作已成为在全国有影响力的经验和品牌。近年来，继续以中考试卷质量评价工作为抓手，借鉴监测工具研制的方法，通过命题实践研修，研究发展命题技术，形成推动初中评价研究的工作体系。例如，探索"基于标准，能力立意"的命题思路；弥补教师在高层次认知能力测验与主观题分类评分评价标准拟制方面的弱点；引导基层探索以"做中学""伙伴学"为特征的提升命题能力的"实践研修"。

二、实施效果

（一）将评价结果转化为数据实证，促进评价结果的科学运用

温州、江干、莲都、平阳等地积极探索数据驱动教学改进实践。南湖的评价研究深入学科层面，不少学科教研员都能娴熟地在学科教学分析中利用评价实证和数据揭示学与教的现状，形成清晰、科学的教学改进建议，成为教学改革的重要支持。

（二）摸索出教育质量综合评价技术的本土化实践路径

浙江省从评价指标、评价方式、评价方法以及评价功能的综合性入手，借鉴教育质量监测的思路与技术，开展综合评价的本土实践，探索评价技术的发展，主要路径和内容如图1所示。

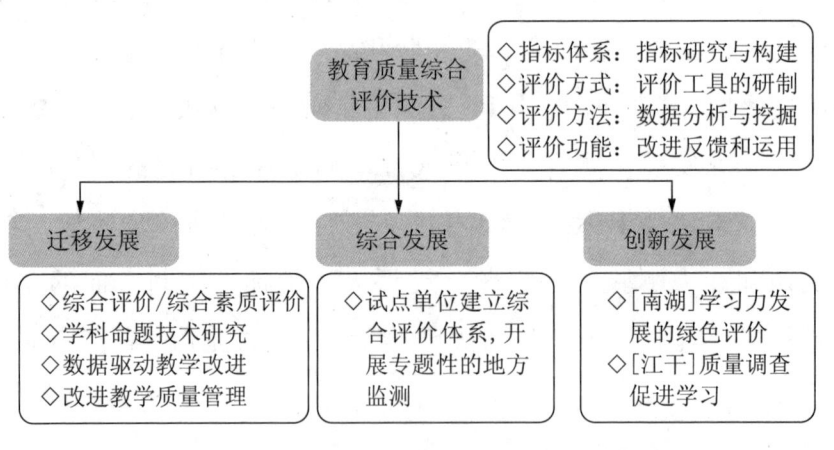

图1 教育质量综合评价技术的本土化实践与发展

（三）总结实践经验，形成了一批成果

浙江省结合综合素质评价、学科命题技术研究、数据驱动教学改进等方面的实践探索，形成了系列成果。例如，结合坚持多年的中考试卷质量评价工作，深化学科命题的研究，出版《初中学科考试命题研究丛书》，带动了基层课题研修，提高了教学测验的质量；借鉴教育质量监测思路与技术，出版《制度与技术：教育质量管理机制在重建》，聚焦学校教学质量管理，指导改进教学日常。

绿色增值评价的区域探索

/ 浙江省温州市教育评估院

2013年10月,浙江省温州市教育局出台了《温州市中小学教育质量评价实施方案》,要求构建学生品德发展、学业水平、身心健康和学习生活幸福4个维度18项指标的中小学教育质量四维评价指标体系。市教育评估院抓住时机,在区域"四维评价"指标体系的基础上,创造性地提出初中绿色增值评价项目,并不断进行深入探索。

一、主要举措

（一）模型开发：构建区域本土化的初中绿色增值评价模型

学业增值模型采用线性回归,以学生入口学

业数据做自变量，出口学业数据为因变量，控制家庭社会经济地位，建立多元线性回归方程，构建区域初中学业增值评价模型。基于模型分别计算学生增值分和学校增值分。非学业增值模型采用效应量来刻画，侧重与区域的平均增值水平做比较。

先获得每位学生某指数在前后两次测评中的纵向增值，再计算出学校和区域的平均增值（分别用 M1 和 M2 表示），最后通过效应量计算公式 E=（M1-M2）/S，得出每所学校该指数的增值效应量，其中 E 表示效应量，S 表示区域该指数增值的标准差。根据指数增值效应量 E 的大小，将指数增值分为五个水平，以星级方式来刻画。

（二）路径设计：基于学生发展数据链条构建具有可操作性的实施路径

1. 构建跨年度的数据链条

分别以六年级、八年级和九年级的监测数据（含学科与问卷）为入口、过程和出口数据匹配。

2. 学校分类比较

为更好地控制学校背景因素，结合各校的办学实际情况做分类比较。

3. 相关数据的统计分析

基于增值评价模型，通过相关统计检验，计算出增值结果。

（三）结果运用：形成区域初中学校"健康体检"的新视角和新方法

通过实践发现，绿色增值评价不仅关注学校和学生的学业进步情况，也关注学业背后相关影响因素的变化情况。主要体现在三个方面：一是引导学校关注学生的学习进步幅度；二是引导学校关注学生学习质量形成的过程与成本；三是引导学校更好地关注"质量"与"均衡"；四是形成学校"健康体检"的象限图。

二、实施效果

（一）落实全育的教育质量观

绿色增值评价践行科学的评价理念，促进全面教育质量观的落地。引导学校和教师在关注学生学业成绩的同时，也关注学生的全面发展，实现从单纯"育分"走向全面"育人"的转变。

创新学生的学业评价内容

构建学业增值和非学业增值的评价模型，旨在引导学生在各自的起点或基础上均衡和谐的、高质量的、可持续的"绿色发展"。在吸收、借鉴学业增值优秀研究成果的基础上，创造性地构建了非学业增值评价模型，并将二者有机整合，形成了包含学业增值和非学业增值两方面的初中绿色增值评价模型。

（二）精炼区域评价的实施路径

简明评价路径，为区域学校教师提供省时、便捷的评价范例。初中绿色增值评价可以在 EXCEL 或 SPSS 操作界面上完成，不需要专门的统计软件和技术人员，更不需要大量的资金投入，学校与一线教师容易理解和学习，省时便捷，可操作性和可推广性强。

等第赋分，刚性挂钩——基于学生全面发展的初中综合素质评价改革与区域实验

/ 嘉兴教育学院

浙江省嘉兴市通过顶层设计初中学生综合素质的评价制度，利用初中综合素质评价改革撬动高中招生制度改革，探索了以评价引领学生核心素养全面发展、切实转变育人模式、落实素质教育的"嘉兴样本"。

一、实施步骤

（一）统筹领导，充分调研

市教育行政部门组建区域推进初中学生综合素质评价工作领导小组，并且方案的调研论证与政

策的制定宣导相结合。

1. 成立改革领导小组

嘉兴市将初中学生综合素质评价结果实质性纳入高中段招生是一项重大改革。为积极而稳健地推进改革工作，2014年7月，市教育局成立了由市教育局、教育学院（教研院）、考试院、信息装备中心等多部门组成的中考改革与综合素质评价改革领导小组和调研工作小组。

2. 开展充分调研

2014年7月至2015年3月，经过历时半年多的时间，通过赴外地学习考察综合素质评价与高中招生硬挂钩的做法，解读教育部和省相关综合素质评价的政策，开展综合素质评价的"利弊"理论研究和广泛的基层调研，摸清综合素质评价和中考改革现状，了解初中学校校长和教师的疑虑与困惑，在此基础上，起草嘉兴市《关于进一步完善初中毕业升学考试与普通高中学校招生改革的指导意见（征求意见稿）》，并通过召开分管基础的局长、基教科长教育行政部门座谈会，全市教研室主任和中考科目教研员座谈会，全市部分初中校长座谈会及高中学校校长座谈会反复讨论和完善，达成共识，形成文件初稿。2015年3月至9月，以《浙江省关于进一步完善初中毕业升学考试与普通高中学校招生改革的指导意见》和《关于印发嘉兴市初中学校学生综合素质评价实施办法（试行）的通知》为总动员令，先破后立，分年度实施各项中考改革计划。通过召开政策解读会议、方案宣讲、媒体宣传报道等多种途径统一思想，这些都标志着嘉兴市初中综合素质评价从宣传学习阶段进入实施探索阶段。

（二）灵活设计，等第赋分

区域推进初中学生综合素质评价"等第赋分制"，刚性使用评价结果与高中招生适度"硬挂钩"。切实发挥综合素质评价的作用，必须将它与高中招生"硬挂钩"。嘉兴市在认真调研与论证的基础上，从本土实际考虑，较为灵活地将初中毕业学生综合素质评价结果实行"等第赋分制"。

1. 创造性地走"中间路线"

在评价结果运用上选择"中间路线"的创造性做法，用升学满分 650 分中的 20 分撬动综合素质评价改革，刚性使用评价综合素质评价结果，实现其与高中招生的"硬挂钩"。具体来说，将综合素质评价各学期评定结果采用 100 分制，将综合素质评价结果分数化，同时从初中生的成长和发展角度确定各年级所占权重，如七年级（上、下）各占 15%、八年级（上、下）各占 20%、九年级（上、下）各占 15%。待各学期各纬度成绩合成总分后，再采取等第赋分制办法，即根据每个学生初中阶段的综合素质评价总成绩由高到低划分 A、B、C、E 四个等第，A 等赋 20 分，B 等赋 17 分，C 等赋 15 分，E 等赋 12 分，并将所得等第赋分计入每个学生的中考总成绩中，供高中段学校招生录取使用。

2. 科学设定学校评价等第比例

评价等第比例按学校实行总量控制，各学校比例相同。A 等比例不超过本学年学籍人数的 25%，B 等不超过 50%，E 等不超过 5%，除有严重违纪及以上情况的学生外，一般不评 E 等。

3. 积极探索"三位一体"自主招生

探索综合素质评价结果在高中段"三位一体"的自主招生（包

括特长生和中外合作办学项目、民办学校自主招生计划等）的使用，要求高中学校按一定权重考核录取。

（三）稳步实施，专项督查

专项督查综合素质评价区域的改革工作，稳步推进各初中学校制度的设计，实施学生综合素质评价方案。

1. 政策引领

为规范初中学校操作，强化监督，突出综合素质评价的过程性，市教育局于2015年12月下发《关于做好初中学生综合素质评价实施方案制订工作的通知》（嘉教办基〔2015〕149号）。要求各县（市、区）教育局和教研室加强对初中学校开展综合素质评价工作的指导，督促学校按时、保质完成学生的综合素质评价工作，要求初中学校于2016年1月前制订并完善好实施方案并向社会和家长公示。按照"充分酝酿，有言在先"原则，取得家长与社会的广泛认同与支持配合。

2. 共商对策

2016年3月，市教育局在全市的初中学校完成第一学期的综合评价工作的基础上，召开嘉兴市中小学综合素质评价改革工作推进会，交流中学、小学在综合素质评价改革工作方面取得的阶段性经验和遇到的问题，商讨解决对策。

3. 专项督查

2017年4月，为防范综合素质评价"硬挂钩"可能出现的风险，督促学校形成风险管控预案，发挥综合素质评价的导向和育人功能，嘉兴市人民政府教育督导委员会办公室组织开展初中学校综合素质评价工作专项督查，全力确保综合素质评价改革政策的平稳落地。

（四）及时总结，调整推进

1. 全面总结评估

2018年中考和高中招生工作结束，第一轮综合素质评价结果纳入中考总成绩供高中招生录取，实现了"零投诉"，标志着这项改革政策平衡落地。市教育局对此项改革工作做了全面总结与评估，认为区域推进综合素质评价有效克服了初中教育中"唯分数"的现象。但从问卷调查的结果中发现，有36%的老师认为"品德表现"最难评定，有63.3%的老师认为"创新实践"维度最难评定。

2. 及时调整推进

市教育局在评估总结的基础上，又及时下发了《关于进一步完善初中毕业升学考试与高中招生工作的补充意见》（嘉教基〔2018〕30号），就社会考生综合素质评价、转学学生及回户籍地参加中考学生综合素质评价及综合素质评价计分维度做进一步调整。规定自2018级初一学生起，学生综合素质评价品德表现维度采用写实描述的方式呈现，运动健康、艺术素养和创新实践三个维度仍然以学生自评、学生互评和教师评议相结合的方式予以评定并折算成分数计入中考总分中，综合素质评价总分值和各等第比例不变。这标志着市域推进综合素质评价工作进入再深化阶段。

（五）"回头看""再改革"

开展综合素质评价制度改革专项调研，在综合素质评价"回头看"的基础上推进"再改革"。

1. 开展专项调研

从 2019 年 9 月开始,针对各项中考改革制度的全面落地和根据《中共中央 国务院关于深化教育教学改革全面提高义务教育质量的意见》的精神和要求,以及在中考改革制度实施中出现的问题,作为承担嘉兴市基础教育研究与指导的嘉兴教育学院(教研院)组织专家团队开展了中考制度改革专项调研,同时成立了综合素质评价改革专项调研组。从教育引导学生培养综合能力,扭转不科学的教育评价导向,坚决克服"五唯",从根本上解决教育评价指挥棒的高度问题,对区域综合素质评价改革制度"回头看"。

2. 深化和优化改革

对综合素质评价纬度和评价细则进行再改革,突出综合素质评价落实立德树人的根本任务和完善高中考试招生制度的指导思想,强化思想品德、劳动教育、美育、综合实践活动等薄弱领域的评价,引导学校通过综合素质评价促进学生的全面发展,培养合格的社会主义建设者和接班人。同时,改进教师教育观念,构建"五育"并举的教育体系,并优化学校整体建设,发挥综合性的办学特色。

二、实施效果

嘉兴市强有力地推进了初中综合素质评价在高中招生中的运用,为艰难的综合素质评价改革打开了窗口,取得了令人瞩目的成绩。

（一）探索了区域教育治理创新的路径

嘉兴区域初中学生综合素质评价改革实验，较好地体现了"作为一种教育方法"的综合素质评价，"作为一种课程修习管理"的综合素质评价和"作为高中招生重要依据"的综合素质评价的功能，促进了区域教育质量与综合素质评价管理制度与技术的创新，探索了区域全面推进素质教育的长效机制和政策实施的路径。

（二）积累了以评价改革引领全面育人的经验

为全国提供了区域综合素质评价与高中招生相挂钩的实践样本，促进了学校"五育并举"课程体系框架的完善；促进了学生全面而有个性的发展以及综合素质的全面提升。

"福建评估新模式"在高等教育监测评估中的推广与应用

/ 福建省教育厅

福建省教育厅构建具有鲜明福建特色的教育评估制度,打造了高等教育监测评估的"福建评估新模式"。

一、主要举措

(一)不断创新评估过程,指向提高学生学习效能

一是推进高校围绕学生学习生涯和职业生涯的改革,全面服务学生成长。

二是坚持"一校一方案"。确保参评机构各

专业、各职能部门都能得到专家的评价与指导。

三是质量评估涵盖人才培养全过程。包括学校办学定位与目标、教师队伍、教学资源、人才培养、学生发展、质量保障、办学特色以及招生、教育教学、就业等。

四是评估质量敢于"下沉一级"看问题。打破传统"五唯""等第制"评价评量方法，下沉看学校的两级管理、专业建设、课程体系。

五是倡导"向课堂要质量"。切实关注学生成长和教师发展，调动学校二级机构提升、保障人才培养质量的热情和责任，将学校教师队伍与人才培养质量评价标准落实到专业建设、课程设置、课堂组织和教学成效的各个环节，实现高校监测评估过程的创新。

（二）不断推进评估应用，扩大评估影响面

在每年的全省教育工作会上，持续发布福建省普通高校系列监测数据报告，监测大数据分析与高等教育提质的有机结合，促进了政府用数据决策、院校用数据管理、社会用数据评判，打造福建省教育命运共同体的大数据应用基础，为福建教育在"变"中求发展提供了科学的数据引导。系列报告的发布彻底转变了教育信息数据重建设轻应用的痼疾，契合国家对高等教育发展的要求，受到教育行政管理部门、高等院校、教育研究机构、社会大众的持续高度关注，实现了高校监测评估的应用创新。

（三）不断优化评估实践，扎实推进"破立结合"

结合"新时代高教40条""职教20条"等新时代高等教育发展

需求，突出对人才培养的关注，不断向院校与社会征集监测指标修订意见，完善各类监测指标。以高校发展潜力监测报告为例，经过四年的不断修订，已形成涵盖资源整合、人才培养、科学研究、社会服务和社会声誉5个一级指标，涉及38个观测点。例如，突出教育评价以人才培养质量为中心，降低政策支持、经费收入等涉及政府支持的指标权重，引导学校形成以人才培养质量高低论英雄的良好风气。增加"教学成果奖"观测点，扭转学校和教师过度重科研的风气，把工作重心落实到教学和提高人才培养质量方面上。

二、实施效果

（一）唤醒主体责任，形成质量自觉文化

出台了一系列规范性文件，构建完善了一套清晰、可执行的标准体系，形成了高校评估"福建标准"，并全面应用于福建高校评估和各类专项评估中。圆满完成15所本科高校本科教学工作的审核评估、38所高职院校人才培养工作二轮评估及各专项评估工作，充分唤醒了院系两级质量主体的责任意识，强化了质量自觉，形成了质量文化。2019年，福建省入选"三全育人"综合改革试点区，成为全国8个试点地区之一。

（二）瞄准社会关切，落实服务宗旨

连续发布43份年度质量监测报告，落实福建教育评估"三服务"宗旨，瞄准社会各界对职业教育发展的关切点。自2015年起，连续发布年度质量监测报告，其中经厦门大学出版社与福建教育出版社公开出版的系列监测报告共15册，为政府治理、院校办学、社会评判提供了依据。

（三）成为推动全省教育改革创新代表项目

项目成果思路领先、规划科学、具体措施有效，尤其是组织评估专家进行规范化、系统性的培训工作，专家选拔制度及伦理建设，省级评估规范制度建设等工作走在全国前列。该项目荣获2017年福建省高等教育教学成果奖特等奖、2018年福建省职业教育教学成果奖特等奖、2018年全国职业教育教学成果二等奖。

（四）成果的品牌效应日益凸显

"福建评估新模式"得以广泛应用与传播，成果的创新业绩和经验得到《中国教育报》《福建日报》、教育部网站、人民网等主流媒体的报道或转载，先后有重庆、辽宁、河南、云南、黑龙江、内蒙古、浙江等省的自治区、直辖市评估机构，专程组织人员到福建开展学习交流与合作。2017年，省政府办公厅、省发展和改革委员会、省科学技术厅、省财政厅、省人力资源和社会保障厅等有关部门的领导，现场听取专题汇报，对所取得的成绩给予充分肯定。

用评价"量"出一片新天地——深化教科研评价改革实践探索

/ 江西省萍乡市教育局

江西省萍乡市教研室以"真课题、实研究、出成果、力推广"为工作思路,以提高一线学校、教师的满意度和获得感为目的,从教科研评价过程科学化、评价手段信息化、评价元素完善化、评价研究常态化等方面推动教科研治理现代化,为本土教育的转型升级、换挡加速做出了努力。

一、主要举措

(一)教科研评价过程科学化

为杜绝"立项认认真真,结项热热闹闹,

研究冷冷清清"的"假研究"不正之风，市教研室扎实推进教科研评价过程中的科学化。

1. 定量评价与定性评价相结合

从人口均数申报率、申报立项成功率、课题结项成功率、抽检工作合格率、教研员科研参与率五个方面对县区、学校课题办进行分类比较考核，强化县区（学校）课题办的工作职能，提高执行效率和管理力度。确定了"一平台两抽查"的过程评价办法：一是微信汇报工作，规定各级立项课题每个学期至少要有3次以上的研究信息共享，并且上报课题工作群；二是中期汇报抽查制度，一年内按比例随机抽查，确定名单组织现场汇报；三是随机现场交叉抽查督导制度，同时进行专业指导扶持。对于评价结果实事求是，按"不合格、合格、优秀"三个档次以相当权重作为指标纳入课题结项评审中。

2. 纵向评价与横向评价相结合

要求各课题组基于课题研究整体规划，做到循序渐进、动态汇报、随机应变，尤其是强调基于动态的纵向比较评价，紧扣新课程标准，导向"聚焦问题，聚焦学生，聚焦核心素养"，强调"巧妙选择方向，合理分解"，积极倡导各课题组推行课堂观察、课例研究、创新活动，倡导实现工作科研化、问题课题化、实践理论化，做接地气的课题研究，用个性化的策略来解决教学实际问题，实现求异的过程。同时，重视横向比较评价。

3. 自我评价与外部评价相结合

研发并推广具有本土特色的教科研材料制作的必备清单和个性建议，提倡接地气的教学创新，本质上就是以实施新课程、新教材，探索新方法、新技术，提高教师专业能力为重点，实现学科教学的整体性、系统化，不断提高基于课程标准的整体教学水平。每年搭建平台组织全市课题研究的教育叙事、教学案例、教学反思、科研论文的撰写比赛，让教师在实践中加强自我评价，在提炼中加强理性思考，在反思中加强专业成长，在交流中加强教育信念。

（二）教科研评价手段信息化

萍乡市教研室脚踏实地地深耕于全市一线学校，以教研需求为导向，以打造平台为突破，加强精细化管理。

1. 信息技术平台与活动组织的理念融合

市教研室组织的优秀课例展示活动导向课堂改革，课例研究致力于理解学生是如何学习的，"丰富学生的见解"是课例研究的核心追求。课堂观察是课例研究的中心环节，课堂观察的重点是基于课例研究的主题确立的。为保证研究的真实性和过程性，并进行有效跟踪和及时指导，充分利用好网络社交平台，市教研室课题办要求各个课题组每个学期提交课题美篇，要求紧扣"内涵""有效""特色""突破"四个关键词，做到重视过程性，加强与课题的关联度；重视创新性，加强与学科的渗透性；重视真实性，加强与学生的互动性；重视挑战性，加强与团队的合作性；重视层进性，加强与专家的交流性。

2. 信息技术软件与常规实施的提效融合

在课题立项、结项评审时，积极倡导原创精神，构建风清气正的学术风气，连年使用网络查重软件查重，查重分析报告数据翔实具体，结果令人信服，真正做到了公平、公正、公开。积极启动了层次鲜明、内容丰富的网上培训，分类、分期、分段对相关负责人进行了全员培训、在线答疑、活动评价，普及率达到了100%，通过UMU软件精心设计全员签到管理、培训内容考查、效果评价问卷，通过后期生成的分析报告显示，互动性强、参与度高。

3. 信息技术资源与研究成果的推广融合

除外出积极参加各类培训外，萍乡市举办的各级大型科研培训工作深入人心：市级教研员全员培训、学科高端培训、优秀教师（学科带头人与骨干教师）培训等，外聘全国顶尖专家的精彩课程开拓了教研员和教师的科研视野。利用课题研究群文件功能积极分享各类培训资源，带动科研阅读，启迪深度讨论。同时，倡导萍乡课题人巧妙利用省级"赣教云"平台、网络教师空间、学科教学资源网、权威公众号等，整合、利用各种学习资源，促进原创研究成果的培育、应用和推广。

（三）教科研评价元素完善化

萍乡市教科研治理的工作思路是"一个中心、两个基本点、四项基本原则"。"中心"是以教师发展为中心。"两个基本点"为加大供给和规范管理，因为需求驱动，所以加大供给；因为要规范管理，所以要完善制度。"四项基本原则"是四个真：真课题（选题）、真研究（过程）、真实践（方法）、真服务（指导）。前三个"真"属于流程保障，后面的真服务属于分类服务。

在系统分析教师需求的基础上形成教师价值层次模型，从教师发展角度构建了课题研究架构。架构模型从五个方面促进了教师研究能力的提高。这五个方面分别是发展取向、需求驱动、制度激励、分类服务、流程保障,其关系表现为"发展取向"是价值追求,"需求驱动"和"制度激励"是工作原则,"分类服务"和"流程保障"是实施方式。

(四)教科研评价研究常态化

萍乡市教研室汤华副主任的 2017 年省教育规划课题"区域内教学研究课题管理工作长效机制研究"已经成功结项。该课题的"四环一核心"研究路径,即范式时间研究成了萍乡教科研管理和评价的常态,也是催发区域教育科研内生动力的保障。

萍乡市课题研究管理基本路径包括以下四个方面:以问题为主线,以方法为引领,以活动为载体,以实效为评价。围绕改进课题管理工作这一核心目标,通过"提出问题、找准病因、解决问题、拓展延伸"四个环节开展常态化探索实践。

二、实施效果

萍乡市致力于构建对课题研究的科学评价机制。注重研究过程与研究成果并重,不仅看课题论文发表情况、课题成果获奖情况,还注重对课题研究过程的审视,向扎实的研究过程要成效;对课题研究成果的评价坚持实践探索与理论提升并重,不仅看课题研究的实践探索活动的开展情况,还关注在实践探索基础上的理论提升程度,关注成果的可复制性和推广应用价值。通过扎实、有效的实践,萍乡课题研究工作取得了全市课题研究数量和质量两个方面的提升，课题研究的生态环境进一步得到优化，教师和学校也得到了成长。

（一）课题研究工作逐年进步

课题数量井喷；全覆盖（学段覆盖、学科覆盖、各类教育覆盖）；结项率高（每年课题结项成功率都在92%以上）。学校从漠然到重视、教师从旁观到自发参与到自觉深耕，一大批教师脱颖而出，一大批学校特色鲜明。一批教师迅速成长为课题骨干和当地教学骨干，成了课题明星。

（二）教育科研影响逐步扩大

除每年省级各类课题申报、结项成功率在全省位于前列，得到了各级领导、专家高度评价外，还积极参与课题经验的省级讲座、报告和地市间合作、交流。

此外，教育科研激发一线教师实践创新"活跃度"也成为教科研的突破点。例如，市课题办组织的优秀课题展示活动涉及所有学段，创造性地采用"课堂观察+同步直播+现场听评课"方式，一些特色鲜明的创新综合课、难点突破课、生活实验课、研究型学习课等引发全市关注，除现场听课教师外，许多学校尤其是偏远村小学都组织教师通过网络同步听课。

（三）教育科研生态不断优化

市教研室强调基于校本教研的真正推进教学质量整体提升、课堂教学的实质变革的课题研究才有真价值；强调基于问题研究的"实实在在的系统的有效的行动研究"才有真作为；强调基于教育创新的校园文化的品牌建设、师生的可持续发展的特色课题才有真内涵。

1. 课题研究形成鲜明特色

目前萍乡市课题工作形成了"一根本"（做有大爱有内涵的教育、为学生的终身发展服务），"两促进"（促进学校教研风气好转、促进科组团队建设），"三发展"（发展学校、发展教师、发展学生），"四立足"（立足学科、立足课堂、立足质量、立足创新）的鲜明特色，课题研究不再是领导、专家的"专利"，而是所有热爱教育的草根老师、学科教研组的专业可行发展路径，形成了校本教研新常态。

2. 课题成果的品质和影响力不断提升

目前，个性鲜明、内容丰富、务实创新的校本教材层出不穷；省市优质课比赛获奖、大量优秀获奖论文（案例、课件、课程），指导学生参赛获奖提振专业自信；立足传统优良、结合本土特色、致力创新发展的"一校一品"校园文化，受到各界好评。有的课题学校将多年沉淀的成果拓展化、生活化、系统化、专业化，进一步挖掘课程文化和教育哲学，正在逐渐形成富有活力、饱含情怀的课程体系，像登岸小学的"小帆船课程"、市第二保育院的"小恐龙课程"、麻田中心学校的"健康树课程"、萍钢小学的"阳光教育课程"、安源区八一小学的"三香文化课程"等。

探索中小学教育质量综合评价改革

/ 江西省抚州市教育局

围绕"探索路子、建好机制、提升质量、增强活力"的总体思路,江西省抚州市积极推进综合评价改革,通过建立和完善综合评价体系,并加强督导检查,经过6年三轮测评实践探索,初步形成了具有地方特色的实践模式和改革经验,促进了区域及学校特色发展和学生全面健康发展,逐渐形成了良好的素质教育生态。

一、主要举措

(一)深化评价改革

按照"八个一"工作要求,即"一个正确

服务导向、一套科学指标体系、一批好的评价工具、一套合理评价机制、一支专业评价队伍、一个可靠合作伙伴、一系列干预措施、一批科学实用成果",科学设计实验方案,系统研制评价指标工具,精心管理测试过程,科学编制评价报告,在推动评价成果应用等方面着力。

1.确定评价内容

依据党和国家的教育方针、教育法律法规以及课程标准等,把学生成长、教师发展和学校管理等作为评价学校质量的主要内容,构建基础教育质量综合评价体系。

(1)学生成长

学生成长包含品德行为、学业水平、身心健康、兴趣特长和学业负担等指标。其中品德行为、兴趣特长和学业负担等主要采用问卷调查法,对关键性指标的调查结果进行全面分析;身心健康主要依据《国家学生体质健康标准》监测、体育中考和学生相关问卷调查结果,综合分析学生的身心发展状态;学业水平主要依据中学学业质量大数据来统计分析。

(2)教师发展

在学校教育情境中,校长需要准确、客观、全面地评价教师,以加强师资队伍建设;教师需要准确、客观、全面地评价自己,以完善职业生涯发展。测评选取直接影响教师专业成长的关键因素,从专业素质与专业环境两大方面评价本区中小学教师专业发展的状况。其中专业素质指教师在专业发展过程中体现的内在素质,包括教师课堂信息加工能力、教学自主性、专业发展能动性三项内容;专业环境指教师专业发展的外部环境,是教师在专业成长过程中体验到的近端环境支持。测评信息主要通过问卷调查的方式来获得。

2. 建立了专门的系统、平台和工作机制

建立了覆盖全市中小学的评价信息采集系统和"抚州综合评价系统"平台，形成了有效的工作模式和工作团队。

开发了与指标体系对应的测评工具，探索了包括纸笔测评、实地测评、网上量表及问卷和情境测评等有效方式；采取"教研部门＋测评机构＋第三方专业机构"的工作模式，整合全市172位优秀教研员和教师组成五个专家组，与专业机构开展战略合作，构建了高效的工作团队，搭建了专业的技术平台。

紧紧抓住"科学确定抽样测评对象、精细采集测评对象基础信息、严密组织测评实施过程"三个关键环节，六年来共对327所学校四至十二年级的130729位学生，进行了包括体能发展水平、学业发展水平、综合素质发展水平等项目的测评；对8958名校长、教师进行了包括管理风格、教育素养等内容的线上问卷与录课观察，提升了测评工作的规范性和操作性。各学校在"抚州市中小学教育质量及学生综合素质评价系统"（以下简称"综合评价系统"）开展评价活动。采用客观信息（如学业水平考试成绩、体质健康测试成绩等）由学校统一导入，过程性的活动由学生在教师的指导下记录，并以提交事实材料的方式，客观记录学生的成长经历。

通过以下流程建立学生个性化档案：写实记录—整理遴选—公示审核—形成档案。每个学生个人档案都需班主任和校长签字以及学校盖章后存档，列入学生学籍档案。

3. 形成评价报告，指导教育教学

通过对各项测试数据和相关信息的整合分析，结合在市、县

（市、区）分别召开测评报告初稿调研座谈成果，形成了全市、各县（市、区）、各样本校的测评总体报告和多种专项分析报告。2016年的报告因部分测评指标没有施测，突出了二级指标的结果分析。2017年的测评报告采取"发展指数"评价方式，对5个方面、20项关键指标进行了总体评价和分析诊断，并分项给出评价结论，提出改进建议，形成了诊断性、指导性较强的区域和学校教育质量综合评价报告，运用评价成果对教育运行、教育教学改革进行了有效干预，形成了综合评价与质量提升相互促进的长效机制，体现了评价改革为教育科学发展服务的宗旨。

（二）加强督导检查

1. 培养人才，组建评价队伍

（1）在市教育局统一部署下，每年定期统一组织培训

培训包含四个方面的内容：一是专业技术培训，如测评工具的研发、每项评价内容的评价方式及流程等，这是专业队伍的培训；二是评价队伍的培训，即对市、县、校从事评价工作的工作人员进行培训；三是请专家指导解读评价报告，使每县（市、区）学校能够看懂、看通评价报告，从而完成各县（市、区）学校的整改报告，县（市、区）学校对教育教学工作进行整改，以达到各县（市、区）教育教学水平；四是布置全年评价方面的工作，使全市都了解全年要做什么，怎么做，在工作中要注意什么，从而保证全年测评工作能够顺利进行。同时，每年还派出测评工作的管理人员和专业人员赴外培训和学习，从而达到长知识、提能力、增见识的目的，带动全市测评队伍水平的提高。

（2）建立"教育智库深度参与，行政和专业双轮驱动"运行机制

在指标体系的细化、量化及测评工具的研制，评价报告的形成上，抚州市与专业机构的合作，得益于专家团队的集体攻关和专业引领。在改革推进中，抚州市建立了行政和业务部门双轮驱动机制，基础教育等部门负责组织实施，教研部门负责指标细化、分析解读、业务指导，电教和装备部门负责信息化保障等。在成果运用上，由教育督导机构牵头负责组织成果运用考核，推进县（市、区）和学校的改进提升。

2. 加强督导，积极提升"以评促建"功效

教育质量综合评价改革是全市基础教育综合改革的七个主攻任务之一，被列入了对县区和市直学校教育工作目标考评指标中。教育局对各县区和市直学校年度的综合评价改革工作进行考核和评优，从而使各县区和学校高度重视，加强领导，并积极督促协调。

（1）建立科学的评估、评优制度

为了更好地促进各县（市、区）学校做好中小学质量综合评价工作，抚州市下发了《关于开展抚州市中小学教育质量综合评价改革实验工作评估活动的通知》和《关于征集和评选中小学教育质量综合评价改革优秀案例的通知》，年终公布了两个评选结果；通过这两个活动，充分调动了各县（市、区）学校和教师的积极性，使市域综合评价工作顺利推进。

（2）加强专项课题调研和视导

为了更好地了解全市综合评价工作的开展情况，了解在开展综合评价工作中成功的经验和存在的问题，教育局经常对全市进行调研和视导。一是指导各部门和学校正确使用评价结果，避免利用评

价结果对学生、学校进行排名排队，给学校、教师施压，避免评价结果甄别化、评价目的功利化、评价导向扭曲化，要把重点放在如何改进教育工作上。二是督促各部门和学校有效使用评价结果。督促各部门、学校和教师针对评价报告反映的情况，结合自身工作反思，制订改进方案并严格落实，建立本区域和学校的教育质量内控机制。三是加强评价结果运用的制度建设。各县区和学校要建立监督机制、信息公开机制、评价结果使用的二次评估机制，加强对改进效果追踪监督，将应用评价结果改进工作情况按一定权重纳入对学校、对教师的绩效评价中，确保评价结果得到充分应用，引导学校、教师调整教育教学策略，提升教育教学质量。

二、实施效果

（一）改变了思想和观念

教育质量综合评价改革在抚州市实施五年来，极大地改变了全市校长和广大教师的教育观念，不再是把学校教育局限在让学生考出好分数上，培养出高分学生也不再是唯一目标；教育行政主管部门也不只关注学生的成长了，也开始关注校长和教师的成长，从评估调查的数据中也能知道从哪里下手去培养校长和培训教师了，使这两项工作更有针对性了；通过扩大评估报告的宣传，家长的思想观念也逐渐发生了变化，不再只是盯住孩子的分数了，而是会去根据评估的结果有意识地培养孩子其他方面的能力和兴趣了。这样一来，教育工程的系统性得到了进一步的显现。

（二）推进了学校的素质教育

在观念得到了更新的同时，学校的教育教学模式也发生了变化，最突出的就是以教育质量综合评价为抓手，有力地推进了学校的素质教育。

1. 非考试科目教学得到了加强

原来的非考试科目教学在学校没有得到足够的重视，通过每次对评估报告的解读和分析，学校和教师越来越重视非考试科目的教学了，很多县区和学校也对非考试科目的教学和考核做了大量卓有成效的探索。

2. 学生校内社团得到了迅猛发展

校园也变得活跃和欢快起来了，学生的特长得到了保护和发展。

3. "德育为先"的办学要求得到了进一步体现

通过评估，在部分学校，"德育为先"由原来贴在墙上、挂在嘴上变成切实落在学校管理行动上了。

推进综合素质评价，引导学校全面育人

/ 山东省潍坊市教育局

为进一步发挥综合素质评价在引领学生成长以及深化考试招生制度方面的重要作用，山东省潍坊市出台了《潍坊市初中学生综合素质评价工作规程》，形成了规范化、常态化的综合素质评价工作机制，推进覆盖各环节的全流程评价，完善全过程评价，促进多主体评价，为学校全面育人保驾护航。

一、主要举措

（一）创新评价操作体系，引导学校特色育人

1. 评价内容"一校一案"

在落实国家综合素质评价政策要求的基础

上，按照"一校一方案"的原则，由初中学校根据培养目标、"三风一训"、课程建设、资源状况、办学特色等构建校本化的综合素质内容体系。评价内容与学生的日常表现、课程修习、社团活动、社会实践、志愿服务等教育教学活动有机融合，将评价过程分解到日常学习生活中，促进评价的常态化实施，反映学生成长的全过程，多维度、全方位记录学生的发展状况，引导学生全面而有个性的发展。

2.评价方式"三位一体"

根据评价内容的不同，采取主观评价、客观评价和底线评价等方式。

（1）主观评价

对难以进行客观记录或不易形成标志性成果的评价内容进行主观评价，分为正向量表评价和写实记录。正向量表是借鉴李克特五点量表的设计思路，将思想品德、学业水平、身心健康、艺术素养、社会实践五个维度的主观性要素全部以学生的具体行为表现来呈现，采用正向语言表述，引导学生自我评价。在此基础上，召开小组"民主生活会"，就每名学生在五个维度方面的发展情况进行正向评价，并将评价情况记录在案。写实记录是学生利用成长记录册等，如实记录个人基本情况、成长规划以及课程学分、典型事例、研究性学习报告、社会实践、心路历程、教师评语等内容。

（2）客观评价

以学生在课程学习中的修习情况、标志性成果、可测量的数据等为依据进行客观评价。标志性成果涵盖学生在国家课程、地方课程和学校课程的学习，以及教育部门、学校组织的各类活动中取得的成果，能够反映学生个性化成长的各类成果。可测量的数据是指学生体质健康测试、艺术素养测试等数据，这些数据可作为相关评价的重要依据。

（3）底线评价

基于初中学生年龄特点和心理发育特点，由学校结合实际列出学生必须遵守、不能触犯的底线行为清单。例如，"考试作弊两次及以上""携带管制刀具进入校园""侮辱、辱骂、恶意推搡老师"等。对于触犯"底线"的行为，综合素质评价实行"一票否定"。实行底线评价，避免了对学生非主观恶意、未造成严重后果的小失误、小错误等"记黑账"，给学生的成长留足发展空间，有效保护了青春期学生自由发展的天性和心理健康。2012年5月和2016年10月对潍坊市区62所初中的对比性调查结果显示，校内考试作弊由32起下降到9起，减少了71.87%。

3. 评价结果"双向使用"

综合素质评价结果兼具育人和筛选两种功能，其中育人功能更为重要。综合素质评价结果分为两类，一类是主观评价结果，将正向量表评价、写实记录的情况以及反映学生五个维度发展变化情况的雷达图反馈给学生，用于自我反思、提高、改进。另一类是客观评价结果，用A、B、C、D四个等级表达，以初中学校为单位，其中A等占30%，B等占50%，D等严格控制。这类结果的使用能够突出其筛选功能，直接作为高中招生录取的依据，与语文、数学和英语三门学科等同对待。

（二）健全评价保障体系，引领学校规范实施

1. 建立评价工作流程

针对评价工作的各个环节，制定翔实的操作流程，明确参与主体的权利与义务，将评价工作与学校教育教学有机融合，明确重要时间节点，便于评价工作的有效实施。同时，将诚信规范渗透于评价实施的全过程，系统考虑事前如何有效防范、事中如何确保真实、事后如何合理追责。

2. 完善评价工作制度体系

整体构建全市初中学校综合素质评价制度体系，包括组织领导、制订方案、实施评价、公示审核以及监督问责等覆盖评价工作全过程的11项制度。

（1）评价方案制订制度

学校评价方案的制订，结合现代学校治理体系建设。充分发挥学校、教师、学生、家长自主管理的作用。一般包括以下环节：拟订初步方案—征求各方意见—根据意见修订—模拟评价—再进行方案修改—学校评价委员会审议—报教育部门备案—上传网站公开。

（2）入学宣讲制度

将学生综合素质评价方案作为初一新生和家长的入校课程，使其从入学之初就明确综合素质评价的内容和要求。将相关内容作为教师暑期培训的必修内容，从理论、政策、具体操作等多方面加强宣传培训。

（3）诚信承诺制度

学校与教师等相关人员每学期初要签订一次《综合素质评价诚信承诺书》，公开承诺诚信评价，不为学生提供虚假材料和证明，不

进行非诚信评价等，保证评价过程公开、透明，评价结果客观、真实。建立信用记录，信用不良的人员不能作为学校综合素质评价工作委员会、年级或班级综合素质评价工作小组成员。

（4）写实记录制度

从入学起，学校为每一名学生建立个人成长记录档案，进行写实记录。学生在教师指导下客观记录能够体现综合素质发展水平的具体活动，收集相关典型事实材料，并及时整理完善。活动记录、事实材料辅以相应描述性文字或佐证材料，保证真实、有据可查。每学期末，教师指导学生整理、遴选能反映其综合素质的具体活动记录、典型事实材料以及标志性成果等有关材料，由学生向学校提出入档申请。

（5）评价信息签字确认制度

每学期，教师对经审核后的评价信息签字确认；学生、家长对公示后的评价结果签字确认。签字确认的原始材料保存至学生毕业后2年。

（6）评价信息保密制度

有关人员除工作需要，不得将不宜公开的学生综合素质评价信息提供给学生本人和监护人之外的其他单位和个人。

（7）评价结果公示制度

经审核后的学生综合素质评价材料及评价结果在教室内、校园公开栏、新媒体等显著位置公示，公示期不少于5天。经审核、公示无异议的材料记入学生成长档案。

（8）评价信息公开制度

充分利用学校网站、校报校刊及微信公众号等新媒体公开综合素质评价的相关信息，包括评价组织机构及人员组成、评价方案、评价流程、宜于公开的评价材料等，向师生、家长及社会广泛宣传，取得广泛支持，营造诚信评价的良好氛围。

（9）申诉复议制度

学生、家长、教师和其他社会人士如果认为学校综合素质评价存在影响评价结果公平、公正的现象和行为，或者对评价结果存有异议，可向学校举报或申诉；如果对办理结果不满意，可逐级向上级教育部门举报或申诉。

（10）诚信问责制度

初中阶段的学校逐校建立诚信问责制度，对于教师在综合素质评价整个环节中出现不诚信行为的要问责。同时，该教师本学年度的师德考核评定为"不合格"，并取消本学年度县级以上评优树先资格，按《中小学教师违反职业道德行为处理办法》处理。

（11）评价质量评估制度

市、县、校三级分别对县、校、班的综合素质评价工作质量进行分级评估，及时发现县市区、学校和班级评价工作中存在的问题并提出改进建议。

3. 建立综合素质评价信息化平台

为杜绝初中学生综合素质评价过程中的"人情""水分"现象，避免不诚信行为，全市统一开发了"潍坊市初中学生综合素质评价信息平台"（以下简称"信息平台"）。信息平台提供日常记录、教师审核、成果展示、评价公示、数据统计分析等评价工作的全过程。信息平台采用灵活的设计，学校在统一规定的综合素质评价维度、要素和观测点的基础上，可以进行个性化的内容设置。信息平台的使用，更加准确地反映了评价结果，既保障了所有数据有记录、有依据、可追溯，又减轻了教师评价的工作量，保证了评价数据的客观、有效。同时，还可以采用大数据技术分析、学生综合素质评价的结果。例如，潍坊东明学校利用评价数据对学生校内体育锻炼的时间和体质健康测试结果进行对比分析，为学生体质的发展提供了数据支持。

（三）强化评价治理体系，推动社会多方参与

家长、社会及第三方专业机构的多方参与是学生综合素质评价诚信实施的重要约束性力量。第三方专业力量积极参与评价工作的监督与评估，有效实现了综合素质评价工作的"管、办、评"分离。

1. 学校组织实施

学校基于校情、教情和学情组建综合素质评价组织机构，吸纳一定数量的家长及社会人士的参与，按流程制订评价方案。例如，潍坊新华中学等学校邀请学校法律顾问参与评价方案的制订，并进行充分的风险评估，保障方案的公正、公平、公开。在评价实施过程中，在班级内公示学生的标志性成果，引导全体学生相互学习，同时起到相互监督的作用，确保学生提供真实可靠的评价成果。标志性成果是否真实、有效，由班级综合素质评价小组集体讨论认定。评价结束后，评价结果在规定范围内公示，并在规定时间内上传到"潍坊市中小学公共信息平台"，公开接受社会监督。

2. 学生深度参与

学生是自身成长记录的第一责任人，他们既对综合素质评价有知情权、参与权、评价权和监督权，又对成长记录的真实性负责。

通过评价流程的精心设计，学生深度参与评价工作的全过程，使他们对综合素质评价负责，为自己的成长负责。此外，充分发挥学生自治组织在整个评价工作过程中的监督作用。

3. 家长广泛参与

学校通过家长委员会组织学生家长广泛参与评价工作方案的制订、日常记录、评价、公示及结果确认等环节，既便于家长全面了解自己孩子的成长发展情况，又保障了家长的知情权、参与权、评价权和监督权。

4. 第三方有序参与

学生综合素质评价工作以购买服务方式引入第三方专业机构，由其对学校的评价工作进行质量评估。近年来，山东创新教育研究院、山东泰山教育创新研究院等第三方专业教育机构多次承担评估工作。通过论证学校评价方案的科学性和规范性，查看过程材料、访谈教师学生、调查家长满意度等方式，评估学校综合素质评价工作的规范性、诚信度科学性等，客观反映了评估工作质量，有效避免了学校"自说自话"。

二、实施效果

（一）为学生提供自我教育和自我管理的导向

综合素质评价给予学生发展的正能量，引导学生自我教育、自主管理、自我完善。其中，一个重要的变化是学生非常在意自己的行为表现，不良现象明显减少，学生自律意识和自我管理能力都有了很大的提高。同时，教师、学生、家长能够从多元智能的视角来审视每名学生的成长，学生的个性化成长优势得到了凸显，"人人有优势、人人有特长"的局面逐步深化。由于综合素质评价的内容对学生的日常行为表现有了明确的评价标准，而且综合素质评价始终立足于在过程中促发展，为班级管理注入了新的活力，从根本上解决了初中学生管理难度大的问题。尽管有个别同学仍然会犯错误，但不再有人效仿，更多的是帮助其积极改正，这样的变化提高了班级管理的效果，也使校风校貌大有改观。

（二）切实保障学校多元课程的落地

综合素质评价关注学生多方面素质和能力的提升，促进了学校课程的有效落实。音、体、美课程不再是课程表的"虚构"，社区服务、社会实践考察、研究性学习、科技创新不再是纸面上的"空谈"。到目前，潍坊市91.3%的学校围绕"学术化、传统化、生活化、综合化"构建起了具有鲜明学校特征的学校课程体系，形成了以"励志修身、体验感悟、实践探究、家庭教育和心理健康教育"为主题的五大类、760多门活动育人课程，90%以上的中小学校开发了10门以上的学校课程，实现了每名学生至少参加一个社团的目标。

（三）引导教师育人理念和育人行为的改变

在综合素质评价过程中，学校有关处室、班主任、成长导师、学科教师等多元参与评价,这种参与引导着教师从育人理念到育人行为都发生了一系列改变。改变评价学生的视角,不再唯分数论英雄,而是努力去发现每一名学生成长中的优势;改变关注学生的视角,从"抓两头,放中间"到"一个也不能少";改变服务学生的群体,育人主体从单一化发展为多元化,教师人人都有育人职责。

(四)促进家校关系和亲子关系的和谐

以往家长了解学生在校的表现多是通过考试成绩和教师口头的反馈,家校沟通的渠道少,形式单一,家长对学生的了解不及时,家校合作的配合不畅通,难以形成教育合力。综合素质评价工作将孩子的点滴得失、成败等及时呈现给家长,使家长随时、多角度地了解孩子的成长过程,同时通过写寄语、参加班会、参与评价等引导家长关注学生在各个维度的表现,提高了家长对孩子的关心程度,转变了家长的成才观念,以前被家长普遍冷落的各类学校课程和活动,现在成了家长的期待。家校关系和亲子关系更加和谐,数百万个家庭的生态也发生了变化,孩子们的健康成长有了更加有力的支撑。

(五)学校综合素质评价实践获得多项荣誉

2010年,以学生综合素质评价为重要内容的中考改革获教育部基础教育课程改革教学研究成果奖。2011年,以学生综合素质评价为重要内容的中考改革做法获省教育厅"十一五"山东地方教育创新成果奖特别奖(最高奖)。2016年9月,潍坊市作为唯一地市代表在教育部中考改革新闻通气会上介绍相关经验做法。2017年12月，在教育部基础教育课程教材发展中心"推进中考改革的实践研究"（聚集学生综合素质评价的实施）座谈会上介绍学生综合素质评价工作经验。2018年，初中学生综合素质评价做法获山东省基础教育教学成果一等奖、国家级基础教育教学成果二等奖。

开展"三级三路径六化六系统"教育评价

/ 山东省滨州市教育质量评价中心

经过三年实践,山东省滨州市形成了基于标准、规范和数据,重在诊断分析、导正方向和指导改进的本土化义务教育质量监测模式,聚焦义务教育学段破除"唯分数、唯升学"和"五育并举"落实不到位,以及城乡教育发展不均衡等问题,推进"以监促改",重视结果应用,注重长效机制的建设。

一、主要举措

(一)组织管理改革分"三级"

1.市级层面

加强市域统筹,建立贯通学前教育、基础教

育等各学段教育，融人文精神与科学技术为一体的地方性教育评价制度体系。

2. 县级层面

落实"以县为主"体制，加强县级教育评价组织建设和能力建设，加强县级教育评价管理，完善组织体系，提升教育质量管理评价水平。

3. 学校层面

完善学校教育评价职责与组织体系，改革学校管理、课程教学、学生成长和教师发展等方面的评价制度，优化评价机制，提升评价的科学化、专业化水平，增强学校自我评价和自我改进的能力。

（二）教育评价实施有"三路径"

1. 评价对象自评路径

评价对象自评，重点是学校、校长、教师和学生依据有关标准开展的自我发展评价。改革当前以指标化、表格式、终结性、定性描述为主要特征，过分强调甄别的评价，推进以信息化、过程性、写实性为主要特征，突出进步与提升的发展性评价。

2. 主管部门评价路径

完善教育评价审批制度，优化整合教育评价项目，强化评价的导向、诊断和激励功能。推进互联网综合评价系统的建设，评价对象和教育主管部门各职能科室在统一标准与方案下提交评价所需的数据信息，系统综合各方面数据信息，自动生成评价分析报告。根据需要，组织专家组现场调查和确认事实，综合分析网络数据和现场信息，形成评价结论，提出改进建议。

3. 第三方评价路径

落实《滨州市第三方教育质量评价实施意见》，进一步完善第三方评价的管理、准入、委托和组织的制度、内容、程序和方法，充分发挥第三方评价的独立、公正和权威性。

（三）教育评价工作原则为"六化"

1. 评价对象全面化

实现对县域，幼儿园和各类学校（小学、特殊教育学校、中等职业学校），校长，领导班子，中层干部，教师，班主任，职员，学生对象的全面化评价。

2. 评价制度规范化

建立、健全关于评价的全领域制度和工作规范，实现制度规范无死角和无缝隙覆盖。

3. 评价标准科学化

严格依据党和国家、省市有关法律、政策制定评价标准，充分体现人文精神和科学技术相统一的要求，强化"底线"控制，突出增值性评价，建立起贯通各级各类教育的评价标准体系。

4. 评价队伍专业化

已组建三级教育评价管理队伍1372人、专家库队伍752人、专家顾问团队伍（智库）30人，强化培训，造就一批非专职业但具有专业精神、专业思维、专业能力的教育评价人才。

5. 评价运行信息化

推进"互联网+"教育评价，在已建成普通高中学生综合素质评价系统（省教育厅统一部署）、全市义务教育学生综合素质评价系统的基础上，以合作开发和共建共享方式，建成覆盖全部评价对象的综合评价系统，实现区域教育评价信息化、数字化。

6. 评价结果运用综合化

建立"评价导向，协同推进"评价结果反馈及综合运用新机制，统筹推进管理、教学和学习改进，提升评价结果的应用价值和工作改进的实效性。

（四）教育评价保障体系改革"六系统"

1. 组织管理系统

在市政府的领导下，落实教育部门主体责任，加强教育工作委员会对教育评价制度改革的全面领导。建立市，县（市、区），学校三级教育质量评价中心和教育评价管理队伍，建立三级教育评价目标责任制和考核评价机制，提升三级教育评价管理水平。

2. 制度规范系统

严格落实教育评价各项制度和工作规范，加强监督检查，有错必纠，违规必查，扎紧教育评价"制度笼子"，保障教育评价规范运行。

3. 标准工具系统

通过委托、合作或自主研发等形式，建立融贯学前教育、义务教育、普通高中和中等职业教育的教育评价标准体系。

4. 专业队伍系统

严格选拔标准，积极引智借力，加强培养培训，大力提升评价专业队伍的专业素质。

5. 实施运行系统

建立市，县（市、区）教育局主要负责人抓教育评价和党组领导下的教育质量分析研判联席会议制度,研究解决教育评价实施运行中的重大问题,排除改革中的困难和障碍,保障教育评价制度改革创新的顺利推进。

6.条件支撑系统

积极争取市、县(市、区)政府将教育评价经费列入经常性财政预算并根据评价改革发展的需要有计划地增长。支持教育评价网络系统建设与运行及相关软硬件的建设与升级,保障教育评价重点项目的经常性经费支出。

(五)形成本土化义务教育质量监测模式

1.根本定位:坚持监测为全市教育发展服务

在三年的监测阶段,突出并坚持监测中的纸笔测验与传统统考,并注意区分统测在目的、性质、功能、过程、结果运用等方面的不同。质量监测通过纸笔测试、现场测试和问卷调查等方式,在更大限度上实现了对包含学业成就在内的学生各方面综合发展信息更多维、更多层的比较分析。

2.内容设计:促进学生全面发展的综合质量导向

监测内容设定为国家学科课程、关键综合素养、学习状态和学习环境。学科课程与国家义务教育质量监测一致,包括语文,数学,德育(道德与法治),科学(物理、化学、生物),艺术(音乐、美术),体育6科。关键综合素养包括身心健康、艺术素养和综合实践能力。其中综合实践能力主要包括劳动实践能力、观察(实验)探究能力、信息应用能力、设计创造能力等。学习状态和学习环境主要包括学习兴趣、学习方式、课业负担、校内生活、教学方式、师生情感、家校合作等。通过包含学业质量在内，学生身心发展状况、劳动素养及其影响因素的全方位的科学监测，导向学生全面发展的综合质量。

3. 监测对象：全面覆盖

全市三年组织了义务教育质量监测，覆盖了150所小学、128所初中的近10万名学生。

4. 长效机制：推进"以监促改"

重视结果应用，注重长效机制。旨在促进学生全面发展、具有新的"教育体检仪"和"指挥棒"作用的全市教育质量监测，发挥诊断分析、导正方向和指导改进的作用。从确立监测内容、研制监测指标和工具、实施监测组织，到分析监测数据、撰写和发布报告，基本完成了全面诊断分析和导正方向，这说明以监促改、加强监测结果应用正是监测制度长效、可持续发展的生命力所在。内部约谈、限期整改等一定的问责制度是促进监测结果应用的重要推手。"管—督—研—训—评"协同机制，是促进学生德智体美劳全面发展、提升教育高质量发展的有效保障。

二、实施效果

（一）创新成果获得好评

"三级三路径六化六系统"的教育评价"滨州模式"，系统地回答了市域教育评价综合改革"如何进行"的问题，从教育评价的"组织管理""实施路径""工作原则"和"保障体系"四个方面整体建构了市域教育评价综合改革的"路线图"和"施工图",具有一定的创新性。

该案例的理论建构体系,得到了山东省教育督导学会专家组的肯定,也得到了来自省教育厅综合改革处和省教育招生考试院等机构专题调研组的认可,被确定为2019年度山东省教育厅"教育局长突破项目"。2019年12月18日,《山东教育报》头版头条报道了《滨州把教育评价改革作为"最硬一仗"推进》。此外,该案例的理论建构体系还先后在山东省教育督导学会专家座谈会和东营市义务教育学校教育质量发展水平评估专家反馈会等会议上进行了展示交流。

(二)实践过程卓有成效

教育评价改革是教育改革中最难啃的"硬骨头",是教育改革中的"龙头之战",这一方面说明了教育评价改革的重要性,另一方面也说明了教育评价改革不是一蹴而就的事情;再加上教育评价的"滨州模式"是一项市域内全方位、系统化、综合性的教育评价改革实践,因此,虽经三年奋力开拓、砥砺前行,但在实践成效上并不是各方面齐头并进,成效显著的,只是在以下几个方面做了实践探索,取得了一些经验和效果。

1. 形成了一套教育评价制度规范

经过三年实践,让滨州教育评价实施的各方主体——市级教育管理部门、县市级教育管理部门、学校和第三方等——明确了在教育评价工作中的定位、职能和行动规范,为科学开展教育评价奠定了坚实的基础。

2. 开展了五次义务教育质量监测

一是形成了市域《义务教育质量监测工作规范》，明确了开展市域义务教育监测的流程和标准。二是获得了关于义务教育学生身心健康、艺术素养、综合实践能力和数学等多个学科素养的监测数据，为市域义务教育管理决策提供了数据支撑和科学依据。三是引领县市区开展了县域义务教育质量监测工作，为科学提高县域教育质量做了实践性探索。

3. 建立了中小学生综合素质评价系统

与清华大学附属中学合作开发建立了滨州市中小学生综合素质评价系统，截至2020年3月，初中已有132所学校、111316名学生、9284名教师进驻平台，共添加记录2307821条；小学已有24所学校、29901名学生、1948名教师进驻平台，共添加记录544502条。

4. 开展了职级任职综合考核暨学校教育质量发展水平评价

通过聘请第三方的方式，对全市20所普通高中（市直学校）进行了3次考核评价。

5. 发布了教育质量发展水平评价标准

相继发布了《滨州市县域教育质量发展水平评价标准（试行）》（涉及县域、小学、初中、高中四个层面的16个评价标准）和《滨州市中等职业学校教育质量发展水平评价标准（试行）》（涉及学校、校长、学生等八个评价对象的评价标准）。

6. 构建了以"评价导向，协同推进"为主轴的"管—督—研—训—评"五位一体质量提升新机制

制定了《"评价导向，协同推进"质量提升机制建设实施方案（讨论稿）》，拟定了《"评价导向，协同推进"教育高质量发展推进机制

第一次联席会议研究议题与责任清单安排部署方案》。

（三）监测结果应用广泛

全市已初步形成了"基于监测结果的教育决策与管理""基于监测结果的督导促进与评估""基于监测结果的问题诊断与教学研究""基于监测结果的学校实践与应用探索"。

1. 基于监测结果的教育决策与管理

市，县（市、区）教育主管部门依据义务教育质量监测反映出的区域教育发展的总体状况，明确教育管理的着力点，科学规划、决策和管理本区域教育工作。数据支撑的教育决策，增强了决策的前瞻性和科学性。

2. 基于监测结果的督导促进与评估

市，县（市、区）教育督导部门、基础教育科基于监测结果反映出师资、管理等方面的问题，如心理健康、体育与健康、音乐、美术和劳动教育等课程的师资短缺、课程开设不规范等问题，开展了过程跟踪式和随机调研式专项督查工作，有力促进了相关工作的整改，并取得了良好的效果。

3. 基于监测结果的问题诊断与教学研究

监测学科工具以课程标准和国标教科书为依据，覆盖了被监测学生的必备知识、关键能力、学科素养、核心价值，客观反映了该年级学生群体的综合素养水平，反映了当前教育教学质量现状。市、县（市、区）教研员认真研读和善于剖析义务教育质量监测报告，基于监测数据，站在学生可持续发展的角度、课程的角度，在学校视导过程中有针对性地关注问题，分析、研究、查找问题形成的原因,"对症下药"。

4.基于监测结果的学校实践与应用探索

学校正确运用监测结果,针对质量监测中发现的问题,采取措施积极改进教育教学。第一,分析学生在德智体美劳发展中存在的短板,加强薄弱学科和领域的课程教学和师资建设。第二,通过追踪监测检验教育教学改进成效。

创新"综合+专题"的评价

/ 长沙市教育局

近年来，作为国家中小学教育质量综合评价改革实验区，湖南省长沙市与时俱进落实增值评价，通过"教育综合评价+专题评价"的方式，开展独具特色"综""专"结合的评价改革，以教育评价为指挥棒引导学校有效克服了"五唯"，树立了科学的教育质量观，为提高区域教育质量、促进学生综合素质的提高和全面发展进行了积极的探索和实践。

一、主要举措

（一）实施增值综合评价

构建了"以入口定出口""从起点看变化"的

评价体系，重在学校发展的"增量"，追踪学校从起始年级到毕业年级学业质量的增值变化，着重于对教育对象和教育事业发展的目标、条件、进程及策略方法的评价。

（二）充分挖掘学业数据

利用七年级新生分班考试、中考、学考和高考成绩等公信力高的大规模教育考试数据，不额外统一组织大型学业质量测评，利用人民群众非常关注的数据进行科学分析，从不同角度、不同维度评价学校的教学质量。

（三）全样本客观评价

对于学业相关因素情况通过量表进行测试分析。为确保评价结果的科学性、客观性实行全样本测试。近两年，全市252所普通初中和74所普通高中共19.75万名中学生被纳入教育质量综合评价，中学生、家长各21.31万名、专任教师5.96万人次参与测评，涵盖全市各初、高中学校及全体师生、家长，全员参与，也增强了全市各界对教育质量综合评价的重视和支持。

（四）依托智慧教育平台

一是依托网络学习空间人人通管理平台，与综合素质评价、体质健康监测、综合实践活动等系统互联互通，汇聚各类教育数据。

二是研制教育质量综合评价体系。先后印发《长沙市基础教育质量综合评价实施指南》《长沙市基础教育质量综合评价改革整体推进行动计划》，组建了 500 余名骨干教师组成命题专家库，定期组织命题培训，指导运用 PISA 技术自主研制初一入学分班考试、中考、学考试题以及初、高中教育质量综合评价测评问卷（包括学生卷、教师卷、家长卷），学业相关因素测评指标体系涵盖一级指标 10 个，二级指标 40 个，三级指标 118 个。

三是建立了增值评价模型。先后采用了 K 均值聚类法、多水平模型分析，通过重点关注受评对象在原有基础上的提升和未来发展的趋势，明确其潜在能力，使评价成为学校自主发展的内在动力和源泉，让不同类型的学校在原有水平上得到了整体提升。

四是研发了教育质量评价系统。学生学业相关因素测评数据采集通过网络学习空间人人通来实施；报告生成系统通过预先定义好的报告模板将结果可视化，形成评价报告；研发评价电子地图，分市、县（市、区）两级多方面呈现教育质量综合评价指标测评结果及综合分析结论，通过图表、文字、动画等形式更直观显示不同区县、不同指标发展状况及差异，实现了对全市教育质量综合评价数据的在线监控，实现了教育评价数据采集过程化、报告生成自动化、结果分析可视化、数据呈现一体化。

（五）基于诊断服务决策

建立多元评价体系，综合学生成长、教师发展、学校管理及其影响因素的客观数据分析，诊断问题、分析原因、指导改进，为学校教育、教学和管理改进提供参考建议，为教育政策的调整提供科学依据，引领学校创新发展，促进全市基础教育质量的健康可持续发展。

采用问卷调查、座谈、访谈和实地考察等方式进行非学业综合测评，发现全市94%小学生每天睡眠时间不足10小时这一突出问题，分析得知其主要原因是作业量大、到校时间早和课外培训偏多等。针对普遍存在的社会问题，我市决定从2016年下学期开始将城区小学生早上上课时间调整到8:30，同时出台《长沙市减轻小学生课业负担的八项规定》配套文件，采取有力措施切实减轻小学生课业负担，促进学生健康快乐成长。从近两年的测评情况看，学生学业负担有所减轻，但学生仍然感到较大的学习压力。2019年，就减轻学生负担、杜绝赶进度、超难度等现象进行了持续督查，并印发了《关于进一步减轻中小学生课业负担的若干规定》，确保学生学有余力，快乐成长。

（六）按需开展专项评价

根据教育决策需要，充分发挥专项评价的导向作用。通过"教育综合评价＋专题评价"的方式，开展独具特色的专题评价。2018年重点关注了学生的学业负担问题；2019年结合全市书香校园的建设，重点关注了学生阅读，以专题性评价板块，引导学校关注重点、热点问题，增强教育的针对性，促进学生综合素质的提高和个性的发展；2020年依据《关于全面加强新时代大中小学劳动教育的意见》及相关文件要求，结合长沙教育实际及已有研究，构建了长沙市中小学校劳动教育状况评价指标体系。该指标包括劳动教育课程设置、教学实施、保障机制、学生劳动素养4项一级指标，必修课开设、研学活动专题、劳动周设立、学科融合等16项二级指标及相关评价要点。作为国内发布的首个劳动教育评价指标体系，将切实发挥"指挥棒"作用，指导长沙的学校在劳动教育实践中取得新进展。

（七）实施课题研究推进

2013年，长沙申报了教育部重点资助课题"基础教育质量发展性评价体系构建的理论与实践研究——以湖南省长沙市为例"，以配合实验区的研究。2019年8月，本课题已经成功结题并获得了专家的一致好评，课题成果《基础教育质量综合评价理论与实践研究》（30万字专著）现已公开发行。

二、实施效果

（一）引导了学校育人理念的更新

评价报告对学业质量与非学业质量进行相关分析，得到了一些有价值的结论。引导学校树立"育人为本，德育为先，能力为重，全面发展"的办学理念，树立科学人才观和质量观，更加注重培育学生的综合素质和关键能力，促进学生全面而有个性的发展；引导教师、家长、社会转变教育观念，深入反思教学问题，不断改进教学策略，促进每个学生的成长与进步。

近两年，以评价数据引导形成科学的育人观，如充足的睡眠时间有利于学业成绩的提升，参加课外文化辅导班与学业成绩无明显关联，参加校内课外活动有利于减轻学习压力、提升课业质量，作业量适中的学校学业成绩提升明显等,很好地发挥了评价的引领作用。

(二)引导了学生的健康成长

实施对学生的综合评价,既关注学业质量达标度,又关注学业的均衡度、优秀率、进步幅度,同时还关注学生的体质健康、品德行为、学习动力、学习负担等。持续将学生体质健康、心理健康、亲子关系作为重要的评价指标。监测数据显示,评价报告引导了学校、学生和家长对于学生健康成长的关注和重视,相关数据呈现良性发展态势。

(三)引导了学校文化的重塑

采用增量评价理念,以学生的进步幅度来衡量学校的办学质量,切实解决了因起点不同带来的评价不公的难题,重塑学校发展形象。评价报告发布后,不同学校体验了办学的成功感,不同学校的教师体验了教学的成就感,调动了不同类型、不同层次学校的办学主动性、积极性和创造性,也引导了社会重新看待学校办学质量,理性择校,选择最适合的学校才是最好的学校。

评价报告显示,凡校园文化建设好的学校,学校各项评价指标都表现突出。评价报告将促使学校更加重视物质文化、精神文化、制度文化和课程文化,如美化校园环境,让环境来潜移默化地熏陶人、影响人;培育精神文化,用精神来鼓舞人、提升人;建立健全学校规章制度,用文化约束人、造就人;深入挖掘课程资源,开发系列校本课程,组织丰富的课外活动、艺体活动、团队活动以及社会实践活动等,为学生提供多元化选择,促进个性化发展。

（四）获得了专业支持

长沙市的教育质量评价工作得到了领导与专家的大力支持和精心指导。2014年、2018年教育部专家两度莅临长沙进行业务指导，并组织全国教育质量评价的资深专家、学者到长沙讲学，同时在改革推进的过程中实时予以指导，确保教育质量综合评价改革的科学性、指导性。2019年，在中国教育学会教育质量综合评价年会上推介了长沙教育质量综合评价工作。

全域推进初中生综合素质评价

/ 湖南省株洲市教育局

多年来,湖南省株洲市以实施中小学教育质量综合评价改革为契机,全面落实立德树人的根本任务,积极推进全市初中生综合素质评价体系的建立,以评价改革带动区域教育的整体发展。

一、主要举措

在实施初中综合素质评价改革过程中,株洲市全面贯彻党的教育方针,遵循学生成长规律,以立德树人为根本任务,构建以市级统一要求,县、市、区各具特色,学校校本化实施的评价体制。科学研制综合素质评价体系,合理设置综合素质评价操作流程，形成"整体推进、多方参与、上下联动、分层负责"的工作路径。建立评价内容课程化、评价主体多元化、评价手段信息化、评价记录实证化、评价过程常态化的运行机制，促进学生全面而有个性的发展。

（一）科学研制评价体系标准

根据《教育部关于进一步推进高中阶段学校考试招生制度改革的指导意见》（教基二〔2016〕4号）有关要求，参照《教育部关于加强和改进普通高中学生综合素质评价的意见》，结合学生年龄特点和教育教学实际，从思想品德、学业水平、身心健康、艺术素养、社会实践五个方面评价学生的全面发展和个性特长情况。整个评价体系设置了三级指标，一级指标设为5个维度，二级指标设为19个评价要素，三级指标设为47个行为表现点。同时，根据教育教学的实际，在每个维度下，对关键实证材料、学期评价细则及毕业评价等级标准提出了明确要求。

1. 评价内容

（1）思想品德

主要考查学生在爱党爱国、理想信念、诚实守信、仁爱友善、责任义务、遵纪守法等方面的表现。重点体现在学生参与党团活动、有关社团活动、公益劳动、志愿服务等的次数、持续时间，如为孤寡老人、留守儿童、残疾人等弱势群体提供无偿帮助，到福利院、医院、社会救助机构等公共场所、社会组织做无偿服务，为赛会保障、环境保护等活动做志愿者。

（2）学业水平

主要考查学生各门课程基础知识、基本技能的掌握情况以及运用知识解决问题的能力等。重点是学业成绩、选修课程内容和学习成绩、研究性学习与创新成果等，特别是具有优势的学科学习情况。

（3）身心健康

主要考查学生的生活方式、体育锻炼习惯、身体机能、运动技能和心理素质等。重点是根据《国家学生体质健康标准》测试初中毕业生的体育考试成绩、体育运动特长项目、学生参加体育运动的效果、应对困难和挫折的表现等。

（4）艺术素养

主要考查学生对艺术的审美感受、理解、鉴赏和表现的能力。重点是学生在音乐、美术、舞蹈、戏剧、戏曲、影视、书法等方面表现出来的兴趣特长，参加艺术活动的成果，以及初中毕业艺术考试成绩等。

（5）社会实践

主要考查学生在社会生活中动手操作、体验经历等情况。重点是学生参加实践活动的次数、持续时间，形成的作品、调查报告等。例如，与技术课程等有关的实习，生产劳动、勤工俭学、军训、参观学习与社会调查等，以及理化生实验考查成绩和信息技术毕业考查成绩。

2. 评价体系

依据《株洲市初中学生综合素质评价各维度核心指标体系和评价标准》执行。

（二）合理设置综合素质评价操作流程

综合素质评价以学生在校三年的日常表现、实证材料为基础，利用株洲市初中学生综合素质评价管理平台等信息技术手段，采取上级教育行政部门抽样插标与学校具体组织实施评价相结合的方式进行。学校评价以班级为单位，按如下流程进行。

1. 建立评价档案

各初中学校在株洲市初中学生综合素质评价管理平台上为每一名学生设立电子账号，录入学生基本信息，设计评价过程性记录表，指导学生上传实证性材料，建立电子成长档案，以全程记录学生在初中阶段各方面的发展状况。区域外转入学生自转入之日起建立电子成长档案。

2. 实施学期评价

学期评价包含日常表现评价、实证材料评价、学生互评、教师评价。学期评价采用积分制，积分方式为各维度学期评价积分＝（日常表现评价积分+实证材料评价积分）×95%+学生互评积分（占5%）。

（1）日常表现评价

班级综合素质评价小组及学校相应职能部门，记录学生各维度日常表现情况并适时提交到综合素质评价管理平台，根据学校制定的日常表现评价细则，在每学期末（第6学期，4月底）赋予学生各维度学期日常表现评价积分。其中，思想品德维度总分为60分，其他各维度总分为50分。

（2）实证材料评价

每学期末（第6学期，4月底），班级综合素质评价小组根据学生整理遴选后提交的学期实证材料和学校相关部门提交的材料，按照学校评价细则，赋予学生各维度学期实证材料评价积分。思想品德维度总分为 40 分，其他各维度总分为 50 分。

（3）学生互评

每学期末（第 6 学期，4 月底），班级同学根据评价对象本学期电子成长档案记录内容，对评价对象综合素质各维度进行评价，并分别赋予 2～5 分的积分，各维度以参评学生的平均分记入学期学生互评分。

（4）教师评价

每学期末（第 6 学期，4 月底），班级综合素质评价小组根据学生整理后提交的学期电子成长档案记录和学生平时表现的记录，按照学校的评价细则，对每位学生的综合素质从各维度评价，分别赋予 6～10 分的评价积分，各维度以参评教师的平均分记入学期教师的评价分，并写出不少于 100 字的学期评语。学生学期评价积分在班级内公示 3 天，无异议后以书面形式告知学生和家长。

3. 做好毕业评价

（1）整理遴选

学生根据对综合素质各维度关键实证材料的要求，整理遴选综合素质评价管理平台内初中三年相关的实证材料，经班级评价小组集体审核后，按照《株洲市初中毕业生综合素质实证材料格式标准》的要求，导入学生综合素质评价管理平台，同时提交 500 字以上的电子成长自传，并签订诚信承诺，形成自己的毕业综合素质档案。此项工作在毕业当年 5 月上旬前完成。

（2）抽样插标

市评价工作指导小组，对区域内各初中学校按照一定比例抽取样本，根据样本学生的综合素质毕业档案、相关科目毕业统一考试的结果、思想品德方面取得的区级以上综合性荣誉、学期评价总积分（学期评价总积分＝七年级各学期评价积分占比15%＋八年级各学期评价积分占20%＋九年级各学期评价积分占比15%），对样本学生综合素质各维度进行等级评价，确定各校初中毕业生综合素质评价各维度的 A 等比例（各维度插标结果 A 等比例低于25%的学校按25%的比例执行）。此项工作在毕业当年5月底前完成。

（3）确定等级

班级评价小组根据学生的综合素质毕业档案、学生在校三年的日常表现，经过集体讨论，对学生综合素质发展状况给出综合性评语，并根据学生学期评价总积分（区域外转入学生按照转入后的学期评价总积分进行换算）、相关科目毕业统一考试考查的结果、思想品德方面取得的区级以上综合性荣誉，按照《株洲市初中学生综合素质评价各维度核心指标体系和评价标准》之"毕业评价等级标准"和本班学生毕业评价各维度等级比例，对学生各个维度进行等级评定，填写"株洲市初中学生综合素质毕业评价结果表"。此项工作在毕业当年6月上旬前完成。

（4）公示结果

各学校将学生综合素质评价结果以反馈意见表的形式向学生及家长公布，并在校内醒目位置公示，听取学生、家长的反馈意见，以学生家长的签字表示对结果的确认。学生和家长对评价结果有异议的，可以向学校评价委员会和上级教育行政主管部门申请复议，如果评价结果有变动的需要重新公示，公示期为3天。

（三）建立健全综合素质评价的组织机构

为保障综合素质评价工作的顺利进行，实行"权责统一、分层监管"的机制，建立"市、县(区)、校、班"四级评价组织机构。

1. 全市成立初中学生综合素质评价工作指导小组

由市教育局、驻市教育局纪检监察组、各县（市）区教育局相关人员以及教育评价专家组成市级综合素质评价工作指导小组。其职责是负责制定全市初中学生综合素质评价实施办法、指标体系和评价标准，建立株洲市初中学生综合素质评价管理平台，组织实施全市初中毕业生综合素质评价各维度抽样插标，并对全市初中学生综合素质评价工作进行指导与监督。

2. 各县（市）区成立初中学生综合素质评价工作领导小组

由县(市)区教育局分管领导、驻县(市)区教育局纪检监察组、相关教研人员和各中学校长组成县（市）区级综合素质评价工作指导小组。其职责是具体组织实施本辖区内初中学生综合素质评价工作，设置本辖区综合素质评价特色指标及其评价细则，对学校综合素质评价工作进行指导。同时对评价者进行培训，监控区域内初中学校评价过程及毕业评价各维度等级比例，接受申诉和举报，对评价过程中的违规行为进行查处。

3. 学校成立初中学生综合素质评价工作委员会

由校长、处室负责人、年级组长、教师、家长和其他社会人士代表组成校级综合素质评价工作指导小组，并报县（市）区综合素质评价工作领导小组备案。主要职责是设置本校综合素质评价特色指标及其评价细则，制定评价工作的实施细则，设定参与评价人员的工作职责及工作量，把控校内班级毕业评价各维度等级比例，对校内各班级评价工作进行指导，监督评价过程，接受咨询、投诉和举报，及时纠正评价中的错误。

4. 班级成立综合素质评价工作小组

由班主任、科任教师、家长、学生代表组成班级综合素质评价工作指导小组，人数为7人。班级综合素质评价工作小组由学校综合素质评价工作委员会提名，经公示后确定。评价小组中教师成员担任本班级学生授课的时间一般不能少于1年（毕业评价小组教师成员必须担任本班级毕业学年教学），对本班级学生应有充分的了解，同时具有较强的责任心和良好的诚信意识。评价小组成员拟定名单，应向校内本年级所有学生公布，并听取意见，有不良反应者应予更换。评价工作小组主要职责是具体组织实施班级学生的综合素质评价工作。由班主任担任评价小组组长，负责组织评价小组成员审核学生原始实证材料，指导学生完成综合素质评价档案，组织完成学生初中三年的日常评价、学期评价，组织完成学生的毕业评价，接受社会与家长的咨询，并清晰地解释学生各维度评价的结果。

（四）统一搭建综合素质评价工作平台

为规范综合素质评价操作，如实记录学生成长过程，确保评价的公平公正，市教育局统一搭建全市综合素质评价工作平台。

（五）强化综合素质评价结果的使用

根据学期评价及考试考查情况，最后折合成学生毕业评价等第，从而确保综合素质评价能持续有力的推进，强化综合素质评价结果在学生毕业与升学中的使用。

1. 毕业评价结果的呈现

株洲市初中毕业生综合素质五个维度评价结果分别以A(优秀)、B（良好）、C（合格）、D（待合格）四个等级呈现。思想品德维度A等不限制比例，但该维度A等毕业积分（积分办法见《株洲市初中学生综合素质评价各维度核心指标体系和评价标准》）原则上必须达到80分，其他各维度A等毕业积分必须达到70分比例不超过本届毕业生人数的40%；B等毕业积分必须达到70分，C等毕业积分必须达到60分，严格控制D等。

2. 毕业评价结果的使用

毕业认定：学生综合素质评价结果中，思想品德维度为D等者，不能毕业，需在一年以后经学校核实证明其确有进步且达到C等及以上等第，且学业成绩合格，再发给毕业证；其他维度为D等者，由学生本人提出补评申请，提交相应证明材料，经学校补评达到C等及以上等第，且学业成绩合格，发给毕业证。

高中招生：高中阶段学校招生时，因综合素质评价结果而不能毕业的学生不予录取；综合素质评价结果五个维度分别以A等4分，B等3分，C等2分，D等1分计分。从2017年入学的初一新生开始，综合素质评价总分纳入指标生录取总分计分，此外，随着条件成熟，综合素质评价总分逐步纳入常规招生录取总分计分。普通高中专业生招生的基本要求：体育专业生的身心健康维度必须为B等及以上等第，艺术及传媒专业生的艺术素养维度必须为B等及以上等第。以此作为普通高中自主招生的重要参考。

二、实施效果

（一）育人导向更加鲜明

实施综合素质评价，既是考试招生制度改革的重要内容，又是教育价值方向的正确引导。《教育部关于进一步推进高中阶段学校考试招生制度改革的指导意见》明确提出："到2020年左右初步形成基于初中学业水平考试成绩、结合综合素质评价的高中阶段学校考试招生录取模式和规范有序、监督有力的管理机制，促进学生全面发展健康成长，维护教育公平。"《株洲市高中阶段学校考试招生制度改革实施方案》将完善初中学生综合素质评价制度确定为改革任务之一，并将综合素质评价结果作为学生初中毕业和高中招生录取的重要依据。经过多年的探索和实践，有力地改变了以考试为唯一评价方式、成绩为唯一标准评价学生的做法。育人方式更科学，衡量标准更全面，学校教育更加符合新时代人才培养的方向和趋势，有利于立德树人根本任务的落实，促进学生德智体美劳的全面发展。

（二）学生成长更加全面

对学生进行综合素质评价，既衡量了学生全面发展的方面，又关注了学生个性发展的方面，避免了过去以考试成绩为唯一依据评价学生的弊端。综合性评价的实施，保障了过程和结果的统一，将教育结果融合到每一个细小的教育过程中，将教育影响渗透到学生成长的每一个环节中，学生越来越喜欢学校生活，越来越愿意主动参加学校活动，促进了学生的自我认识和自我教育，促进了学生全面而有个性的发展。

（三）教育活动更加规范

随着综合素质评价的深入推进，各种教育教学活动更加规范，开足开齐课程，广搭活动平台，已经成为常态。各初中学校一方面按照国家课程标准开齐课程、开足课时，想尽一切办法丰富学生校园生活，积极开展体育、艺术、心理社团活动，广搭活动平台，积极组织学生参加体育、艺术、社会实践活动。所有的活动不再流于形式，做到了真正让学生在活动中体悟成长，不断促进学生综合素质的发展。

（四）教育生态更加优化

各初中学校不断强化过程性管理，完善过程性评价，能做到把学生综合素质评价工作与学校日常教育教学和学生管理结合起来，纳入学校常规工作按期开展，以学期为单位，每个学期及时认真组织学生及时将实证材料上传到株洲市综合素质评价管理平台，并组织好学生互评、教师评价等工作。整个教育生态焕然一新，育人环境也发生了根本性的改变。

"从入口看出口"的增量评价探索

/ 湖南省永州市宁远县教育局

为消除因班级学生基础不同带来的负面影响，使学校和教师在公平的环境下竞争，以激发全体教师的内在动力，湖南省永州市宁远县教育局突破传统评价模式，创新"从入口看出口"的教学质量增量评价，形成了较为成熟的教学质量增量评价机制。

一、主要举措

（一）将评估对象置于全县教师队伍中比较

增量评价机制着眼于全体教师的专业成长，将教师的教学效果置于全县同一年级同学科教师这一"大样本"中进行比较，量化其教学水平的高低，以明确评估对象的教学质量在全县所处的位置。其评价结果更客观公正、更有参考价值。

（二）制定详细的增值评价指标

评价体系主要为三项指标，一是"超县平均分"的增减，二是"优生人数"的增减，三是保持优秀班级"附加分"。

1. 学生成绩的综合分在全县同类学校中的排名及名次的变化

同一年级同一学科可直接以排名的先后和名次的进退来评价教师的教学效果；不同学科和不同年级，则以教师的名次除以全县同类学校同年级同学科教师的总人数，根据所得比值的大小，比较教学效果的优劣。例如，某小学五年级一班共有4名文化课教师，在五年级第一学期的期末考试中，语文教师在全县农村学校180名五年级语文教师中列第40名（40/180），数学教师在全县农村学校200名五年级数学教师中列第60名（60/200），英语教师在全县农村学校110名五年级英语教师中列第20名（20/110），科学教师在全县农村学校90名五年级科学教师中列20名（20/90），比较以上四个分数的大小，比值最小的（英语）就是教学效果最好的。如果以这次考试成绩作为"入口"，五年级第二学期的期末考试同样有相应的排名及比值，以此作为"出口"，通过与"入口"的比较，可以看出各教师在五年级第二学期的教学效果。

2. "超县平均分"的增减

以入学分班时的学生成绩为基础，分别计算出各班、各学科的平均分与全县相应学科平均分的差，作为该班相应学科的基础分（即

"入口")。例如，入学时全县高一语文平均成绩为80分，而甲班语文平均成绩为85分，相比全县平均分，则甲班语文超县平均分5分，这就是甲班语文的基础分；乙班语文平均成绩为76分，相比全县平均分，乙班语文低于县平均分4分，这就是乙班语文的基础分。这就是"入口"的计算。

在某次统考中，全县高一语文平均成绩为70分，甲班的语文平均成绩为76分，相比全县平均分，甲班语文超县平均分6分。在这次考试中，乙班语文平均成绩为69分，相比全县平均分，乙班语文低于县平均分1分。这就是"出口"的计算。

从两次成绩来看，甲班均比乙班好。根据"从入口看出口"来评价，这次统考，甲班超县平均分6分，对比入学时的基础分（超县平均分5分），可以得出该班语文进步了1分；这次统考，乙班低于县平均分1分，对比入学时的基础分（低于县平均分4分），可以得出乙班语文进步了3分。显然乙班比甲班进步更大，乙班语文教师的教学效果优于甲班语文教师。

3."优生人数"的增减

对全县同一年级前N名学生在各校、各班的分布情况进行统计，通过"出口"与"入口"的比较，评价学校和教师的培优效果。

"优生人数"的增减计算方法是首先确定"优生"的数量。以县每年高中招生计划人数的25%定为"优生人数"。例如，宁远县2017级高一计划招生3925人，则将本年级的前25%即981人定为"优秀人数"。将该年级入学的各科成绩从高到低排序，前981名学生作为各科"优生"的"入口"。

在以后的考试中利用相同的方法统计每次考试各班各学科的"优

生"作为"出口"。比较"入口"和"出口"的数量,根据"优生"的增减来评价学校和教师的培优效果。

我们将"优秀学生人数"的增减转化为一定的分数(乘以0.2),并与平均分的增减分数相加,得到综合分,最后以综合分排位评价教师在一段时期内教学效果的优劣。

对学校、年级组、学科组的评价,可参照对教师的评价进行。

计算公式:综合分 = 超县平均分增量 + 优秀班级附加分 + 优生人数 ×0.2

(三)采取符合学段特征的评价

对小学的评价,以学生的综合分为评价指标。以上次考试成绩为"入口",以本次考试成绩为"出口",通过"进步增量值"反映各评价对象的进步程度。

对中学的评价,则以学生入学时升学考试的成绩为"入口",以学生每次的考试成绩或毕业考试成绩为"出口",以"超县平均分"的增量和"优生人数"的增量为评价指标。通过"出口"与"入口"的比较,以"进步增量值"评价学校和教师的教学效果。

二、实施效果

(一)提升了县域教育教学质量

宁远县教学质量增量评价以"不看存量看增量,不比基础比进步"为评估核心,实现"不以成绩高低论英雄,而以进步大小定优劣",赋予了教学质量评价全新的视角,较好地解决了不同层次的学校和班级如何进行教学质量评价的问题,有效促进了全县中小学教学质量的整体提升,特别是农村薄弱学校的教学质量有大幅提升。

（二）调动了全体教师的积极性

增量评价有效量化学校全体教师教学水平的优劣以及对学校贡献的大小,充分调动全体教师特别是中下水平学校教师的积极性,激发了教师的内在动力,学校和教师抓教学质量的热情高涨,任教薄弱学校和薄弱班级的教师有了成就感,农村薄弱学校教师队伍得以稳固。

（三）发挥了宣传和辐射作用

在2018年4月的全省教研工作会上,宁远县教育局党委书记、局长做了题为"扎实推进课堂改革 大胆探索增量评价"的经验介绍。2019年4月"教学质量增量评价机制"获第四届湖南省教育科学研究优秀成果三等奖。宁远县教育局于2017年、2018年、2019年连续三年被评为永州市教育科研先进单位。2019年湖南省教育科研扶贫现场会在宁远召开,党委书记、局长在会上推介了《教学质量增量评价机制》。

以科学评价助推素质教育

/ 重庆市九龙坡区教育委员会

近年来,重庆市九龙坡区坚持全面落实立德树人根本任务,建立以推进素质教育为导向的科学评价体系,强化监测结果运用,充分发挥教育评价对科学育人的导向作用。区教师进修学院、区教育质量监测评估中心每年对全区中小学(含2所公办中职学校)进行教育质量全面监测。通过教育质量的全面监测,逐步更新了全区广大干部教师教育观念、育人方式的改变,提升了学生的综合素质,助推了区域基础教育的发展。

一、主要举措

（一）积极主动探索，建立教育质量全面监测数据库

通过组建专家队伍库、建立监测工具库、形成监测结果数据库，为实施全面质量监测提供基础保障。

1. 为组建专家队伍库提供智力支持

聘请国家、市级相关领域的专业人员组成专家顾问团队，主要负责指导区域教育质量全面监测工作，确保监测的科学性、严谨性、有效性。区教育委员会领导组成的领导团队，主要负责教育质量全面监测的整体统筹和组织协调工作。责任区督学组成的督导团队，主要负责监督监测工作的实施过程，保障监测的公平、公正、公开。由区教师进修学院教研员、区教育质量监测中心教师、各学校市区级名师、特级教师、骨干教师组成工作团队，主要负责监测工具的研发和监测工作的具体实施。

2. 建立监测工具库提供技术支撑

建立监测工具数据包，主要包含学生道德行为发展性评价、学生实践动手操作、学生体质健康测查、学生艺术素养测查、学生学业水平测查等项目的测评工具和测评动态评价量表。建立监测工作流程数据包，主要包含每年全面质量监测的工作手册、操作手册等。

3. 形成监测结果数据库，并提供考核依据

撰写监测结果报告，完整呈现全面质量监测情况，为学校办学水平督导考核、区域教育发展提供客观、翔实、公正的数据支撑。同时，为每所受测学校提供各项目监测结果数据和监测分析报告，帮助和督促学校提高办学质量。

（二）强化过程性评价，组织开展教育质量全面监测

坚持和完善国家义务教育质量监测制度，自主探索建立科学评价体系，强化过程性评价和发展性评价。

1. 科学构建监测体系

根据全面落实立德树人根本任务的七项基本内容，科学构建"学生道德行为发展性评价＋学生实践动手操作（中学理化生实验操作考查、小学科学素养测查、信息素养测查）＋学生体质健康测查＋学生艺术素养测查（音乐素养测查、美术素养测查）＋学生学业水平测查"教育质量全面监测体系。自主研制和完善中学理化生实验操作、小学科学实验操作、体质健康、艺术素养、信息素养等测查工具102套，研发出监测评价学生抽样程序。启动学生道德行为发展性评价研究，建立道德评价指标体系。涉及家庭、学校、社会三类评价主体，从爱党爱国、热爱劳动、遵规守纪等6个维度，文化传承、国家形象、公民意识等18项指标以及44个道德行为观测点开展发展性评价，编制出可用于家长和教师的学生评价手册。

2. 组织实施全面质量监测

夯实监测队伍基础，开展全区349名项目监测员培训。集中两周时间，分别对全区50所小学、29所初中、7所普高和2所职高，共21505名学生进行教育质量全面监测。监测结束后进行大数据分析，撰写监测报告27份共21万字。召开监测结果发布会，将各监测项目整体情况向全区各中小学通报。同时，组织部分中小学参加国家义务教育质量监测和重庆市义务教育质量监测，597名学生参加了国家语文和艺术测试，1260名学生参加了重庆市语文和科学学科监测，教师、家长参与了问卷调查。重庆市教育评估院连续几年

的监测结果报告显示，我区义务教育阶段学生在学业水平、身心健康、兴趣特长等多项指标中位居全市前列。

3. 加强交流研讨

2018年九龙坡区与城口县建立对口帮扶工作联系合作机制，双方教育部门定期开展互访交流活动，宣传推广我区教育质量全面监测工作。目前城口县所有高中学校的学业质量监测（期末考试和高三诊断考试）与我区同步推进；举办城口县教导主任专题培训班，重点介绍我区教育质量全面监测的理念、方法、监测实施和监测结果的运用；邀请城口县部分学校校长、教研员实地观摩我区质量监测工作，指导城口县实施学生体质健康测查。参与市教育委员会组织的国家《县域义务教育质量标准》《学校义务教育质量标准》《学生义务教育质量标准》的研讨，提供借鉴经验。

（三）及时总结分析，科学运用教育质量全面监测结果

1. 反馈监测分析报告

监测结束后，对数据进行系统的统计分析，形成监测总报告和学校分报告，并及时反馈给被监测学校，让学校准确掌握教育质量情况。

2. 及时梳理总结问题

通过开展中小学教研活动，针对监测结果反映出的问题进行分析总结，给学校提出教育教学改进建议。以区级主题教研活动的方式，引导学科教师深入了解监测的意义和方式，树立正确的育人质量观。

3. 科学运用监测结果

将各项监测结果作为学校考核依据，纳入学校办学综合目标考

核指标，引导学校树立全面育人质量观；将监测结果纳入名校长、名师的认定考核指标，引导教师树立正确的育人质量观，切实将立德树人成效作为评价学校、教师和学生的根本依据。

二、社会反响

特色学校不断涌现，全区有23所中小学获全国特色学校命名表彰。2015年和2017年，九龙坡区教育委员会作为西部片区唯一受邀单位，分别在成都和昆明国家义务教育质量监测结果解读会上做经验交流。2017年8月，教育部基础教育质量监测中心专家在对重庆市九龙坡区"教育评估与质量监测实践与结果运用"的调研中评价："九龙坡区教育认清了国家教育发展的大趋势，适应性强，基于区域原生态的工具研发，视野高、靠谱"，认为九龙坡区以评估监测为抓手，扎扎实实抓质量、认认真真做教育。

发展性督导激发起学校自主成长活力

/ 重庆市巴南区教育委员会

面对城乡学校教育不均衡的现状,重庆市巴南区教育督导做出"发展性督导评估"新回应,立足以新督导评估驱动学校自主成长,成为全国首批中小学责任督学挂牌督学创新区之一。

一、主要内容

(一)发布发展性督导评估方案

巴南区学校发展性综合督导评估以三年为一周期,在新一轮评估实施前的5月份,区政府教育督导室向学校颁发该一轮综合督导评估工作方案。该方案对本周期内综合督导评估工作的指导思想、工作原则、评估流程、结果应用等做出规定，成为该轮学校综合督导评估工作的指南。

（二）制定学校三年发展规划

发展性督导评估要求学校制定三年为一周期的发展规划，学校在规划中立足实际提出未来三年的发展目标、确立发展项目、做出三年发展目标的年度任务分解、落实发展项目责任部门和责任人、提交项目推进措施及保障策略等。学校的三年发展规划要求遵循《学校章程》，根据学校办学理念彰显学校文化、凸显办学特色和注重发展目标的递进。责任督学需参与责任学校规划的制定与修订工作。新一轮评估实施的当年7月前，学校三年发展规划交区教育督导室审核备案。区教育督导室组织专兼职督学指导学校完善发展规划。学校三年发展规划于当年9月开始实施，工作周期为三年。

（三）研制督导评估工具

1.教育督导室编制《学校基础性综合督导评估指标体系》

《学校基础性综合督导评估指标体系》（以下简称《体系》）包括公办幼儿园、民办幼儿园、公立小学、公立初中、公立普通高中、公立职业高中、特殊教育学校、民办中职学校等不同学校类别，构成区域内学校综合督导较为齐全的系列化督导评估工具。区教育督导室在新一轮评估工作启动前组织人员对上一轮评估工具的使用开展反思总结，按照新一轮评估工作的要求，对新一轮综合督导评估工具进行调整完善。《体系》立足对学校常规工作的指导，应用《体系》对学校办学水平的综合评估占有三分之二的权重。该《体系》于新一轮工作启动第一年的 8 月份向各级各类学校发布。

2.学校（幼儿园）编制《学校发展性督导评价指标体系》

各级各类学校编制的《学校发展性督导评价指标体系》（以下简称《指标体系》）是学校三年发展规划所提出的建设项目发展任务落实及目标达成的具体化要求，是学校在三年发展周期任务驱动、过程性管理及终结目标实现的检测工具，《指标体系》要求以学年为单位，提交各项目每一年的工作任务及年度目标，并且作为每一年区教育督导室对该校实施本学年度办学水平综合督导评估工具。在运用《指标体系》的过程中，学校得到区专兼职督学对体系调整完善的指导。《指标体系》立足推进和检验学校可持续的内涵发展，应用它对学校办学水平的综合评估占有三分之一的权重。

（四）执行年度督导促学校发展的制度

区教育督导室坚持每年对学校开展办学水平综合督导评价。借助学校自评，引领学校对一年来各板块工作做出反思，对建设项目的实施做出改进和调整。区评价组的现场督导，有助于对学校发展项目实施的监控和指导。责任督学通过经常性督导，对责任学校三年规划及各年度项目推进情况实施监督。学校督导办公室建立对校规划实施的常态化检查、督促制度。多层次的监控，为学校发展规划的执行起到了时时导航的作用。

（五）实施三年一周期的发展性督导评估

区教育督导室对学校实施办学水平综合督导评估以三年为一个周期，评价工作每年举行。评价工作采用的两套评估工具在功能上各有选择,《学校办学水平综合督导评估基础性指标体系》(以下简称《指标体系》)重点关注学校办学方向的准确性、办学行为的法规性、学校治理的科学性、学生教师的发展性、办学效果的达成性等学校常态化、共性化工作的实施和结果,该《指标体系》的评价内容赋值200分。

学校自主编制的《指标体系》关注学校发展目标的追求与结果,重点在学校建设的发展性、项目实施的过程性、项目目标的达成性上,该《指标体系》内容赋值100分。评估工作的基本流程包括:确定评估对象;研读自查报告;电话随访家长;听取学校汇报;开展实地观察;开展师生问卷;访谈干部教师;查阅过程资料;反馈督导意见;形成督导报告。

根据评估组评定的分值,对学校按照优秀、良好、合格和不合格确定评估等级并向社会公示。每周期的前两年注重学校发展项目目标的年度实施过程,最后一年关注三年规划实施带来的发展成果。三年周期内,在两年过程性督导评估中,至少1年获"优秀"且最后一年终结性督导评估获"优秀"的学校,区教育委员会授予"办学水平优质学校"称号。

(六)反馈评估意见,公示评估结果

区教育督导室专家评估组在发展性督导评估过程中发现的问题及发展建议,均通过评估意见反馈会及时反馈学校,加强对学校达成规划发展目标的过程性调控。每一年对学校办学水平综合督导评估的结果均向社会公示,并将评估结果应用于教育主管部门对学校及校长的绩效考核中。

（七）学校品质发展展示评比

荣获"办学水平优质学校"称号的学校，可申请参加"品牌建设项目展评"，区教育督导室组织专家对申报学校的品牌建设项目实施及成果开展评比，选出"品牌建设优秀学校"和"品牌建设亮点学校"并赋予荣誉称号。获"品牌建设亮点学校"的学校，区教育委员会给予一定的发展经费作为奖励。

（八）优化新一轮发展性督导评价

三年评估周期后，需要对该周期评价方案的实施、评价工具的运用做出评价，在传承好的做法、改进工作问题基础上，结合全区教育发展的新要求，对新一轮学校办学水平综合督导评估工作做出调整或新的设计，力求更好地彰显评价对学校的导航引领、发展促进等功能。

二、实施效果

（一）逐步达成全区共识

巴南区近30年教育评价工作的探索实践及显著成效，让"教育督导成为推进区域教育发展不可缺少的力量"这一理念成为全区共识。

（二）助推区域教育优质均衡发展

为全区幼儿园、中小学内涵式品质化可持续发展明确了正确的定向，为各类学校自主发展搭建起平台，为学校文化构建及特色发展注入了活力，助推区域义务教育基本均衡向优质均衡发展，呈现出"宜学巴南、品质教育"的良好发展态势。

推动有温度、有广度的县域内评价改革

/重庆市石柱县教育委员会

近年来,重庆市石柱县根据教育部、重庆市教育委员会关于教育质量综合评价改革的文件精神,结合本县教育实际,优化评价体系,创新与规范并进,开展学生、教师和校长的全方位立体评价,并实施课堂教学、招生制度、体育艺术课程和课后服务配套改革,推动评价为学校发展和立德树人服务。

一、主要举措

(一)优化评价体系,创新规范发展

重庆市教育委员会多次召开专题会,研究制

定了《石柱县中小学教育质量综合评价改革实施方案》，在 2012 年、2013 年又分别完成了《学生综合素质评价细则》《中小学教师综合素质评价细则》《学校教育质量综合评价细则》。各评价细则内容既能充分体现国家、重庆市改革的基本要求，又符合少数民族地区教育发展的实际，做到了创新与规范的结合。2016 年，根据《重庆市教育委员会关于印发重庆市义务教育阶段学生综合素质评价方案的通知》，在原有基础上做了进一步修订和完善，最终形成了《石柱县学生综合素质评价方案（试行）》学生综合素质评定成绩。

（二）开展多元评价，助力健康成长

1. 开展学生综合素质评价改革

《学生综合素质评价细则》包括道德品质与公民素养、学习与创新、交流与合作、运动与健康、艺术与表现五大板块共 10 个方面的内容，注重思想品德、习惯养成、沟通协作与个性特长等。在评价方式上，采取多元评价；在评价程序上，制定"七步评价程序"法。

对评价结果的运用不断进行优化设计。2012—2014 年，初中学生综合素质评价结果以总分 10 分记入初升高成绩；2015 年，初中学生综合素质评价结果以总分 20 分记入初升高成绩（县域内两所改革试点学校综合素质评价分增加到 50 分），同等条件下综合素质优秀的学生优先录取；2016 年，全县范围内所有乡镇初中学校开始试行理化生实验 30 分计入中考总分，所有乡镇中学校综合素质评价 50 分计入中考总成绩（城区初中学校 20 分计入中考总成绩）。同年，按照《重庆市教育委员会关于印发重庆市义务教育阶段学生综合素质评价方案的通知》要求，对《石柱县学生综合素质评价方案》做了修订和完善。2017—2018 年，学生综合素质评定成绩，全县各中学以 50 分记入中考升学总分。2019 年，学生综合素质评价成绩以 10 分记入中考升学总分。报考重点中学的学生，综合素质评价等级要求"合格"（总分的 60%）及以上。在中考总分相同的情况下，综合素质得分高的优先录取。

2. 开展教师评价改革

对学生的评价不再以学习成绩为唯一标准，这引导广大教师转变了教育观念。石柱县制定了新的教师评价细则，包括教师素质、履职行为、教育教学绩效等 4 个板块 55 个方面。评价结果纳入教师的评优评先、评职晋级和年终奖励性绩效考核。2019 年，出台了《石柱县教职工师德师风量化考核评分表》，内容包括：政治坚定，依法执教；文明理性，爱岗敬业；关爱学生，尊重学生；勤奋学习，业务精通；团结协作，热爱集体；情操高尚，为人师表；志存高远，廉洁从教。

3. 开展学校和校长评价改革

学校评价和校长评价分别包含 10 个方面的内容，2014 年，我们进一步丰富和完善了校长的评价细则，把民调纳入对校长的考评中。民调总分 20 分，统计局民调占 12 分，教育委员会民调占 8 分。2018 年，结合教育实际对学校考评方案进行了修改和完善，制定了《石柱土家族自治县教育委员会关于印发〈石柱县中小学校考评细则（试行）〉的通知》。2019 年对校长的考核内容包括办学方向、依法治校、教育教学质量、德育工作、学校管理、师资建设、团结协作、遵纪守法、安全稳定等方面的实绩。评价结果将与校长的评优晋级、职务升迁、年终绩效等挂钩。

（三）实施配套改革，统筹协调推进

1. 深入开展课堂教学改革

一是自 2011 年起，启动了"读—思—练课堂导学模式"教学改革，全县 100 余所学校全员参与。经过五年来的推广实践，通过示范引领、片区推动、课改展示、优秀奖励、征文赛课等具体工作，极大地推动了县域教育教学改革工作的进展。

二是 2019 年，创新成立视导室，选出一批思想素质高、业务能力强、工作经验丰富的老同志，定期对全县各校开展办学方向、教育教学常规管理、校园安全等全方位、全覆盖视导，力推"五进"，即进校园、进课堂、进食堂、进厕所、进寝室；示范引领"五个一"，即备一节示范教案、上一堂示范课、出一套高水平试卷、搞一次试卷分析、写一篇教学案例；在全县教育系统打造"六个最"，即最整洁的环境、最安全的场所、最清爽的队伍、最靓丽的风景、最幸福的乐园、最向往的圣地。视导工作已作为一种常态化工作，对全县各校起到了督导和警醒作用，有力推动了全县各校相关工作扎实稳步推进。

三是 2020 年，为加强对课堂教学的管理，提高课堂教学质量，出台了《石柱土家族自治县教育委员会关于印发〈石柱县中小学教学常规管理实施细则（试行）〉的通知》。

2. 深化招生制度改革

在已有中考考试科目的基础上，增加了物理实验、化学实验、生物实验三科考查科目，三科各 10 分计入中考总分，学生综合素质评分由最初的 10 分增加到 50 分，计入中考总成绩，这也是一个探索尝试。2017 年，为改变石柱中学"一家独大"的局面，也为扶持其他高中学校，通过良性竞争推进学校发展，在高一招生时，石柱中学以外的其他高中学校第一批录取填有本校志愿的前100名学生。第一批录完后，石柱中学才开始招录。2019年，进一步加大第一批录取名额，由原来的100名增加到165名，其他几所高中学校良性竞争的生态逐步形成。

3. 开展体育艺术课程改革

试点学校开设了泥塑、管乐团、书法社、足球等22项校本课程辅导项目。学生不分年级实行"走班制"，自己选择参加这22项中的一个项目。在活动中，对学生参与情况进行过程考核。在推进足球发展的过程中，以"三种"为抓手着力提升足球教育水平：一是重培训，邀请阿根廷知名教练为全县教师授课"传经"；二是重交流，选派体育教师、足球教练、学生代表赴国外学习交流；三是重赛事，多次组队参加市级国家级校园足球赛事，通过参加比赛，提升学生的能力，多次在国家级、市级足球比赛中荣获佳绩。

4. 开展课后服务改革

2020年1月，县教育委员会、县发展和改革委员会、县财政局、县人力资源和社会保障局四部门联合下发了《石柱土家族自治县教育委员会石柱土家族自治县发展和改革委员会石柱土家族自治县财政局石柱土家族自治县人力资源和社会保障局关于印发〈石柱县全面推进中小学生课后服务工作的实施方案（试行）〉的通知》，文件明确提出：各校结合自身实际，按照"基础+特色"的思路，充分挖掘学校资源潜力，因地制宜设计课后服务项目，注重学生个体差异和兴趣培养，建构形式多样、内容丰富的课后服务内容。通过作业辅导、自主阅读、文体、科普、劳动体验、安全演练、公益讲座、法治宣传等课后服务指导活动，促进中小学生德智体美劳全面发展。

二、实施效果

（一）学生成长更自信、更自强，综合素质更高

通过在全县71所小学、20所初级中学、4所高级中学开展学生综合素质评价，学校课外活动更加丰富多彩。在评价方案的引导下，突出"以活动培养习惯，以扬长促进发展"的策略。学生在三个方面得到较大改观：一是养成了良好的生活学习习惯，生活自理能力增强；二是学生的公共行为和公民道德修养得到培养，发展了学生的健全人格；三是学生的特长得到发展，个性得到张扬。省市各级各类的体育和科创赛事上都有石柱学生的身影，并取得了傲人的佳绩，《人民日报》《中国教育报》《重庆日报》等新闻媒体对此都进行了专题报道。

（二）教师工作更敬业、更专业，教育质量更高

通过实践探索与改革试点检验，教师教书育人观念得到了改善，专业技能得到了提升，敬业精神更强，更注重学习探究，更加信任学生。2019年，在第35个教师节来临之际，县委、县政府在全县选拔"十佳校长""十佳教师""十佳班主任""优秀教师""优秀班主任""优秀教育工作者"，并予以通报表扬，全县校长、教师、

班主任共215名获表彰。"十佳教师"在全县开展了108场巡回演讲，先进事迹感染了全县广大教师和教育工作者，全县争当好老师的氛围越来越浓厚。

（三）校长管理更科学、更规范，学校发展更快

通过实施校长评价改革，校长的视野更宽，胸怀更广，格局更大，办学行为更加规范。学校管理水平得到了提升，学校内涵得到了发展，全县中小学围绕着"培养兴趣、展现特长、发展能力"的思路，呈现出"百花齐放，异彩纷呈"的良好态势，校园内更有生气、更有活力。围绕中小学生综合素质评价改革工作，石柱县先后举办了四期校长培训，多次开展教育科研人员、综合素质评价系统管理人员培训。

两年来，结集印刷《石柱教育》(综合素质评价改革专刊)一期，收录各校论文、案例、经验总结等200余篇；改革经验在全国性学术会议上交流2次；基于改革成果撰写的论文获重庆市第六届基础教育优秀著述评选一等奖，中国教育学会2016年学术论文三等奖。

推进中小学教育质量综合评价改革

/ 成都市教育局

作为全国中小学教育质量综合评价改革实验区，成都市从组织上重视，用制度做保障，汇聚多方专业力量，凝心聚力推进中小学教育质量的综合评价改革。

一、主要举措

（一）顶层设计，稳步实施

将中小学教育质量综合改革纳入全面深化改革领导小组文化教育卫生体制改革专项小组重点改革任务，市县两级教育行政部门成立评价改革工作领导小组，协同推进实验区的建设。制订下发方案及年度工作计划，采取分步实施、试点探索、系统推进的方式，稳妥有序地实施评价改革工作。

（二）技术支撑，专业引领

在教育科学研究院组建教育督导评估监测研究所，与中国教育学会签署《中小学教育质量综合评价改革实验合作框架协议》，就实验目标、合作内容、专业指导、技术服务等达成合作意向，为深入推进实验区的建设奠定了坚实的专业基础。市财政每年安排近300万元作为教育质量综合评价改革实验工作经费，委托第三方专业评价机构每年对全市中小学进行全面监测。

（三）多维监测，科学评价

通过第三方专业评价机构采用"学科学业水平测试+综合素质测试+背景问卷调查+学业负担调查"的教育质量综合评价模式，对全市中小学学生的学业发展水平、品德发展水平、身心发展水平、兴趣特长养成、学业负担状况和学习环境监测等进行全面监测。其中学业发展水平采用学科（小学阅读、数学、科学，初中语文、数学、英语）三年一轮的方式，开展动态监测和评价，增强学科监测的整体性、延续性和可比性；客观学习负担主要对"体育锻炼时间""睡眠时间""作业时间""考试排名""课时挤占"等方面进行分析；学习潜能主要从学生"言语推理""图形能力""数字推理"等能力进行测量。通过多维监测和评价，每年形成五年级、八年级的《中小学教育质量综合评价总报告》和学生《学业负担报告》《学习潜能测评报告》《学业评价报告》等分报告。报告注重对学校优势特色、努力程度和具体问题的反映，不对教育质量进行总体性的等级评价。

（四）强化运用，注重提升

在改革实验过程中，成都市建立了"诊断、改进、考核三结合"的评价结果运用机制，通过"监测评价、报告解读、改进提升、督促指导"循环往复的方式，将改进评价技术与创新评价机制并重，建立起了系统的评价结果运用机制。逐步让全市教育行政部门、教育督导部门、教育研究部门、中小学学校逐渐适应、了解、掌握和运用教育质量综合评价，充分发挥评价改革的导向作用和推进教育综合改革的关键作用。

一是强化诊断。专业评价机构形成的评价报告不计总分、不排名，只反映指标优势与不足，每年对评价报告进行专业解读和结果运用培训，提出改进建议，让学校找准方向和路径。

二是重在改进。市教育科学研究院派出专家针对问题进行指导，帮助教育行政部门和学校制订改进提升方案，引导学校建立质量内控机制，促进质量提升。

三是纳入督导。教育督导部门每年将中小学教育质量综合评价结果纳入全市教育现代化发展水平评价内容中，督促县（市、区）县教育行政部门和学校认真落实改进提升方案，提升学校整体品质。

二、实施效果

（一）初见成效收获社会肯定

在30个实验区中率先研制评价指标，率先形成评价报告，并将评价报告应用于地方和学校的改进提升。2016年10月，全国中小学教育质量综合评价改革实验工作现场交流会在成都召开，成都实验区工作得到与会领导和嘉宾的充分肯定。2018年5月，《中国教育报》在头版头条以"成都开展教育质量综合评价改革推动中小学教育现代化——素质教育'看得见''推得好'"为题进行宣传报道。

（二）逐渐树立科学的质量观

单纯以学科考试成绩衡量教育质量的现状正逐步改变，影响学生一生的核心素养如公民素养、创造能力、实践能力、情绪行为调控能力、交流沟通合作等社会情感技能正在被教育行政部门、学校和社会关注，素质教育的难题正在被破解。监测报告也显示：通过持续监测评价和改进提升，全市大多数学生在"行为习惯""公民素养""实践能力""创新意识""情绪行为调控"等指标上都有较大进步，学校在"体育课设置""学生体育锻炼时间""保障学生睡眠时间""严禁排名""严禁补课"等指标达标率高于全国均值。

（三）推进了专业评价队伍建设

成都市通过培训、研讨等形式，逐步培育了一支具有先进评价理念、掌握评价专业技术、专兼职相结合的评价队伍，数百人获得中国教育学会的"教育咨询师"认证，为深入推进教育质量综合评价改革奠定了坚实的基础。

以监测机制促评价改革

/ 成都市锦江区教育局

成都市锦江区以监测为手段改革评价机制，引导教育工作者、家长、学生和社会树立全面发展的质量观，持续实施全样本、多维度的教育质量综合监测，建立教育质量数据库，形成了均衡可监测、优质能评估的改革发展样态。

一、主要举措

（一）以"五个改"为抓手，破解教育评价"唯分数"

立足促进学生全面发展，锦江区构建起包含"学生发展质量""教师发展质量""学校管理质量""区域管理质量""家庭成长环境"5个一级指标、13个二级指标、32个三级指标的立体多维教育质量监测评价指标体系,探索以"五个改"破解"唯分数"的评价模式。

1. 改学业评价为全面发展评价

对学生品德发展、学业水平、情绪行为、体质健康、艺术素养等综合素质进行全面评价,使评价从单一走向多维。

2. 改学习结果评价为成长过程评价

在监测学生全面发展水平的同时,对学生的学习兴趣、学习方法、健康生活习惯、师生关系、家庭成长环境等成长要素进行同步监测,使评价从鉴别走向诊断。

3. 改群体评价为群体和个体同步评价

基于监测数据进行群体性统计评价,并对学生发展指标和发展环境进行个性化分析,使评价从模糊走向精准。

4. 改分散评价为系统评价

将学校管理、教师队伍建设、课程教学改革、学生发展、家校合作、教师教学方法与效率等进行综合监测,关联分析,使评价从"证明"走向改进。

5. 改内部评价为多元评价

参与监测评价的主体从学校干部教师扩大到学生、家长、社会人士以及街道和社区,使评价从封闭走向开放。

(二)以科学监测为手段,注重教育评价"循证据"

锦江区整合教育行政部门、教研机构、学校一线师资和专业机构力量,成立区级"教育质量监测中心",科学实施教育质量综合监测。

1. 搭建多元数据采集系统

建立健全监测评价工作制度，研制具有区域特色的监测工具，规范运行质量监测工作流程。将义务教育阶段最具发展代表性的四、五、七、八年级全体学生、家长和所在学校全体干部教师作为样本，采取纸质、电子化、现场实操相结合的方式实施监测，采集数据。

2. 合理设计监测周期

对"学业发展水平""品德发展水平""体质健康状况""情绪状况""问题行为""学习品质"等体现学生全面发展的核心指标实行每年度监测，全面掌握学生发展状态；对"学校管理""教师发展""师生关系""教与学效率""家校合作"等影响教育效果的关键指标实行 2～3 年周期性监测，持续指导学校发展。

3. 开展专项监测

针对家长、社会关注的"学业负担"等热点、难点问题开展专项监测，寻找问题症结，提出解决对策，并在次年再次监测追踪改进效果。

4. 积累形成教育质量数据库

每年采集的各类样本、各项监测指标的原始数据点保持在 1000 万条以上。目前已形成区域、学校、班级、教师、学生、家长等不同主体的原生数据和衍生数据上亿条，建成了标准化、高质量的数据库，通过标准参照和常模参照进行数据分析，实现年度数据横向可比较、纵向可追踪。

5. 定向发布监测报告

形成区域、学校、班级、教师和学生个体报告，分层发布，供各主体对照改进。

（三）以监测结果为支撑，确保科学的育人方向

锦江区以监测数据为依据，以问题为导向，对照差距添措施，科学发力，精准改进。

1. 数据推进学校发展

科学的质量监测克服了传统描述性评价的主观性、局限性，帮助学校找到发展着力点，优化管理，创新策略。各学校开展了"改善师生关系""课程方案设计""好课堂建设""住校生管理"等以校为本的研究和改进行动。

2. 突出重点补齐短板

针对监测中发现的整体性问题和基于数据预判的趋势性问题，以开展"项目落实年""队伍建设年"等主题年建设为抓手，一年一个主题，破解阶段性难点、热点和痛点。

3. 抓住关键培养队伍

针对监测中发现的部分校长管理能力不足和教师队伍中有知识老化倾向的问题，锦江区及时开展了"教育家孵化行动""校长论道行动""副校长强基行动""后备管理人才蓄能行动""名优教师增益行动""骨干教师扩量行动""新锐教师助跑行动""全员品位提升行动"八大人才培养行动。

4. 素养评价指导家教

《学生个体报告》强化学生品德、身心、创新思维等素养的评价权重，引导家长改变传统成才观，克服唯分数、唯升学观念，与学校互为联动，建立良好的学风和家风；同时在学校组建"家庭教育指导师"团队，指导家长有效开展家庭教育，促进学生全面而有个性的发展。

5. 创新督导优化考核

将监测反映出的问题设计成督导专题，实施专项督导和个性化督导，使督导工作更加精准。制定《锦江区学校教育质量评价办法》等 20 余项制度，并将学校改进情况纳入年度目标考核，促进学校主动、健康、创新发展。

二、实施效果

锦江区以评价改革的创新实践，坚定了"五育并举"的人才培养观，创新了发展策略，优化了学校管理，深化了课程教学改革，提升了队伍专业素养，促进了区域教育优质均衡发展，主要表现为以下几个方面。

（一）推动了学校内涵式发展

监测数据显示，至 2018 年年底，锦江区学校管理状况优秀率从 88.6% 上升到 95%，课程满意度从 89.5% 上升到 93.2%，课堂教学满意度从 75.8% 上升到 85.6%；市级以上示范学校、优质学校和特色学校合计占比小学为 89.3%、初中为 100%。

（二）促进了教师队伍的专业建设

评价方式的改变，促进了教师群体教育观念的快速更新和对新教学方法的主动适应，师生关系满意度从 78.61% 上升到 94%，省市区名师占比达到54%。2017年国家义务教育质量监测结果显示，锦江区各监测学科教师的"探究性教学"水平名列全国前茅。

（三）提升了学生全面发展水平

国家义务教育质量监测结果显示，锦江区小学生"国家认同度"指标达"较高级"的人数比例为100%，"学生行为规范"达"良好级"的人数比例分别达到98.3%（四年级）和97.5%（八年级），"中华优秀文化""国情常识""国际视野""法律素养""创新意识"等指标的监测结果普遍优于全省和全国平均水平；"科学学业"水平处于中等及以上的学生比例分别高于全省和全国平均数的20(四年级)和14（八年级）个百分点。锦江区自主监测数据显示，学生"生活满意度""幸福感"平均分明显提升，"孤独感""学生攻击行为""校园被欺负""网络成瘾倾向"得分逐步下降。

基于大数据的中学新型学业质量测评

/ 昆明市官渡区教师进修学校

自 2016 年 9 月开始，云南省昆明市官渡区以中学学业质量阶段性学科测评后分析、诊断和评价为突破口，对影响学业质量的相关因素进行初步探索，采用 SWOT 分析法进行学业质量结果呈现，力争让评价产生效益，并通过科学评价促进全区整体质量的发展。

一、主要举措

2016 年官渡区中高考质量监测小组正式启动，组长成员除教育局相关行政人员外，主要是初高中学业质量考试专家组成员，通过官渡区初中学业水平考试"一模""二模"和云南省、昆明市教育科学研究院提供的高三毕业班模拟测试,借助计算机网络采集数据进行SWOT分析,针对全区中学学业质量现状,质量监测领导小组采用"行政+专业"的推进方式,使SWOT分析法在全区各中学各年级特别是毕业班复习教学质量评价中推广使用,取得了良好效益。

（一）科学研制学科命题蓝图

科学研制学科命题蓝图是学业质量评价SWOT分析呈现的内部保障。官渡区中学区级学科阶段性检测试题命制的基本流程为以下两步。

第一，依据检测目的确定试题整体难度、信度和区分度，要求初中阶段性学科检测确定的试题难度系数为0.65~0.70，高中学科检测试题难度系数0.55~0.6，试题信度0.85以上。

第二，依据各学科课程标准对各阶段的不同要求，结合教材制定学科整体命题蓝图框架，要求至少呈现内容领域、知识要点、能力要求，要求各领域表现（含权重）尽可能做到和课程标准要求一致。

（二）编制教与学相关性问卷

编制教与学相关性问卷是学业质量评价SWOT分析呈现的外部基础。除通过命题蓝图对学科测试内部进行"定位、分析"外，学校管理、校园文化、师生关系、课堂教学行为与理念、学校教学资源支持等也是影响学业质量的重要外部因素。长期以来，在教育教学管理中，外部环境和条件很难与学业质量评价之间建立紧密联系。为更加全面、多视角分析判断学业质量的影响因素，在每次阶段性检测前，编制相关性因素问卷，通过网络组织全体学生进行问卷调查，采集影响学业质量的外部影响数据，进行相关性分析，进而探寻影响学业质量的外部因素。例如，官渡区2018年12月初三年级的相关因素问卷，该问卷主要采集的师生关系、生生关系、校长领导力、学校资源供给、学校班级文化、课堂教学行为、课后作业等因素，通过相关性分析判断哪些因素与学生学业成绩之间密切相关，哪些因素是促进学校学业成绩整体提升的，哪些是学校引起警示需要及时改进和调整的。采用星级评价和增量评价的思想，利用SWOT分析，对学生、班级、学校进行分类评价。

（三）分类处理数据

分类处理数据和相关性是学业质量评价SWOT分析科学价值的体现。学科质量检测完成后，利用网络阅卷，及时准确获取学校、班级和学生个体学科检测成绩和各维度得分情况；对学生问卷情况和学生学业情况进行相关性分析，寻找同类学校、学校内部不同班级学业质量产生差异的主要原因，利用SWOT模型进行质量诊断反馈：从内部分析学科学业内容、能力等领域的质量差异。

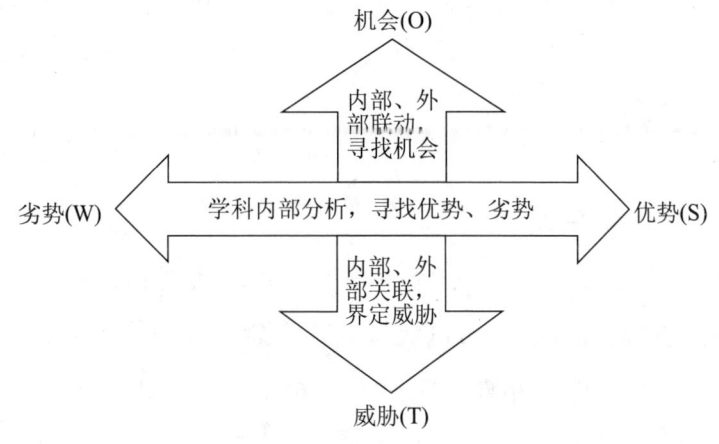

图1　学业质量评价SWOT分析模型

官渡区中学按照级别和生源情况分为四种不同类别（初中分别为有生源选择权的民办学校、公办一级完中、公办二级完中和独立初中、无生源选择权的民办学校四类），形成了基于相关因素、分类、命题蓝图的 FDEM 质量评价模式（其中 F.D.E.M 分别为 Factor、Dimension、Model 和 Evaluate 的第一个字母）。

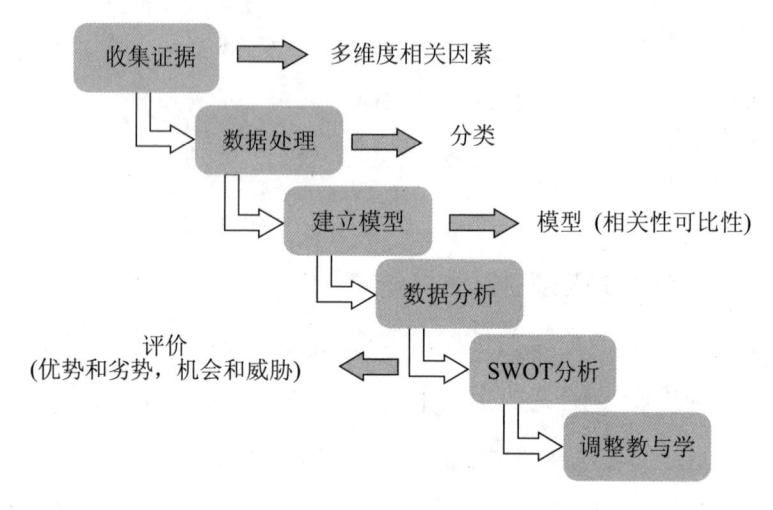

图 2　PDEM 质量评价模式

二、实施效果

（一）区域层面

设计了一系列影响学业质量相关因素的调查问卷；研制了区级测评试题的命题蓝图。通过区级层面基于命题蓝图的质量分析活动，体现分级分类思想，并且以案例形式对全区质量进行评价，为学校质量分析提供借鉴。

(二)学校层面

通过实施 SWOT 分析法,官渡区的学校和教师在教与学的过程中能客观分析教育中的优势和劣势,扬长避短,在困难中寻找突破的机会,不断修正和改进教与学的方式,促进学校的蓬勃发展。

(三)学科层面

初步构建符合学科特点的质量分析模型,减少了质量分析活动的难度及随意性。

多举措创新集团化办学成效考核评价

/ 宁夏回族自治区银川市金凤区

集团化办学成效的评价需要用更加综合的办法，宁夏回族自治区银川市金凤区多举措创新集团化办学成效考核评价，内外联动深化集团化办学体制改革。

一、主要举措

（一）开展目标导向的集团办学成效考核评价

1. 建立以推进集团化办学整体发展水平的综合评价

出台《金凤区教育集团化办学工作考核评

价办法》《2019年金凤区教育集团化办学考核细则》，从办学思想、组织建设、制度建设、资源共享、教师发展、教研活动、学生发展、特色建设、办学成果九个方面对集团化办学成效进行综合性考核。

2. 建立以深化集团化办学的校际交流为目标的专项评价

建立科研培训联动评价制度，要求教育集团校际之间每学期各学科应开展一定次数的集体备课、教科研活动和面向学生的各类协作活动，交流先进教育理念、教学方式和教研方法，提升教师的业务能力。集团组织安排每学期到各校区完成调研、指导、送教等任务。借助智慧课堂、网络教研等线上、线下活动，推动集团校与校、总校与分校、师师、师生互动，以互动频次的量化评价激发校区间的竞争活力。

3. 建立以提升集团化办学活力为目标的项目评价

将"互联网＋教育"、校长"得意之作"、创新素养教育、青少年实践基地、安全示范校等专项活动的开展评价与集团校内分校在统测中的教学成绩，分校教师、学生在教育部门批准的各类各级竞赛中取得的名次等纳入集团化办学评价体系中，对集团校的办学水平进行专项考评，以项目评价激发集团校发展的内生动力，推动集团化办学活力。

4. 建立以促进集团分校提升进位为目标的发展性评价

建立评价基准，每年对集团内部管理机制、队伍建设、质量提升、品牌塑造等方面的工作进行量化考核，以评价基准为标准，看集团分校的发展进位，量化集团分校的发展路径，为集团校发展指明方向。

5. 建立以集团校特色发展为目标的个性化评价

指导、推动集团总校与分校特色发展与品牌建设，评价体系着眼于学校发展和师生成长，在创新上求发展，在特色上做文章，对集团校在自主发展过程中形成的特色项目，及时予以培育和肯定，对集团校在特色教育方面取得的成绩给予更多的拓展空间，打造了一批特色学校和特色项目。

（二）内部评价与第三方评价相结合促进集团化办学体制改革向纵深发展

建立教育集团化办学督导评估制度，每学年对辖区内的教育集团进行考核，考核结果既作为对集团总校长奖励的依据，又纳入对学校教育工作年终考核和校长、教师年终绩效的考核。同时，为精准把脉，聘请第三方评价机构对集团总校和成员学校在学校管理、教师培养、教育质量等多方面进行全方位"捆绑式"一体化联动考核，形成阶段性评估考核报告，召开反馈会，让集团"明心"、在纵横对比中知道自己的发展优势和不足，从而改进工作方法提升工作质量。内部评价与社会第三方评价考核的结果将作为对教育集团的奖励依据进行奖励。

（三）以校长基金为杠杆撬动评价结果的运用

实行集团总校基金，按学校数量和学校规模核拨集团总校校长基金，执行校学生在 2000 人以上的按每校 14 万元核拨，学生在 1000～2000 人的按每校 12 万元核拨，学生在 1000 人以下的按每校 8 万元核拨。2019 年核拨校长基金 300 余万元，集团总校校长由教育局考核，教育集团考核等次为一等奖的按照校长基金总数的 10% 发放奖励绩效，二等奖的按照校长基金总数的 6% 发放奖励绩效。除集团总校校长奖励外，剩余基金的 50% 用于集团优质课等教育教学活动的奖励以及其他活动的经费支出；剩余基金的 50% 用于奖励集团执行校长、副校长、中层领导、教师，年终（或学年末）依据考核结果兑现奖励，集团考核等次为一等奖的全额发放，二等奖的按 60% 发放，二等奖以下的校长基金不得用于个人奖励，总校校长、执行校长执行原金凤区中小学校长绩效标准。

二、实施效果

（一）推进了管理升级

依托总校管理模式，建立完善的人事、财务、资产、采购、基建、维修等管理制度，根据各成员学校教育教学的设备情况，实现资源共享。重点强化教学规范化管理，明确"检查—督促—整改"三位一体式督查流程，严把教学各个环节，从规范入手、向管理要质量，"五有三同步一统一"（有组织领导、有计划、有工作行事历、有实施方案、有检查监督；计划同步、培训同步、活动同步；统一备课）的集团化办学模式已广泛形成。

（二）促进了教师成长

结合《金凤区中小学校长教师轮岗交流实施办法》，针对师资薄弱的校区开展教师交流，委派总校副校长到分校担任执行校长，选派各级骨干教师、名师充实弱校师资，逐渐缩小校级间的差距，达到优质教育资源均等化。探索"集团教师梯队培养计划",借助名师工作室,有针对性地制定集团本部学校对分校的精准帮扶方案,为广大教师尤其是青年教师建立了详细的成长档案,有效促进了教师专业化成长。2019年,金凤区在全国"一师一优课、一课一名师"活动中,部级优课数、部级优课数与教师数的占比均位居全区第一。在银川市"推变"活动中,取得教学成果73项,其中一等奖33项,占45.2%。

(三)推动了教研融合

组织开展集团党员冬季轮训,扎实做好集团学校间集体备课、送课、送教等大调研活动。借助智慧课堂、在线互动课堂、网络教研等线上、线下活动,实现异地同课异构,促进学校之间、教师之间优势互补、共同提高。邀请各分校参与总校课题研究,将分校业务骨干纳入课题研究团队,以课题引领教学,推进教研资源共享。此外,通过开展多种形式的展示、评比活动,激发校区间的竞争活力。

(四)推进了学生发展

以活动为载体,组织开展集团内诗词大会、研学旅行、科技节、足球联赛等,满足学生个性发展的需要,推动学生融合。

(五)激励了特色引领

注重优质学校文化在集团内部的培植和发展,将文化建设融入特色学校、青少年实践基地、安全示范校创建及德育、文体、创新实践等学校各类教育教学活动中，着力打造自己的品牌。开展集团校内项目联手互建，在金凤区"一校一品"格局的基础上，推动金凤教育百花齐放。金凤区第十一小学教育集团将课堂、第二课堂和课外相结合，制定《"1+X"创新素养培育方案》，将研发开设的电子百拼、创意编程等六大类26种选修课纳入教学课程；金凤区第五小学教育集团发挥分校全国少年足球特色学校优势，把足球文化融入校园文化；金凤区第一回民小学教育集团把促进学生的全面发展向课后延伸，传统剪纸课被教育部授予"全国第二批非物质文化传承项目学校"；金凤区第二十二小学、光彩小学打造乡村少年宫，推动农村学生德智体美劳全面发展。

第三部分
教师评价改革

中小学校篇

开展"两点、三层、四主体"教师评价

/ 河北省石家庄市神兴小学教育集团

河北省石家庄市神兴小学教育集团是一个年轻且朝气蓬勃的集体。集团管理团队本着"一荣俱荣,一损俱损"的高度责任感,践行"两点、三层、四主体"评价,在改革教师评价方面做出了具有神兴特色的尝试和探索。

一、主要举措

（一）"两点"：坚持师德评价与师能评价相结合

正确的道德评价能够引领教师道德修养的指向，帮助教师养成良好的行为习惯，提高教师工作和学习的积极性。因此，神兴小学教育集团在教师评价中坚持"两点"，即师德评价与师能评价相结合。具体表现为，既重视教师的业务水平，又重视教师的思想道德修养；既重视教师的工作业绩，又重视教师的工作过程。特别注重考查教师在教学过程中是否落实素质教育、是否体现集团的办学特色、是否有利于促进学生的全面发展和终身发展等。

（二）"三层"：定性评价、定量评价与过程性评价

1. 定性评价

集团将教师按照工作岗位分成若干个教研组，每个教研组由一名教研组长牵头，按照教师的日常工作表现对其进行等级评定。每学年末，根据教师团队表现，学校会评出"创意团队""智慧团队""奋进团队"，并颁发奖杯。

2. 定量评价

集团在按照《河北省义务教育阶段教师教学评估标准》对教师进行评估的基础上，还对教师实行量化管理制度。教师代表大会经多次讨论制定了《神兴小学教育集团教师量化管理制度》，从德、勤、能、绩等方面让教师所有的工作都以量化形式呈现，考核的标准经过全体教师的认可。学校以制度保证管理的公正和公平，激发教师的工作热情。不过，定量评价对教师的影响仅仅是一个方面的，

团结、务实、无私、友爱的领导班子对教师的影响才是一种文化的力量，这种力量远远大于定量评价。

3. 过程性评价

集团注重对教师的过程性评价，通过对学生的每日课堂常规检查、早午读状态检查、作业检查和对教师的教案检查和"两笔字"检查，记录每日检查结果，并在每周的教师大会上进行问题反馈。针对学校教师队伍年轻化的特点，学校要求教师利用相关软件进行读书打卡、运动打卡、反思打卡，从而调动青年教师的学习积极性。此外，学校还侧重对教师科研素质的评价考核，奖励逐渐向教师的科研绩效倾斜，为教师提供聚力学校发展和谋求个人发展的契机，大大提高了教师学习的主动性和工作的创造性。

（三）"四主体"

集团通过学生评价、家长评价、教师自我评价、考核组评价四个主体，对教师进行科学性和实效性的评价，以便使教师获得全面、客观、公正的评价。

1. 学生评价

每学期，向学生发放不记名教师评价调查问卷，引导学生从教师的工作态度、授课思路、授课重难点、布置的作业量、批改作业的情况，以及学生对知识的掌握程度等方面对教师进行评价。此外，每个学期还开展"让我悄悄地告诉你"和"大声说出我爱你"的主题书信交流活动，鼓励学生以书信形式进言献策。学生通过给自己的老师写一封信，在信中抒发真情实感，表达自己对老师的建议，拉近师生关系，使教师评价更为真实、有效。

2. 家长评价

学生家长主要从教师的师德修养、家访情况、课堂教学效果、作业批改情况以及学生的习惯养成情况对教师进行全方位、多角度的综合性评价。集团在网络平台上开辟了"小小留言板",为家长及时反馈意见、提出合理化建议、表达诉求提供了安全、公开的机会,为教师的教育教学提供了参考。学生家长评议教师的活动,有利于集团及时发现典型、表彰先进,有利于教师提高责任意识、创新意识和质量意识,有利于融洽教师和学生家长的关系,从而提高学生家长对教师和学校工作的满意度。

3. 教师自我评价

教师使用《教师规范自评量表》进行自评,运用反思记录、阶段性工作总结、教学案例分析、教师成长记录袋等进行自我反思。通过反思和问题诊断分析,教师可以自觉认识到自己的优势与不足,确定自我发展目标,实现可持续性发展。

4. 考核组评价

每学期,由教育、教学、后勤三方形成考核小组,通过进行日常观察、常规检查记录,参加教师的教学研讨、说课、听评课、年终述职等活动,查阅教师的成长记录等交流方式,以年级组为单位,基于日常证据,用发展的眼光对教师进行评价。关注教师个性差异和工作特点,体现人文关怀,注重发现教师的闪光点和进步之处,帮助教师树立自信心,实现自我发展。

集团通过以上"四主体",将评价结果记入教师年度考核量化表,作为教师年度师德考核、评优评先的重要依据。

二、实施效果

（一）积累了发展性评价的经验

教育集团在教师评价改革中，本着"科学设计、立体激励"的发展性原则，很好地践行了将人文质性评价与公平公正的量化机制有机结合的评价理念，实现了促进教师全面发展的最终目的。通过对教师工作状况、工作水平、工作态度等进行客观、综合评定，集团帮助教师认识自我、发展自我、超越自我，探索了使评价过程成为教师主动发展过程的宝贵经验。

（二）打造了团结向上的教师队伍

教育集团在评价实践中，拒绝"一把尺子"，拒绝"一刀切"，拒绝一个维度，拒绝一种声音，以评价为教育发展的"火种"，打造了一支热爱教育事业、乐于奉献、具有健康心态和团队精神的教师队伍，使教师对待工作积极向上、充满激情、勇于创新。

狠抓"五突出",深化中小学教师职称改革

/ 江苏省教育厅

2019年以来,江苏省狠抓"五突出",深化全省中小学教师职称改革,成为构建优秀人才长期从教、优秀教师留乡从教的长效机制,加强了教师队伍建设的关键一环。

一、主要举措

(一)突出立德树人,强化育人职责

坚持师德"一票否决",把师德作为中小学教师职称评审工作的第一标准;对申报职称特别是申报高级职称的教师,在同等情况下,优先考虑长期担任班主任工作的教师,将班主任工作的业绩成果作为职称评审的重要参考。

（二）突出教学能力，坚决破除"五唯"

以教学能力为先，以破"五唯"为导向，改进结果评价，强化过程评价，探索增值评价，健全综合评价。明确从 2020 年起，将教师结对帮扶若干学习困难学生、促进其转化提升的情况，纳入教师教学能力考核的重要内容。

（三）突出基层实际，取消条条框框

取消专业学科限制，不再要求所学专业、教师资格证学科和所教学科一致；调整年限计算方法，取消中小学教师获得规定学历后重新计算职称任职年限（资历）要求；放宽成果期限，申报人员业绩成果、论文等的截止时间从上年年底改为当年申报材料受理截止日期；鼓励各地单独建立幼儿园教师、特殊教育教师、乡村教师等职称评审组，开展分类评审。

（四）突出倾斜乡村，鼓励扎根乡村

乡村指标单独设定，明确乡村教师推荐人数不得少于中小学正高级教师推荐人数的 10%，在乡村中小学任教满 30 年可不受指标限制；提高乡村工作年限的考核权重，符合条件的教师所提供的研究报告、教学教法经验总结等可作为职称申报的重要依据和参考。鼓励扎根乡村，优先推荐做出突出贡献的乡村教师。

（五）突出激励机制，完善制度建设

计划在未来 3 年内中小学正高级教师指标年均增幅 15%；幼儿园正副园长不计入行政领导范围，达到同学科教师规定教学工作量的中小学副校长可按教师身份申报；对积极参与省、市教育行政部门工作，做出实质性贡献的，经认定可作为职称申报的重要依据。

二、实施效果

（一）受到广大基层教师认可

2019年职称制度改革确立了突出立德树人、突出教学能力、突出基层实际、突出倾斜乡村、突出激励机制的"五突出"举措，遵循了乡村教师成长规律和基层教育工作实际，建立了符合一线教师特点的人才评价机制，充分体现了培养教育家型教师和向乡村教师倾斜的政策导向。这样的改革举措被基层称为最受欢迎的中小学职称改革政策。

（二）激励了优秀教师留乡从教

2019年，全省乡村教师正高级职称评审通过52人，其中，满30年不占指标的人员申报材料22份，评审通过18份，极大地引导和激励了更多优秀教师在乡村从教。

开展师德为先、业绩为重、学术为荣的教师评价

/ 浙江省宁波中学

2016年以来,浙江省宁波中学从推进师德为先、业绩为重、学术为荣的教师评价入手,构建了"学术治校、学术自由"的学校治理生态和教师成长文化。

一、主要举措

(一)培育师德为先、业绩为重、学术为荣的教师评价文化

通过学术权力主导下的治理方式变革,打造师德为先、业绩为重、学术为荣的教师评价文

化，在校务会议、行政会议、教师会议、教师活动等各个层面广泛宣传、正面引导，以评价文化促进教师专业发展，引领教师做学者型教师，打破唯文凭、唯资历、唯帽子、论资排辈等不利于学校和教师发展的顽瘴痼疾。

（二）构建基于教师专业发展的校本研修评价指标

通过校本研究，促进教师专业发展。在生态校本研修中，学校根据不同教师群体的发展层次，结合岗位情况，将教师队伍划分为0～3年教师、3～10年教师、"高级后"教师、班主任教师、学校管理人员等教师群体，并从这些教师群体出发，构建符合其发展水平的研修内容和方式，开展0～3年教师学术养成研修、3～10年教师学术发展研修、"高级后"教师学术引领研修、班主任教师和管理人员的"两翼"研修等体系化的校本研修活动，并在这些校本研修活动中有针对性地提出研修评价指标，以评价促进教师的专业发展。

（三）设立专门的教师评价机构和评价办法

建立学术委员会，将其作为专门的教师评价机构。学术委员会主要在校内职称评选、学科骨干教师和教坛新秀中推选，并在各级各类教师荣誉评审活动中发挥专业作用。为保证学术委员会不被行政权力所左右，确保教师专业发展评价在一定程度上的自主和专业，学术委员会由各个学科的特级教师、名师和学科骨干教师组成，同时保证学科教师的分布较为均衡。校长作为学术委员会的一员，也只能行使一票的评审权。同时，学校制定了公开、公平、有效的教师评价办法，对评价程序进行明确规定，其中主要包括评价的基本原则、参评条件、评价项目、评议程序等内容，以保证教师评价的公开、公平、有效。

（四）开展师德、业绩和学术导向的职称评定、评优、评先

学校依托学术委员会，建立师德为先、业绩为重、学术为荣的教师职称评定、评优、评先指标，具体包括综合性荣誉、学术性荣誉、教学（技能）获奖情况、工作量、学生指导情况、示范辐射作用、教科研成果、教育教学改革成果、论文论著成果、课程建设成果等，突出教师评优、评先的业绩因素和学术导向。在2019年职称评定中，经评审出线的教师或者是卓越工程博士培养人选，或者是教坛新秀一等奖获得者，或者是学科竞赛国家金牌教练。这些被推荐的教师工作资历只有十年左右，如果只凭资历，那么他们很可能首先被"淘汰"。

（五）建立行之有效的教师进退机制

在教师招聘过程中，摒弃只看毕业学校排名、盲目追求高学历的简单评价方法，把师德为先、业绩为重、学术为荣的价值认同作为招聘先决条件，把教师专业潜质作为录用考察评价重点，为学校教师队伍建设打下了基础。在招聘编制使用方面，学校腾出了为数不多的空编，用于招聘建设学术高中必需的学科竞赛教练。利用学校承办的兴宁中学的制度优势，高薪聘请在学术方面能起到较大带头作用的特级教师、名师来校执教。同时，学校也制定和实施了教师退出机制，震慑和纠正师德师风不正、教师专业发展弱、工作绩效差等不良思想和行为倾向，保持通畅的"进、管、出"的人事管

道，以净化教师队伍。

二、实施效果

（一）形成了良好的学术氛围

自开展以师德为先、业绩为重、学术为荣的教师评价以来，学校逐渐形成了教师乐于教学、愿意在学术上下功夫的良好氛围。学校关于创建学术高中的事迹（涉及以师德为先、业绩为重、学术为荣的教师评价）被刊登在《人民教育》《中国教育报》等报刊上，并被不少新闻媒体报道。

（二）提升了教师专业素质

近年来，学校涌现了一大批业务能力突出、科研能力较强的教师。目前，学校有正高级教师、省特级教师、国际和全国金牌教练共12人；省教坛新秀、省优质课一等奖获得者、市学科名师、骨干教师、教坛新秀共57人；在读博士2人，学历提高至硕士学历者10余人。学校中设有竞赛中心，以及以教师命名的创新研究室等。教师连续5批次进入高校进行学习，教研素养不断提升。教师年平均核心期刊发表论文91篇，年平均出版专著8部。

（三）提高了教育教学质量

教师评价改革为学校建设学术高中，提高教育教学质量奠定了良好的师资基础，学校教学质量始终保持在较高水平上。学校与高校联合开设了创新课程，为清华大学、北京大学、复旦大学、浙江大学等国内外知名高校输送了大量人才。近3年来，理科竞赛团队获得国家级、省级奖项逾200人次；文科竞赛团队获得国家级、省级奖项逾300人次；3名学生被北京大学录取，其中，2019届学生刘元凯获全国数学奥林匹克决赛金牌并入选国家集训队，被北京大学提前录取。

（四）扩大了学校影响力

学校承办了学术高中的实践探索与未来发展研讨会、全国基础教育课程教学改革研讨会、全国高中语文新课标必修任务群教学研讨会等大型教育学术活动。学校被评选为教育部中学校长培训实践基地、教育部小学校长培训实践基地、长三角名师名校长培训基地、教育部名校长培养基地、教育部中小学校长培训实践基地、中国西部教育顾问单位、全国基础教育课程改革试点校、长三角中小学名师名校长实践培训基地、浙江省首批一级普通高中特色示范学校、浙江省教育科学研究先进单位、浙江省"三育人先进集体"、浙江省"百年名校100强"等，吸引了国内外大批学校来校考察学习。

教师职称自主评聘改革的"浙江模式"

/ 浙江省教育厅

2018年以来,浙江省探索建立了分类评价、分级管理、学校自主评聘和政府宏观监督管理的中小学教师评价体系,推动了中小学教师职称评审与岗位管理、竞聘上岗、聘期考核和绩效分配等人事改革的深度融合,打破了聘任终身制,进一步调动和激发了中小学教师的积极性和创造性。

一、主要举措

(一)完善顶层设计,解决"凭什么"问题

2020年,浙江省教育厅办公室、浙江省人力资源和社会保障厅办公室联合印发了《浙江省中小学教师职称自主评聘改革试点方案（试行）》，明确了改革环节的要求和做法。各地教育和人社部门根据省文件精神，结合实际制定了本地区改革配套文件，准确解读改革重点，确保改革方向正确。绍兴市编印了《试点学校开展自主评聘工作主要流程》，组织县（市、区）教育局和试点学校培训会。温州市出台了《温州市中小学教师职称评价指导标准（试行）》。湖州市印发了《湖州市中小学校教师中、高级职称评审量化评分办法》和《湖州市中小学校教育管理（实验）中、高级职称评审量化评分办法》。金华市出台了《金华市中小学教师职称评价条件（试行）》。衢州市坚持问题导向，及时召开了专题会解读改革要点。

（二）坚持正确改革导向，解决"为什么"问题

坚持公平公正公开、突出教学中心地位等原则，确保改革方向不走偏。各地教育和人社部门合力通过组织政策培训会、各个层面的座谈会，以及书面征求意见等多种方式，听取意见、宣传政策，让广大教师理解、认可并主动参与改革，获得了普遍认可。各试点学校在教育和人社部门的指导下制订实施方案，并经教师代表大会表决通过。

（三）明确科学评价标准，解决"评什么"问题

各试点学校制定的标准中，既有共性的内容，如坚持把思想政治放在首位、把师德师风作为第一标准、突出教书育人评价导向等内容；也有结合学校实际的个性化标准，如有的注重教育教学实绩，有的注重综合贡献，有的则突出班主任任职年限，职业学校侧

重专业建设、产教融合、竞赛指导,部分党组织领导下的校长负责制的试点学校,在评价中融入"党建+"的红色元素,出台了党支部量化考核标准、党员先锋指数考核标准等,注重党员教师的成长与贡献。

(四)强化评审主体多元化,解决"谁来评"问题

在改革中,坚持让"管得着、看得见"的学校成为自主评聘的主体。各试点学校成立了教师职称自主评聘组织机构,吸收学校、专家、同事多元主体共同参与评价。一是学校评。将日常教学行为考核结果较好地融入职称评审中,在评审过程中注重教师在校承担的责任和业绩大小、表现优劣。注重发挥基层党组织的作用,对党员教师思想政治方面表现的考核必须征求党支部意见。二是专家评。学校建立以本校专家为主的专家库,充分发挥本校专家熟悉本校评审对象的优势,使评聘结果更加科学。三是同事评。在师德考核等环节中广泛听取意见,确保考准、考实。

(五)深入推进"放管服",解决评聘"怎么管"问题

在充分放权,让学校自主评审、自主评价、按岗聘任的同时,注重加强指导、监管。一是科学设置岗位结构比例。2019年,《关于进一步完善中小学校专业技术岗位设置管理的通知》指出,适当提高中小学校副高级专业技术岗位结构比例控制标准,普通高中和中等职业学校不高于42%、初中不高于35%、小学不高于15%、幼儿园不高于10%,有效缓解了各级各类学校副高级岗位不足的压力。二是放权与监管相结合。主管部门管好岗位总量核定、评聘的底线

标准、基本流程的设置，对于具体的个性指标、专家的组成结构、考核的方式方法等不做统一要求。主管部门对评审流程、评审结果加强监管并做好督查反馈。三是改革配套更加全面。将职称自主评聘与教师录用权、岗位设置权、岗位聘用权、绩效考核权相结合，推动职评与岗位管理、竞聘上岗、聘期考核和绩效分配等人事改革的深度融合，形成相互适应、有效衔接的教师队伍建设保障体系。

二、实施效果

2019年，列入改革试点的学校均获得高级教师自主评聘权，全部完成了改革任务，共评聘高级教师433名。有96所学校获得一级教师自主评聘权，全部完成了改革任务，评聘一级教师514名。除省里确定的改革试点学校之外，各地积极开展一级教师自主评聘改革，共有406所学校获得一级教师自主评聘改革授权，其中宁波市151所、温州市145所、嘉兴市30所、台州市61所、丽水市19所。

（一）评聘过程更加规范

各地教育与人力资源和社会保障部门密切配合，对改革试点学校进行全过程指导，规范自主评聘流程，审核完善学校的改革方案。试点学校坚持公开、公平、公正的原则，广泛征求教师意见，逐步形成了学校公布评聘方案及计划、教师个人申请、学校资格审核、专家委员会评聘、结果公示和报备等规范的自主评聘流程，认可度比较高。杭州市对 3 所改革学校从改革方案制订到最后自主评聘的全过程进行了指导。嘉兴市派人对试点学校进行现场指导。金华市派人参加了纳入改革的 18 所试点学校的评聘过程。

（二）评聘导向更加鲜明

试点学校坚持正确的用人导向，学校制定的自主评聘条件更加符合学校实际，激励作用更加明显。更加突出班主任在教书育人方面的重要作用，杭州第二中学、宁波效实中学和绍兴市上虞区滨江小学等学校，对在班主任岗位工作满 15 年且仍在班主任岗位的教师，在评聘中给予倾斜，引导更多的优秀教师坚守班主任岗位。更加突出对教师的综合评价和过程评价，淡化论文、课题、学历、资历，衢州市实验学校坚持"以人为先，教学为重，科研为辅"原则，在自主评聘中重点评价教育教学水平、学生管理能力和业绩，慈溪中学、桐乡高级中学、台州中学、丽水第二高级中学等学校细化教育教学评聘指标，充分发挥"指挥棒"作用，引导教师更加突出教学实绩。遂昌民族中学把音乐、体育、美术、劳动、信息技术、心理健康等学科教师辅导学生参加社团、社会实践和心理健康咨询等纳入评价范围，引导教师更加关注学生的全面发展。

（三）评聘过程更加精简高效

已有 89 个试点学校依托全国教师管理信息系统实现职称在线申报。符合条件的教师登录系统后，职称评审表格实现"一键生成"，教师个人负责核对信息是否准确，填写相关个人总结后，即可自行打印带有防伪标识的申报表。对于系统中已经审核过的身份证、学历（学位）证、教师资格证、普通话等级证、现聘职称、教学业绩、班主任年限、培训学分、荣誉称号等信息，不再要求教师提供原件、复印件以及佐证材料，大大减少了教师提供材料的数量，减轻了教师的非教学负担。2019年12月，在教育部召开的新闻发布会上，浙江省教育厅作为省级教育行政部门代表向全国介绍了浙江做法。

突出工作实绩，做好岗位职责考评

/ 山东省潍坊市潍坊第一中学

为积极应对新高考改革，激发学校内部活力，经过三年、三次教师代表大会的讨论修订，山东省潍坊第一中学初步建立了新形势下的校内岗位职责考评机制，较好地调动了一线教职工的工作积极性，推动了学校新高考改革的顺利推进。

一、主要举措

（一）明确考评原则

坚持团队评价和个人评价相结合，突出团队评价；坚持发展性评价，突出工作实绩；坚持全面评价，突出师德表现。

（二）制定教职员工考评指标

教职员工考评指标分为两个系列，即教师系列、职员系列。

1. 教师系列

考评项目：教学质量（60分）、团队合作与师德表现（20分）、教学常规（20分）。

教学质量考评办法（60分）分三部分：教研组教学质量在教师教学质量考评中所占权重为50%；个人教学班教学质量在教师教学质量考评中所占权重为30%；师生学习质量在教师教学质量考评中所占权重为20%。

团队合作与师德表现考评办法（20分）包括两部分：团队合作考评办法（10分），由学部委员会评议，主要指标为个人参与学部工作、学科工作、项目团队工作、班级工作等情况；师德表现考评办法（10分），教师无违反《潍坊市中小学教师师德投诉内容30条》即可得满分，违反任一条经查实即零分。

教学常规考评办法（20分）包括教师上课、备课、批改作业，以及学生评教等。

2. 职员系列

考评项目：服务对象评价（20分）、部门（科室）团队工作质量评价（60分）、部门主管和分管领导评价（10分）、职员自我评价（10分）。

服务对象评价，满分20分。计算办法：按工作职责履行情况，分优秀、良好、一般三个等级，对各职员进行服务对象评议。

部门（科室）团队工作质量评价，满分60分。计算办法：由教职工代表从不同维度对部门工作进行评价，分优秀、良好、一般三个等级，对各职员进行服务对象评议。

部门主管和分管领导评价，满分10分。计算办法：由部门负责人、分管领导根据工作职责履行情况，从不同维度，按优秀、良好、一般三个等级对各职员进行民主评议。

职员自我评价，满分10分。按时、按质、按量完成工作任务且在自己职责范围内没有发生过责任事故计满分10分。

（三）规范考评流程

1. 成立考评组织

学校成立教职工岗位职责考评工作领导小组和工作小组，由校级领导、组织人事办公室、教导处和纪检监察等有关人员以及教职工代表组成，具体负责考评领导、指导、组织实施和监督工作，同时，由组织人事办公室主任牵头实施学部之外的各类别人员考评工作。各学部成立学部考评工作小组，由学部主任担任组长，负责本部门的考评工作。

2. 审查考评结果

考评结果产生后，各考评工作小组要向学校考评工作领导小组进行专题汇报，并由学校考评工作小组对学部考评结果进行审查，确定最终考评结果。

3. 公示结果

考评结果审查无误后，通过适当方式公示，公示期不少于3个工作日。公示期间，教职工有权按程序查询自己或其他任何人的考核成绩及依据。

4.做好总结归档

考评工作结束后,所有考评材料全部存入学校档案室,个人考评结果存入本人档案。

二、实施效果

(一)公平公正的考评制度保证了教师认真教学

岗位职责考评制度确保了认真工作的教师得到了应有的回报。承担工作量大、教育教学成绩突出、广受学生爱戴、教学常规落实到位的一线教师,以及服务态度端正、广受服务对象(师生)好评的一线职员获得了较好的考评成绩。考评的公平、公正激发了教师的工作热情,教师立德树人、干事创业的积极性明显提高。

(二)按劳所得的工资绩效调动了教师工作积极性

以考评成绩为重要依据的校内绩效工资差距明显拉开,有效调动了教师的工作积极性,保障了新高考背景下选课走班、分层教学的顺利实施。

深化教师职称制度改革，激发教师队伍活力

/ 山东省潍坊市教育局

2009年起，作为人力资源和社会保障部（以下简称"人社部"）、教育部确定的三个试点市之一，山东省潍坊市率先启动了中小学教师职称制度改革工作。经过多年探索与实践，潍坊市先后完成了数轮竞聘推荐、评审工作，建立了序列一致、评聘衔接的教师职称评聘体系。改革扩大了学校用人自主权，促进了教师队伍专业发展，提高了教师职业吸引力。

一、主要举措

（一）建立部门联动的协同推进机制

教师职称改革不仅与学校、教育主管部门

有关，也涉及编制委员会办公室（以下简称编办）、人社、财政等多个部门。例如，教师跨校竞聘就涉及编办部门调整编制、人社部门办理调动及工资核定、财政部门调整人员经费账户等事项。因此，潍坊市教师职称制度改革由市委、市政府统一领导，教育、人社等部门分工负责。

（二）不断完善教师职称评聘制度

2011年5月，潍坊市出台育人为本十二项基本制度，建立了教师参评职称的师德考核前置制度；2017年，建立了教师工作量公开公示制度，将教师教学工作量面向校内公示，在民主推荐职称评聘人选时，便于推选出最适合的人选；2018年，制定了教师职称评聘36项底线清单，具体细致地列出了教师职称评聘的导向、程序要求和纪律规定，便于学校把握落实。师德表现、课时量、班主任工作情况、育人成效等成为职称推荐的主要评价指标，占绝大权重，而以往论文数等指标所占权重被极大弱化，从根本上解决了职称评聘指挥棒问题。

（三）深入落实学校职称评聘自主权

在改革中将权力下放给学校，职称竞聘的标准、条件和程序交由学校自己确定。学校应着重做到"三个突出"：一是突出公正、公开，确保每名教师都了解有关政策，都有意见反馈渠道；二是突出跨校竞聘，各学校在制订竞聘方案时，要体现跨校竞聘的内容，明确跨校竞聘的条件、方式等；三是突出分类管理，竞聘方案确保向一线教师倾斜，同时兼顾各个层面的利益。在规模较大的学校，竞聘者分为学校领导班子、兼课的中层及职员、一线教师三个类别，学校分别制定竞聘标准、核算岗位比例、组织竞聘。

"一校一方案"，全体教师的满意度达85%后即通过并实施，"教师的事情由教师商量着办"的评聘新机制构建起来。中级职称评聘全部实行审核公示备案制度、高级职称评聘将学校自主排名作为评审的重要依据，确保将职称评给大家最认可的教师，保障学校教书育人的中心地位，真正让教师可以心无旁骛地教书育人，不用再为评职称托人情、找关系，发论文、争帽子。截至2019年，潍坊市先后认定中级教师1.47万人，评审高级教师1.21万人，100位被推荐的中小学教师、中职教师被评审为正高级教师，教师职称评聘实现风清气正。

（四）积极发挥好党组织的统领作用

教师职称与教师切身利益密切相关，影响公平公正的因素多。为此，潍坊市确立了书记（中小学校长、书记一人兼）负责，党员全程参与，党组织研究前置等制度要求，把从严治党与政策实施有机结合起来，确保了风清气正搞改革。

二、实施效果

潍坊市坚持"用改革创造公平、以公平激发活力"的价值理念，在教师职称评审中较好解决了"五唯"问题。2015年8月26日，在国务院常务会上，潍坊市受到了李克强总理的提名肯定。

（一）扩大了学校的用人自主权

教师职称制度改革"一校一方案"，突出体现了教师的教学能力、师德表现和育人业绩等重要因素，落实了学校对教师的评价权，扩大了学校的用人自主权。正如一位校长所说："符合条件就可以申报，学校对教师很难有约束力。现在首先进行校内竞聘，学校可以把办学理念、立德树人的价值追求等融入推荐方案中。"

（二）促进了教师队伍专业发展

潍坊市的改革从三个方面促进了教师的专业化成长。一是充分体现了对一线教师的倾斜，不担任教学工作的非教学人员不能参加竞聘和教师职称评审，把担任班主任的工作经历作为晋升中、高级教师职称的重要条件，在程序上和评价标准上为教师安心从教提供了制度保障，充分调动了一线教师从教和担任班主任的积极性。二是符合条件、不具备资格的教师与具备资格的教师一起竞聘，使得一批业绩突出、资历浅的年轻教师竞聘到了高一级的职称，消除了具有资格未聘任人员的等靠思想，打破了长期以来形成的论资排辈的陋习。三是在中小学设置正高级职称系列并实行岗位分类分级管理，建立了4级至13级的十个等级梯次，形成了激励教师不断成长的长效机制。

（三）提高了优秀人才到中小学从教的吸引力

统一的中小学教师职称制度体系的建立，以及在中小学教师中正高级职称系列的开设，将更有利于吸引更多的高学历优秀人才从事中小学教育教学工作。自改革以来，潍坊市每年引进新教师2000人以上，其中硕士学历以上者超30%。

（四）推动了教师在不同学段之间的流动

改革打通了中小学职务序列，为教师在各学段之间流动突破了职称上的障碍，为更多具有较高职称的教师由城市学校向农村学校、由优秀教师集中的学校向相对薄弱学校流动提供了动力。2015年4月，潍坊市被教育部确定为全国首批义务教育教师队伍"县管校聘"管理改革示范区，这为教师县域内交流轮岗提供了良好的政策环境。2015年，潍坊市共有4066名教师主动参与交流轮岗，其中到农村学校和薄弱学校交流的教师达1210人。

用积分制撬动教师专业发展

/ 山东省泰安市实验学校

为调动全体教师工作的主动性、积极性,山东省泰安市实验学校自2016年3月开始全面实施教职工积分制管理,每周、每月、每学期都及时公示积分结果,使中小学教师队伍朝管理科学化、规范化的方向发展。实行积分制管理后,教师对学校贡献度的大小体现在积分的高低上,贡献越高,相应的收入和地位会越高,切实提高了教师的自我发展意识和自我成就感。积分制成为打造一支师德高尚、工作积极、质量优良、社会满意的教师队伍的重要制度。

一、主要举措

（一）研制教师成长积分制管理方案

学校管理部门通过问卷调查和走访座谈，确定了影响学校的关键问题。基于问题，学校组建实施积分制管理项目筹备小组，研究制定了《泰安市实验学校积分制管理方案》（以下简称《积分制管理方案》），进一步激活了教师的自主发展意识。

（二）设置积分制管理评价指标模块

积分制管理评价指标共包含8个模块，每个模块又细化为若干内容（详见表1）。依据评价指标模块，学校分学段（幼儿园、小学、初中）分岗位设置（班主任以及非教学岗位）五大板块分制考核方案，通过构建教师积分指标体系，设定积分任务，教师完成任务后可获取相应积分，并通过积分管理系统来对教师积分进行管理。在教师期末考核时，以积分的多少来衡量教师工作量的多少，并将积分和岗位聘用、职称评审、评优选先、绩效工资等挂钩，以调动教师的工作主观能动性。

表1 泰安市实验学校积分制管理评价指标

序号	模块	主要内容
1	职业道德	遵纪守法、爱岗敬业、关爱学生、团结协作等。
2	教学工作	工作量、教学常规、教学效果，以及担任班主任、教研组长、年级组长、备课组长职务等。
3	教研工作	设计开发优质课、上公开课（示范课）、开发课件、撰写教学设计和教学案例等。

续表

序号	模块	主要内容
4	科研工作	参与课题研究，论文、专著获奖或发表情况等。
5	培训进修	参加各级教育行政部门组织的骨干教师培训、各类应急培训，学校组织的校本培训、教师继续教育，并取得培训部门颁发的结业证书或经考试考核合格。
6	荣誉称号	获得各级党委、政府及人事部门的表彰（一级），主管部门及同级业务部门的表彰（二级），主管部门下属科室的表彰（三级），学校的表彰（四级）等。
7	义工	参加学校临时性工作等
8	加分 X 项	参加业务技能比赛、巡回讲座、送教下乡等。

递进式设计积分制评价目标，通过三个层次的递进式设计，最终引导教师从规范施教走向成长快车道。

第一层次是明晰底线，恪守师德，保证全体教师规范施教。积分制管理制度在实施伊始具有强烈的限制性和制约性，是学校强制推行的一种全体教师必须遵守的日常行为规范，目的是消除教师的懒散、自满情绪，为教师成长创造一个良好环境。积分制面向全体教师，不论是特级教师还是新入职教师，每学年大家都站在同一起点参与积分考核。考核结果如实记入个人档案，学校依照上级主管部门的相关规定对教师进行考核。

第二层次是引领方向，不断提升。自 2016 年以来，学校每年有 30 多名新教师补充到教学岗位上，这些青年教师普遍具有较高学历，名校的研究生也不在少数，他们有理想、有激情，但在面对环境变化及角色转换等问题时，也会表现出种种不适应，需要帮助和指导。而积分制管理可以让每位教师将自己的教育教学行为与积分细则进行对照，查漏补缺，矫正过失，对自己的发展真正负责。青年教师有了明确的奋斗目标和方向，工作起来就更努力、更顺心，发展也更快。

第三层次是允许个性化差异，调动工作主动性。每位教师都有自己教学上的特长，积分制能够激发教师工作的主动性、创造性。管理的本质和本职是尊重差异，"役其所长，则事无废功；避其所短，则世无弃材矣"，鼓励员工按需发展。积分制方案设置了加分项，目的就是鼓励每位教师无论处于哪一个年龄段、是否担任班主任等职务，都充分发挥个人优势，努力找到自己的加分点，实现自身更有个性的发展。

（三）规范积分制评价基本流程

积分制方案的基本评价流程：学校公布积分制的规定—教师执行—学校分管部门检查和反馈—教师及时改进—学校持续跟进—进行分数化评价—学校积分办公室汇总评定。在积分制中，有的评价指标属于教师可加分积分板块，评价的是教师工作的创新性和创造性，教师获得荣誉、取得教科研成果以及开展临时性工作都可以获得加分。

每项工作都由专人和学校积分管理办公室负责开展，有过程、有结果，有定量、有定性，严格审核、记录积分并及时反馈。每项工作的最终审核权都归分管校长，以保证良好的实施效果。

（四）坚持积分制管理的公平合理原则

1. 公正性原则

学校健全并完善规章制度，严格规范评价程序，建立和完善申报、公示、反馈、申诉制度，评价全过程阳光操作，以提高评价的质量和公信力。

2. 发展性原则

积分制管理评价既有对量的考虑，又重质的评价，为每一位教师设定合理的最近发展区，让每个层面的教师都能看到自己的发展空间，努力就能达到目标。

3. 自我反思性原则

积分制管理评价的过程也是教师自我反思、自我管理的过程，因此，评价不只为看结果，更是为了引导教师进行过程性的反思和改进。

4. 激励性原则

在具体操作中，学校把教师的教育教学研究等工作科学量化为19个小模块，将各方面的工作细化为分数，多劳者多得分，以鼓励教师争创一流业绩。

二、实施效果

（一）提升了教师队伍素质

积分制评价的实施带动了教师队伍整体素质的提升，为教师成长搭建了广阔的发展平台,培养和带动了一大批青年教师成长为骨干教师、骨干教师成长为学科名师,进一步推动了教师的专业成长。2018年,有两个教师团队获得了山东省教学成果奖一等奖。

(二)激发了教师的实干精神

依据《积分制管理方案》,学校比较科学、公正地评价了教师的工作质量和师德表现,让专业发展成为教师自我需求。从教师职称评聘、上级部门的评先树优,到学校内部奖项的设立,学校都以教师积分排行榜为依据,让教师坚定公平公正的信心,心无旁骛地坚守自己的岗位,专注自身的专业成长,不琢磨人,只琢磨事,人际关系变得更加和谐融洽。积分制也促进了教师间协作意识的提高,在互助分享中实现多边共赢。例如,在培养青年教师的"青蓝工程"中,师父要凭借经验优势做好"传帮带"工作,而徒弟在各级各类比赛中取得名次、获得加分,学校也同时会给师父加分,这样"青蓝"双方便凝聚成一个利益共同体,双方在共同研讨学习中共同提升、教学相长、同步提高。

(三)激发了教师的内在潜能

推动教师持续自我更新,教育教学工作亮点不断。学校提倡教师做自己专业发展的设计师、管理者、推动者。教师在全面掌握自己发展数据的基础上,自主设计发展目标,弹性确定发展周期。学校更主要的工作是对其进行追踪、指导、帮扶,促使教师进入专业发展和能力提升的快车道。

（四）提高了学校的治理效能

在实施教师成长积分制管理的过程中，学校领导班子清醒地认识到，教师投身于教育事业不仅仅是为了工资、奖金，他们有更高的精神追求，希望能为教育事业的发展贡献力量。对教师的贡献进行客观评价，是提高其工作积极性的关键。

以发展为导向的教师从教行为评价改革

/ 重庆市璧山中学

2014年以来,重庆市璧山中学积极探索教师从教行为评价改革,在做中学,从学中做,推动评价从单纯以教师管理为目的到与教师发展相结合,从教师"游离式"评价转向教师"参与型"评价,唤醒了教师的主动性,激发了教师的内生动力。

一、主要举措

(一)凝聚对评价改革的共识

学校从2014年8月开始多次召开教师代表大会和教职工大会,宣传"璧山中学教师从教行为评价"改革理念，强调改革目的是弥补以前评价的不足，改变现在教师队伍中出现的"懒、散、慢"的局面，促进教师从教行为的科学、规范和高效发展，进而促进教育教学质量的提高，促进教师的专业发展。学校运用教育教学改革专项经费来奖励那些在这次改革中涌现出的优秀教师和优秀团队，进一步在教师中形成改革共识。

（二）形成评价改革方案

学校在广泛征求教职工意见的基础上制定和完善了100余项行之有效的评价制度。学术委员会、督导委员会、教职工代表大会、家长委员会、学生代表大会共同参与教师从教行为综合改革。学术委员会作为全校的最高水平学术组织，和行政团队一起制定了教师从教行为评价标准和改革方案，同时负责评价人员的评价培训；教职工代表大会、家长委员会、学生代表大会负责评价标准和改革方案的审核以及最终评价结果的审核；督导委员会负责督导整个过程和保证公平性。学校还引进了校外专家和督导人员对整个方案进行了讨论与论证。最终，《教师从教行为评价总方案》形成，该方案是一套以评价理念、评价标准、评价措施、保障制度、资金来源为一体的综合性方案，成为深化教师从教行为评价改革的重要依据。

（三）开展基于智慧校园的精准评价

依托学校的智慧校园平台，记录教师从教行为的所有数据，并通过平台进行数据分析，最后形成精准、科学的评价报告。所有评价数据第一时间进行更新，每个管理人员和教师都能看到自己的评价结果和数据分析，这有利于管理人员及时调整自己的管理策略，教师也能在第一时间纠正自己不规范的教学行为和掌握自己的专业成长情况。这不仅有利于学校对教师的管理，更有利于教师自身专业的发展。

此外，还注重将个人评价与团体评价相结合，发挥教师自主性和团队协作性。教师从教行为评价中有个体数据，但更多还是要将个体放入团体中，记录团体成长的数据。将教师个人发展与备课组、学科组团体共同发展作为一项数据，将个人教学工作评价与同班其他教师和学生的发展作为一项数据，推进个人与团体的行动协调、教学互助、智慧融合、资源共享。

（四）推进多元多主体评价

围绕教师从教行为的四大方面进行评价，这涵盖了教师的主要工作，有助于规范教师的从教行为，有利于保障教师的教育教学质量。同时，学校采用观察、访谈、问卷调查、测评、数据记录与分析等多种方式进行评价，并在评价中建立教师评价回应模式，对教师自身的感受、认知以及对评价的满意度等方面给予明确、及时的反应，形成对话机制。

评价采用T形模式。在"T"这个字母中，"⌐"代表评价体系中他人多元比较的部分，"I"代表教师自主比较的部分，交叉之处表明"他评"与"自评"相互补充、有机结合的关系。将教师的自主评价和他人评价（领导、同事、学生、家长的评价）合并进行，尽量保证评价的客观性和利益相关体的全面性。

二、实施效果

（一）形成师德高尚、业务精良的教师队伍

通过教师从教行为评价改革，学校锻造出了一大批师德高尚、业务精湛的优秀教师。近五年来，在区教育委员会对学校的督导考核中，学校均保持零扣分的纪录；在每年区委考核学校和民意调查中，学校都获得了同类学校中第一名的好成绩，领导集体年年都是区委组织部评的好班子，年度考核优秀。近五年来，学校教师中获得重庆市名师称号的有5人，获得重庆市特级教师称号的有4人，获得重庆市正高级教师职称的有3人，获得重庆市骨干教师称号的有40余人，获得区级骨干教师称号的有140余人。

（二）教育教学业绩再上新台阶

与改革前比，师生的获奖数量增长了8倍多，在多项比赛中，学生取得了突破性的成绩。比如，在体育方面，初中女子篮球组获重庆市第一名，高中女子篮球组获重庆市第三名，学校成为"全国青少年校园篮球特色学校"；2018年在重庆市青少年田径锦标赛中，初中组获得团体第一名；2019年在参加重庆市2019年中学生田径锦标赛中，初中团体获第二名，高中团体获第八名，共获7金、5银、2铜；在重庆市武术锦标赛、跆拳道比赛中，多人获得第一名。在科技创新方面，2018年以来，获市级一等奖以上的学生人数超过30人。

（三）教研科研成果丰硕

近五年来，璧山中学教师在市级讲课、说课、论文大赛中共获奖 1041 人次，其中，在最能代表一个学校教育教学水平的竞赛——"市级（省级）学科优质课大赛"中，一等奖获奖者共 35 人次，90% 以上的参赛教师获得重庆市一等奖。申报成功并展开的区级改革项目 10 项，区级名师工作室 4 个；市级班主任名师工作室 1 个；市级规划课题 10 项，其中重点课题 3 项；市级改革课题 11 项；市级精品课程 12 项；市级学科基地 1 个（重庆市宜生语文创新基地）；市级综合改革试点项目 5 项。

（四）德育成果突出

学校承担的市级（省级）德育项目有三个，即"忠孝礼志信勤俭善学谦十美德""心理健康教育""生涯规划指导"。"十美德教育课程"被评为重庆市德育品牌，"中学生职业生涯规划指导研究"成为重庆市第五批深化教育领域综合改革试点项目，"职业生涯规划课程""心理导向德育课程"被评为璧山区德育品牌课程。学校获评 2019 年全国青少年"新时代好少年——我为祖国点赞"主题教育读书活动优秀组织单位、第二十届世界华人学生作文大赛组织奖。

（五）学校美誉度持续提升

近年来，在保持重庆市文明单位、重庆市园林单位、重庆市依法治校示范学校、重庆市模范职工之家等荣誉的基础上，学校又获得了重庆市"美丽校园"、重庆市先进基层党组织、重庆市中小学卫生示范学校、重庆市第一批智慧校园建设示范学校、重庆市第一批文明校园、重庆市五一劳动奖章、重庆市普通高中校本教研示范学校、全国青少年科普创新教育基地、全国国防教育示范学校、全国青少年普法教育先进单位、全国和谐校园先进学校、教育部网络学习空间应用普及活动优秀学校等60余项省市级以上荣誉。

（六）形成持续发展的良好局面

坚持多元发展、塑造品牌的思想，不断拓宽教育改革领域，学校成为重庆市教育国际交流协会中外人文交流基地学校、重庆市教育国际交流协会多语种培训中心、重庆市中小学美育改革实验学校、全国青少年机器人技术等级考试考点、重庆市教育科研实验基地、重庆市中小学校长培训实践基地、重庆市立德树人特色项目实践研究基地、学生生涯规划创新实验基地，以及全国中小学校长、骨干教师"网络学习空间人人通"专项培训基地学校等。

高校篇

深化破"五唯"评价,激发教师队伍活力

/ 中国农业大学

2019年年初,中国农业大学面向全校专业技术人员,以破"五唯"评价为抓手,重构人才评价遴选体系,实施"2115人才培育发展支持计划",着力打造全方位、全过程、全覆盖的教师发展支持体系,使学校人才队伍建设工作迈上了新征程,实现了新发展。

一、主要举措

（一）重构人才评价遴选体系

一是设立讲席教授（A类、B类），领军教授（A类、B类），青年新星（A类、B类）3类、6层次人才岗位。

二是以"高贡献、高业绩、高潜力"为遴选导向评价人才。通过推行代表作制度、实行分类评价、引入校外同行评议、强化师德审查等一整套学术评价制度创新，初步解决了破除"五唯"后的学术评价问题，更加直接、有效地建立起科学、合理的评价机制。

三是为人才提供全方位、全过程、全覆盖的精准化和个性化的工作支持。其中包括学术推荐权、科研经费、学术导师、各层次创新团队等20余项。

四是修订《中国农业大学特聘教授岗位聘任管理办法》。入选支持计划的教师全部纳入年薪体系予以保障。

五是实行"1+3"人才考核评估方式，遵循人才发展规律和学术研究规律。确定"综合评价＋绿色通道、专项评价、特别通道"考核方式，打破人才终身制，构建开放的人才体系及完善的人才退出机制。

（二）夯实人才评价改革各环节

1. 申报环节遵循"一不定，三简化"

"一不定"，即申报中，各类岗位仅约定师德师范、职业规范和年龄条件等基本要求，不再制定各类岗位具体量化申报条件。"三简化"，简化审批表，不需要个人填写教育背景、工作经历等信息；简化业绩填报信息，不需要填写具体业绩信息，采取菜单式分类填报；简化证明材料，凡职能部门掌握具体信息的各类人才、重大重点科研项目、教学科研奖励等，均不再要求申报者提供证明材料，切实减轻教师填表负担。

2. 组织环节做到"广宣讲，全动员"

为帮助学院和广大一线教师深入理解此计划，学校采取了多种形式开展宣传工作。学校召开工作部署会议，先后组织了4场全校宣讲会，赴动物科技学院、经济管理学院等4个学院进行专场宣讲。同时，学校印制了1000份宣传折页、有关问题说明书，并在校园网、人事处网页上设立"计划"专题栏目，公布了咨询电话和邮箱。为鼓励特殊人才脱颖而出，除了传统的推荐申报方式外，学校还专门开辟了专家推荐申报方式。经过动员，全校共有450余名教职工报名，经学院推荐，344名教师申报领军教授A类、B类和青年新星A类个人岗位。个人报名且通过单位推荐的专任教师人数约占全体教师的20%，报名教职工中约80%没有人才头衔。

3. 评审环节落实"代表作评价"

学校对344名申报人员的申报材料进行复核，对复核之后的申报材料（审批表、业绩摘要表）进行匿名处理，隐去申请者姓名、电话、邮箱等个人信息，以申请编号代替个人姓名。为准确判断申报者的学术水平，学校依据国家人才评价文件精神，实行"小同行"评价。

学校根据申报者所属的二级学科划分了83个二级学科包，每个二级学科包分为领军教授A类、领军教授B类和青年新星A类三个小包，按申报者所属二级学科及申报人才岗位层次匹配送审专家。

同时，学校严把送审专家遴选标准。领军教授 A 类评审专家以本领域学术权威和学科带头人为主；领军教授 B 类和青年新星 A 类评审专家以学科带头人为主，部分二级学科长江学者、杰出青年不足的可补充学科骨干人才。共有 372 位校外专家参与同行评审，以学术权威和学科带头人等为主的高端人才占 90% 以上。专家主要从近期业绩、发展目标和发展潜力等方面进行评价，主要考查申报人员标志性成果的质量、贡献、影响，并对人才培养、基础研究、应用基础、应用研究、公共技术平台、社会服务等业绩采取分类评价方式，避免了不同学科申报人员直接横向比较的各类不合理问题。

（三）推行人才评价配套政策

1. 落实待遇，兑现入选人才年薪待遇

学校根据《中国农业大学特聘教授岗位聘任管理试行办法》，设置了四个层级岗位，即 A 岗（两院院士）、B 岗（在聘期内的长江学者）、C 岗（期满的长江学者、杰出青年、国家级教学名师）和 D 岗（学校根据需要聘任，目前为二级教授），为以上人员兑现了年薪。

将《中国农业大学特聘教授岗位聘任管理试行办法》作为重点修订制度，彻底破除待遇确定中的"唯帽子"现象，将特聘教授 A～D 岗位拓展为特聘教授 A～E 岗位、特聘青年教授 F～G 岗位。将那些经过严格的学术评价，做出了相应贡献、实绩的"人才培育发展支持计划"入选教师（无帽子教师占比 70% 左右），不管是否有帽子，一并纳入特聘教授及特聘青年教授年薪体系。

2. 提供支持，为入选人才提供全方位服务

针对讲席教授、领军教授岗位，重点提供团队建设支持，授予

人才引进及职称评审等的学术推荐权,提供直通车人事服务等14项工作支持;针对青年新星岗位,重点帮助其进入团队,为其聘任学术导师,落实导师资格,保障博士生和硕士生招生指标等7项支持。2020年,全校共投入团队自主建设经费、青年新星科研经费等各类经费5000万元以上。

二、实施效果

(一)发挥评价的"抓手"作用,推动了"2115"人才体系的基本成型

"2115人才培育发展支持计划"旨在两年内选拔支持200名高贡献人才、支持100个高水平前沿交叉学术团队、选派100名教师赴海外研修提升,形成500名教师组成的学校人才储备库。人才评价改革成为构建"2115"人才体系的关键抓手。

1. 遴选200名高贡献人才

共6位在职院士被聘为讲席教授A类,3名教师被聘为讲席教授B类,52名教师被聘为领军教授A类,90名教师被聘为领军教授B类。学校合计聘任151人,完成了任务量的75.5%。

2. 支持100个高水平前沿交叉学术团队

共支持杰出科学家工作室6个,支持国家级创新团队35个,支持高水平创新团队27个,支持青年科学家创新团队23个。学校共支持91个创新团队,完成了任务量的91%。

3. 选派 100 名教师赴海外研修提升

共有 17 人获批国家留学基金委全额资助公派出国研修项目，9 人获得青年骨干教师项目资助出国研修，28 人通过学校资助派出。学校累计 54 名教师赴海外研修，任务量完成了 54%。

4. 形成 500 名教师组成的学校人才储备库

在此次遴选过程中，共 68 名教师被聘为青年新星 A 类，43 名教师被聘为青年新星 B 类；131 名教师通过了学院推荐但未通过学校评审；148 名新教师成功加入了创新团队，改变了以往新入职教师"加入不了团队"的局面，打通了"315 人才引进工程"和"2115 人才培育发展支持计划"，实现了从"引育并举"到"引育贯通"。至此，人才储备库累计达到 390 人，任务量完成了 78%。

（二）破除"五唯"，优化了岗位配置

1. 根据个人岗位遴选结果

高贡献人才（讲席教授和领军教授）中，6 名讲席教授 A 类均为院士；3 名讲席教授 B 类（准院士水平）中 1 人没有人才帽子；52 名领军教授 A 类（长江学者、杰出青年水平）中 12 人没有长江学者、杰出青年等帽子，占比 23%；90 名领军教授 B 类（准长江学者、杰出青年）中 60 人没有长江学者、杰出青年、四青人才（青年千人计划、青年选拔人才、青年长江学者、优秀青年科学基金项目）帽子，占比 67%。在人才储备库高潜力教师（青年新星、准四青人才水平）中，68 名青年新星 A 类中 63 人没有人才帽子，43 名青年新星 B 类中全部没有人才帽子。

2. 根据创新团队岗位遴选结果

6个杰出科学家工作室均支持讲席教授A类即院士团队；35个国家级创新团队中，7个团队负责人没有人才帽子，占比20%；27个高水平创新团队中，10个团队负责人没有人才帽子，占比37%；23个青年科学家创新团队中，10个团队负责人没有人才帽子，占比43%。

总体来看，通过推行代表作评价，实行分类评价，引入校外同行专家评审，创新人才评价破"五唯"。个人岗位上，没帽子教师入选比例约70%；创新团队中，没帽子负责人入选比例约30%，没帽子的教师和有帽子的教师一同发展、一同被支持保障，这让没帽子的教师士气大振。

（三）强化"农业特色"，突出人才的业绩和贡献导向

一大批以强农兴农为己任，从事粮食安全、山水林田湖草治理、脱贫攻坚、乡村振兴等领域的教学科研的教师入选"2115人才培育发展支持计划"。这其中包括马克思主义学院3位从事思政教育的教师，包括国家级教学名师、北京市教学名师、国家规划教材第一主编、国家级精品开放课程负责人等一批在教学方面业绩突出的教师，包括取得重要原创学术成果的教师、国家现代农业产业体系岗位科学家、专利成果转化超过1000万的教师、校外教授实验站负责人等一批在科研和社会服务方面业绩突出的教师，包括3名脱贫攻坚奖创新奖获得者和3名国务院扶贫开发领导小组专家咨询委员会专家等。此次遴选结果充分体现了业绩导向和服务国家重大需求

导向，让各类人才脱颖而出。

（四）以评促建，激发了人才队伍活力

1. 有效激发高端人才活力

"2115人才培育发展支持计划"的实施让各类人才看到了成功的希望，有了前进的动力，同时找到了前进的方向。2019年，教师业绩表现不俗，人才活力竞相迸发。7人进入工程院院士有效候选人名单，其中1人当选院士，新入选7名长江学者，4人入选科睿唯安全球高被引科学家，新获得何梁何利基金科学与技术创新奖、中国青年科技奖各1项，新获得1项脱贫攻坚奖创新奖，这些全部由"2115人才培育发展支持计划"个人岗位入选者或创新团队成员取得。学校取得的一些代表性科研成果和社会服务贡献业绩，其主要完成人也都是"2115人才培育发展支持计划"个人岗位入选者或创新团队成员。

2. 有效激发青年人才活力

青年教师是学校发展的生力军，青年教师有理想、有担当，实现"双一流"建设目标就有源源不断的强大力量。学校高度重视青年教师、关怀青年教师、信任青年教师，全力支持青年教师实现自己的人生理想。在此次遴选结果中，全校45岁以下教师共入选154人，占总入选人数的近60%；45岁以上教师共入选108人，占总入选人数的40%左右。在45岁以下教师中，入选率为17%；在45岁以上教师中，入选率为12%。青年教师入选比例高、人数多，充分体现了向青年教师倾斜的导向。

（五）创新实践，引起了社会广泛关注

在中国农业大学人才遴选和发展支持的历史上，"2115人才培育发展支持计划"首次引入代表作评价制度，首次实行校外同行评价，首次开辟专家推荐申报通道，首次赋予入选人才在人才引进、职称评审等方面的学术推荐权，首次设立文科讲席教授（准院士），首次为人才提供创新团队支持，首次提出团队集群这一集中力量办大事"新体制"……此计划出台伊始，就获得了校外媒体的重点关注和广泛宣传，引起了强烈反响。《中国教育报》进行了全方位、立体式、多角度的解读，人民网、光明网、央广网、北青网、青塔公众号等媒体相继转载报道。

以职称晋升改革为抓手创新智库型人才评价

/ 北京师范大学

近年来,北京师范大学开辟了智库型人才职称晋升通道,创新了智库型人才评价机制和科研评价方式方法,提升了学校人才培养水平和科研水平。

一、主要举措

(一)出台相关文件

2015年以来,北京师范大学经过认真调研和充分论证,出台了《关于培育和建设国家级智库"中国教育与社会发展研究院"的实施意见》《关于推进国家高端智库的若干实施意见》等文件，对创新科研评价方式方法、构建符合智库特点的人才评价制度做出了明确规定。

（二）设立智库型人才职称系列

学校制定了智库型人才选聘考核标准，建立智库型人才职称晋升渠道。自 2015 年起，学校在设置教学科研岗位时，对交叉平台岗位采用单独设岗、单独评价的方式，截至 2020 年，已经完成了 5 年的评审。

（三）完善实际贡献导向的科研评价

交叉平台岗位晋升的评价标准和程序均参照《北京师范大学教师岗位聘用条例》文件执行。文件中的成果和代表作涵盖了省部级（含）以上政策采纳的咨询报告、正式出版或发表的创作类作品、被采纳的国际或国内行业标准等适合智库型或应用型人才的成果类型。

二、实施效果

（一）促进了科研评价多元化

克服"唯论文、唯帽子"痼疾，注重科研创新质量和实际贡献。以智库成果评价、智库人才晋升为突破点，拓展认可不同类型成果、不同科研活动、不同科研主体的科研贡献。

（二）激发了科研人员研究积极性

5年来，中国教育政策研究院、中国基础教育质量监测协同创新中心、北京师范大学中国社会管理研究院、北京师范大学文化创新与传播研究院、中国文化国际传播研究院、北京师范大学新兴市场研究院等交叉平台单位，共18人申报正高职称，其中7人获评；34人申报副高职称，其中12人获评。以往智库成果得不到认定、智库研究人员科研贡献得不到认可的问题得到了解决，激发了科研人员的积极性。

（三）催生了高水平成果的产出

学校不断完善科研评价标准体系，认可高质量、多类型智库成果，大幅催生了高水平智库成果的产出，资政研究成绩显著，获得重要批示的咨询报告逐年增多，在国家和社会发展重大问题决策中发挥了高水平智力支撑作用。自2016年以来，200余项成果获各级党政领导批示或采纳，其中获中央政治局常委批示的有31项。中国教育与社会发展研究院和首都文化创新与文化传播工程研究院先后获批国家高端智库和首都高端智库试点单位，形成了以高端智库为引领、特色智库为支柱的新型高校智库研究管理体系。

构建体现医学高等院校特色的教师教学能力综合评价体系

/ 首都医科大学教务处

教师既承担着教书育人、培养下一代医务工作者的使命，又肩负着医学研究的重任。首都医科大学在充分调研的基础上，构建了一个客观、系统、操作性强的教师教学能力综合评价体系，为科学、准确、全面地评价教师的教学能力奠定了良好的基础。

一、主要举措

（一）不断完善评价指标

学校结合目前国家对高等教育的相关要求，

增加了课程思政、师德师风建设、信息化教学手段应用等指标，形成了新版督导评教指标体系，包括《首都医科大学理论课教学质量评价表》（见表1）、《首都医科大学实验（习）课质量评价表》、《首都医科大学体育课教学质量评价表》、《首都医科大学外语课教学质量评价表》，使督导评教的评价更贴合教学，为教学质量提升服务。

表1 首都医科大学理论课教学质量评价表

课程名称：		上课日期：		听课节次：					
授课内容：									
上课地点：		年级、专业：		学生人数：					
授课教师：		职称：		院（系）：					
评价要素	评价内容	评价注释	权重	等级					得分
				A	B	C	D	E	
				1.0	0.8	0.6	0.4	0.2	
教学态度	1.仪表端庄，着装整齐，言行举止得体，符合教师风范	通过范例图片进行相关说明	6						
	2.教态自然，有亲和力，口齿清楚，表达准确、简洁、流畅，富有感染力		6						
	3.课堂管理严格，教学组织严密	对学生迟到早退、课堂上吃东西、睡觉等现象进行管理，要求座位分布合理	6						
	4.注重培养学生良好的科学态度，开展职业道德教育	鉴于医学院校的特殊性，应对科学态度和职业道德教育进行重点说明	6						

续表

课程名称：		上课日期：		听课节次：					
授课内容：									
上课地点：		年级、专业：		学生人数：					
授课教师：		职称：		院（系）：					
评价要素	评价内容	评价注释	权重	等级					得分
				A 1.0	B 0.8	C 0.6	D 0.4	E 0.2	
教学内容	5.备课认真，教案和PPT制作规范，教学准备充分	教案和PPT范例展示，如PPT需添加首都医科大学的标识等	6						
	6.熟悉教学内容，讲解清晰，重点、难点突出，逻辑性强		6						
	7.教学内容充实，能适当介绍学科发展动态或前言领域知识	通过范例进行说明	6						
	8.适当引入专业英语词汇或短句（双语课程中英语教学比例达50%以上）	举例说明	7						
	9.教学内容符合教学大纲和进度要求，完成了本次教学任务		8						

注：该表为督导专家用表，2018年9月由教务处修订。

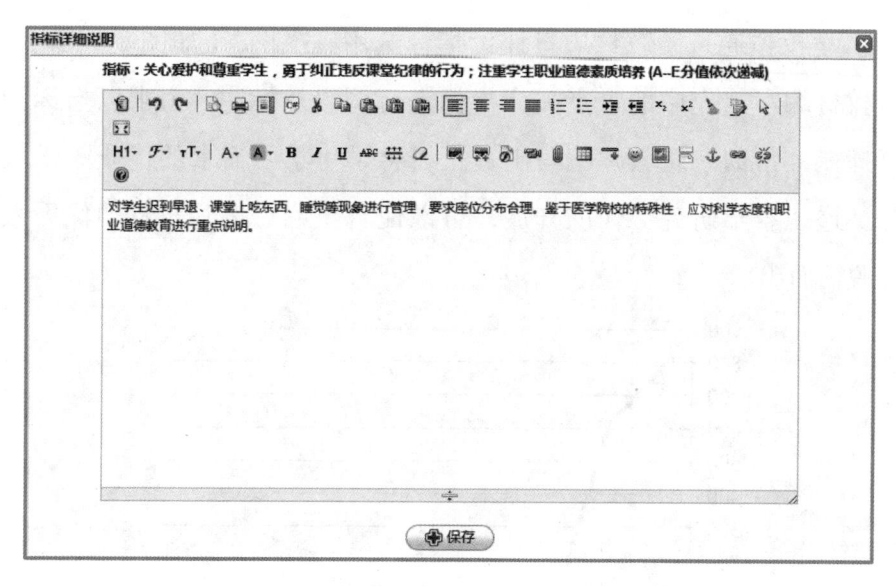

图 1　信息化评价指标库查阅功能操作图例

学校依托教学平台开发了信息化评价指标库查阅功能板块，即给每一条督导评价指标添加注释。这一方面可以使授课教师对督导评教指标有了更深入的了解，从而对自身教学状态进行及时调整，更好地完成教学任务；另一方面可以使督导专家对评价指标的理解更加精确，避免督导听课的形式化，真正达到规范教师教学行为、激发教师教学热情的效果。

（二）增加教材建设指标

一方面，学校教务处着手梳理及修订学校关于教材建设的相关文件，并依托教务平台开发教材资助信息化系统，拟通过建立公开透明的教材编写统计申报途径，实现教材资助分配方式的系统性及规范性。另一方面，学校着重开发研究科学的教材使用评价体系，引导一线教师参编优质教材，潜心科学及教学研究。

学校拟通过《教材质量评价指标选用频次图》(如图2所示)，对教材编写工作中的重点关注指标进行调研及标注，力求以指标为指挥棒，帮助一线教师编写出真正符合学生学习需求的优质医学教材。这一教学研究工作的开展，可以使真正愿意编写教材的优秀教师脱颖而出。

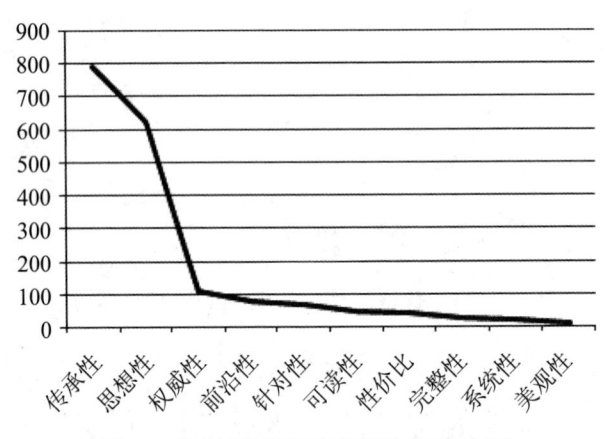

图2 教材质量评价指标选用频次图

（三）设计开发量表

学校开发了《首都医科大学教师综合能力水平评价考核量表》。该考核量表是教师综合能力水平评价的重要度量工具，也是后续开发相关信息化系统的重要基石。（由于新型冠状病毒肺炎疫情的影响，该部分内容尚未通过有关教学及管理专家的评阅，暂不做展示，相关后续工作将有序开展。）

二、实施效果

（一）评价改革理念得到渗透

综合、全方位地评价教师的教学能力水平的理念已经逐渐通过教务处管理部门的具体工作渗透至一线教学单位，这为后续相关工作的开展奠定了良好的基础。

（二）评价体系实施方案已获批

目前，该评价体系的实施方案及框架已获得首都医科大学教学管理专家及相关主管领导的认可，后续工作正在积极有序地进行推进。评价体系的指标内容已通过首都医科大学校级教学督导专家组的核定，将进行下一步的研究及推广。

（三）评价体系后续研究已立项

目前，学校已申报并获批了北京市教育科学"十三五"规则2020年度课题——"医学高等院校教师教学能力综合评价体系指标及其信息化建设的探索实践"，并对相关工作展开调研。

（四）初步成果已发表

《医学高等院校教师教学能力综合评价指标体系建设的初探》在《医学教育管理》上发表。通过发表此文章，学校可以与教学同行就目前教育教学评价的全新理念进行交流，这坚定了一线教师及教学管理部门破除"唯论文"评价的信心。

打破"论资排辈",多维评价人才

/ 中国政法大学

中国政法大学打破"论资排辈",杜绝片面化、绝对化的评价标准,以突出能力为先,坚持多维评价培养人才。

一、主要举措

(一)引入代表作同行专家评价制度

在进行教师岗位和其他专业技术岗位聘任时,学校明确引入了代表作同行专家评价制度。比如,《中国政法大学专业技术岗位设置与聘任办法》第三十六条规定,二级聘任单位在进行专任教师岗位聘任工作时应执行同行专家代表作评价程序,"应聘教授四级、副教授七级岗位,应提交代表作(匿名)""由同行专家进行评价并出具评价意见书"。尤其特别提出:"对于仅论文未到达规定数量(需超过四篇,不含本数),但符合其他条件的教学科研型和科研型教师竞聘教授四级岗位的,可向二级单位学术分委员会申请,提交2篇代表作,经二级单位学术分委员会评审通过,方可进入同行专家代表作评价程序,并由5名校外同行专家进行代表作评价,专家评价全部通过的,方可进入二级单位后续评审程序"。

(二)设置教学贡献突出教授四级岗位

学校未将论文发表情况列为岗位聘任的条件,为具有高尚的职业道德、长期潜心教学、重视教学研究、教学工作成就突出、特别关爱学生、深受学生欢迎的教师拓宽发展路径,避免"论文"成为限制教学突出贡献者进行岗位聘任的门槛。学校放宽了教学贡献突出教授四级岗位聘任的学历条件。专业课教师正常晋职一般"应取得博士学位",但是若为教学贡献突出者,在晋职教授四级岗位时可仅要求"全日制本科以上学历,并取得相应学位",避免学历成为限制教学突出贡献者进行岗位聘任的门槛。

(三)推行破格晋职教授和副教授政策

在进行专业技术岗位聘任时,推行教授四级岗位和副教授七级岗位破格晋职政策,不设岗位指标数限制,重点打破任职的年限限制。比如,正常应聘教授四级岗位,须任副教授满五年,但破格应聘仅须任副教授满两年。

（四）设置"本科教学杰出贡献奖"

2016年，为激发学校本科教学一线教师的工作热情，树立全校教学工作的典范，学校设立了"教学杰出贡献奖"，以表彰本科教学效果显著、关爱学生成长、教学贡献突出的教师。此奖项设立周期为10年，每年评选1名，奖励金额30万元。评选时，强调应重点考查师德师风、课堂教学、课堂外教学、教学改革、教学基本建设等内容，设立了包含为师风范、课堂教学、课堂外教学、教学改革、教学基本建设和获奖情况6项具体评审指标，杜绝片面化、绝对化的评价标准。尤其是将师德师风放在了考查的第一位，加大了该项的考查权重（占总评分比重的15%），很好地贯彻了师德一票否决制。

（五）推出"钱端升杰出学者支持计划"

2018年，为吸引和遴选杰出人才，培养、造就在国内外处于领先水平的学术带头人和拔尖人才，学校推出了"钱端升杰出学者支持计划"，共分为"钱端升特聘讲座教授""钱端升讲座教授""钱端升学者""钱端升青年学者"四类。其中，"钱端升特聘讲座教授""钱端升讲座教授"以学科引领、成果贡献为导向；"钱端升学者""钱端升青年学者"以培养中青年学术带头人和青年拔尖人才为导向。该支持计划对人才进行了多方面的考量，着重突出其品德、能力、业绩导向，将师德师风作为学术评价的第一标准，把学科领域活跃度和影响力、在重要学术组织或期刊任职、研发成果原创性、成果转化效益、科技服务满意度等作为重要评价指标。

二、实施效果

（一）调动了教师的教学积极性

教学贡献突出教授四级岗位以及"教学杰出贡献奖"等的设置，有力激发了长期处于教学一线的教师的工作热情，有利于构建和完善各层次、各年龄段优秀人才的激励机制，营造教师潜心教学的良好氛围。

（二）调动了教师的科研积极性

以代表作为主的评价机制重视标志性成果的质量、贡献和影响，避免了仅因论文数量不合格就对岗位聘任产生绝对性影响的不良结果，建立重真才实学、重质量贡献的评价导向，充分调动了各类人员的科研积极性。

破格晋职教授和副教授政策有力打破了"论资排辈、资历为先"的人才选拔机制，有利于"突出业绩、能力为先、择优录用"，有效支持了具有较大发展潜力、科研能力特别突出、富有创新精神的教师快速脱颖而出，推动学校事业的快速发展。

（三）促进各类人才各展其长

2018年至2019年，学校共选出钱端升特聘讲座教授18人、钱端升讲座讲授32人、钱端升学者7人、钱端升青年学者19人。学校实施"钱端升杰出学者支持计划"，在选人用人时坚持以师德、能力、质量、贡献等多维度评价人才，构建多元的评价体系，杜绝了片面化、绝对化的评价标准，由此克服了唯论文、唯职称、唯帽子、唯学历、唯奖项的不良倾向，为校内一大批学科领军人才、资深专家学者、青年拔尖人才提供了有力的支持，留住了人才，使其潜心投入学校教学科研工作中，提升了教师队伍的整体竞争力和创造活力。

建立以提高教师能力为核心的发展性教师评价机制

/ 中国民航大学

中国民航大学以"推拉并举"激励教师发展，将教师资质能力、教学质量与职业发展有机融合，形成了基于教师能力提升的发展性教师评价机制，不断提高人才培养水平。

一、主要举措

（一）构建基于资质能力的发展性教师评价体系

学校依据总体目标定位，围绕教师"师德+教学能力+工程能力+学术能力"，按照岗位分类管理的原则，充分考虑学科专业差异，制定了各类各级教师岗位资质要求，顶层设计了教师初、中、高三级岗位资质培训课程体系及配套考核方式（见图1）。初级资质培训面向学校新教师和初级职称教师，重点围绕"如何上好课"进行，接受初级资质培训是获得独立授课资格的准入条件和评聘讲师职务的条件之一；中级资质培训面向已获得中级职称的教师，重点围绕"如何深化课程教学改革"进行，尤其注重对教师工程教育改革能力的培养，接受中级资质培训是准予参加教学基本功竞赛、参评优秀教学奖和评聘副教授职务的条件之一；高级资质培训面向学校具有正、副高级职称的教师，重点围绕"如何加强专业内涵建设"进行，接受高级资质培训是准予参加教学名师评选和评聘教授职务的条件之一。这一体系实现了教师资质能力建设的全覆盖。

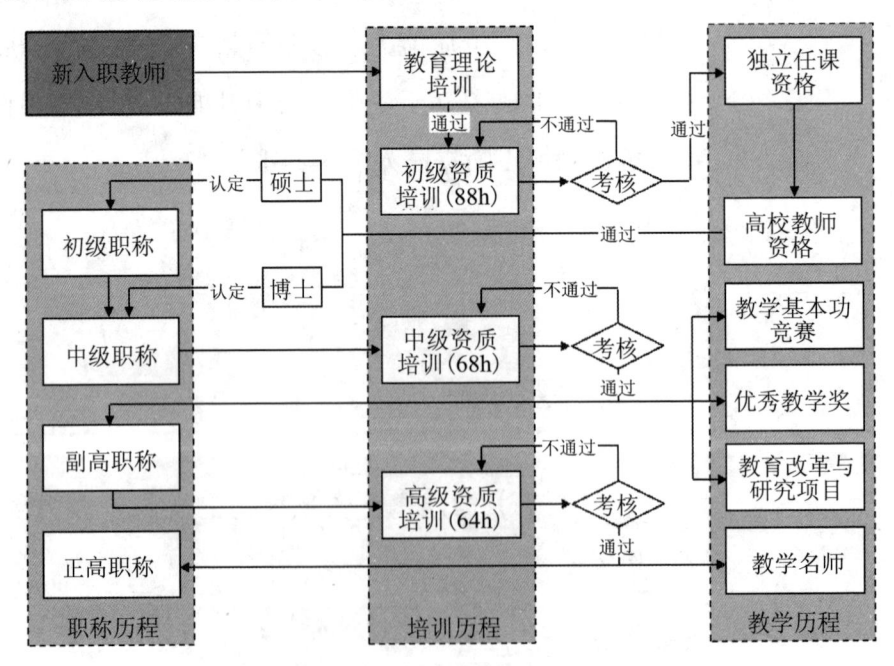

图1 基于教师职业发展的资质能力培训体系

（二）开展基于课堂教学质量的多维评价

课堂教学是提高人才培养质量的关键，科学合理的课堂教学质量评价是教学质量保障机制有效运行的基础。经过多年的研究与实践，项目组探索构建了多元主体参与、多维评价指标、多种评价方式有机结合的课堂教学质量评价，有效地提高了课堂教学质量评价结果的可信度，并将课堂教学质量评价结果与教师的各项激励直接关联起来。

第一，把以学生为中心的理念作为提高人才培养能力的关键，明确学生是参与评价的最重要主体，同时引入督导、同行、管理人员等多主体参与评价。

第二，根据课程性质以及评价主体分类，分别设计各类评价指标体系，广泛征求师生意见，按态度、内容、方法、能力、收获设计 10 个二级指标并动态优化，不断提高评价指标体系的科学性。

第三，实施原始五级模糊评价，比较不同评价主体的评价结果。

第四，通过数据清洗，剔除评价结果中的非正常数据，提高评价结果的准确性。

第五，通过引入多维主体评价，实施师德一票否决和教学事故降档，强化机制约束功能。

第六，通过建立评价结果的相对排名，设置七级排名及调节系数激励，强化结果应用（见表1）。其结果是各类评优的重要依据，学校应注重评价结果的反馈，激励教师不断重视并提升教学质量。

表 1　课堂教学质量评价结果七级排名及调节系数激励

课堂教学评价排名百分位（由低到高）	≥ 90%	70%～90%	20%～70%	5%～20%	0%～5%	教学事故（按实际发生）	师德一票否决
评价结果等级	第一级	第二级	第三级	第四级	第五级	第六级	第七级
课堂教学质量调节系数	1.6	1.4	1.2	1.0	0.8	0.3	0

注：课堂教学质量调节系数影响教师个体和二级教学单位的各类奖励及津贴分配。

（三）建立基于教师职业生涯全过程的激励机制

学校建立健全覆盖教师职业发展全过程的多元通道（图2），通过均衡的激励设计，即教学注重过程激励、科研注重成果激励，引导教师根据自身特长、职业目标、兴趣爱好、成果贡献等选择不同类型、不同等级的岗位。教师职业发展全过程多元通道包括6个环节及相应的准入标准。

第一，教师准入。教师必须依据招聘程序，满足师资招聘标准，获得相应资质，方能获得授课资格。

第二，依据个人特长、兴趣爱好，从A（教学为主型）、B（教学与科研并重型）、C（公共服务型）三类岗位中选择相应岗位，明确每类岗位教学工作的基本要求，实现个人时间、精力配置的最优。

第三，制定不同岗位资质能力标准和团队聘任标准，突出教学质量要求，实现岗位和团队的聘任。

第四，绩效计划前置，通过签订岗位任务书，实施基于完全契约理论的岗位目标管理。

第五，依据岗位绩效计划，进行年度考核和聘期考核。年度考核突出教学质量，聘期考核突出人才培养能力。

第六，依据年度考核结果实施年终业绩分配，依据聘期考核结果实现岗位聘任"能上能下"。

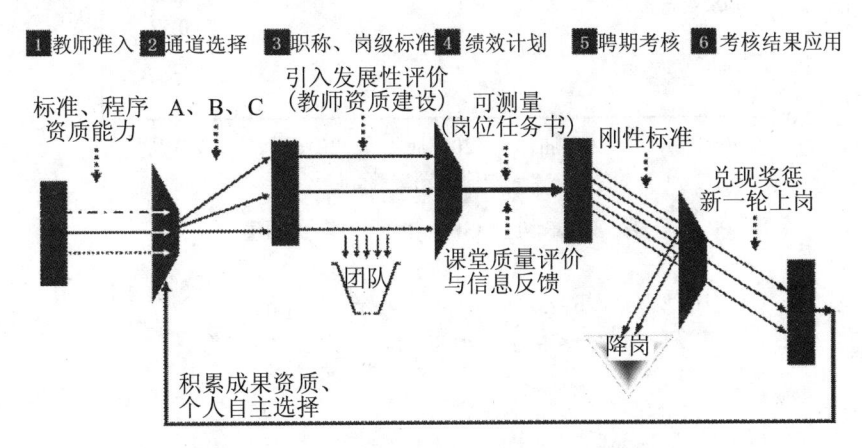

图2 覆盖教师职业发展全过程的多元通道

二、实施效果

（一）学生学业绩点逐年提高，学生两级分化趋势逐步减弱

从学生的学习状况来看，近年来，学生学习效果不断提高，本科学生平均学业绩点（Grade Point Average，GPA）呈持续增长趋势；GPA标准差在新的机制实施后呈现持续缩小趋势，表明学生成绩两级分化缩小（见图3），质量不合格的学生数量逐渐减少；从本科学生按期毕业率数据来看，新的机制实施后呈现上升趋势。

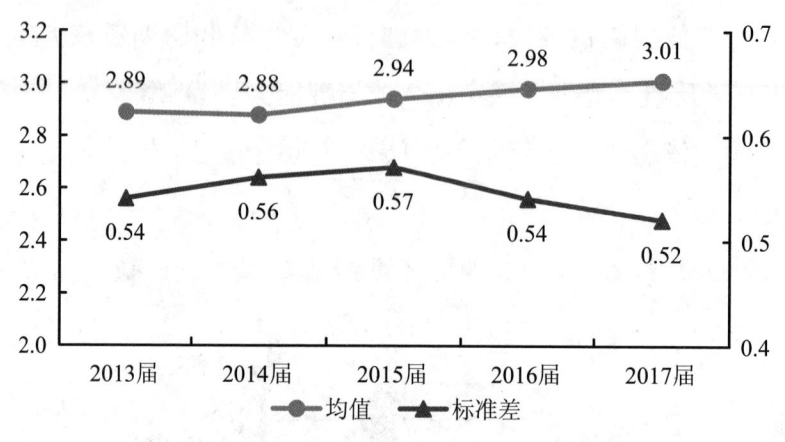

图 3　本科生 GPA 的标准差及均值

图 4　本科学生按期毕业率

（二）就业率保持高位且稳中有升，用人单位对毕业生满意度逐年提高

2013—2017 年，毕业生就业率最终始终保持在 93% 以上且逐年提高（见表 2）。根据麦可思提供的学校应届毕业生社会需求与培养质量跟踪评价报告，学校毕业生的工作与专业相关度为 82%，比全国同类本科院校（68%）高 14 个百分点，充分体现了学校的专业特色和培养特色。根据某求职网站发布的《2016 中国高校毕业生薪酬

排行榜》，中国民航大学本科生毕业五年平均月薪连续两年保持在国内大学第 82 位。中青在线发布的国家优秀青年基金获得者本科毕业院校排行榜上，中国民航大学列第 54 位。

表 2 本科生就业率

学年	2013 届	2014 届	2015 届	2016 届	2017 届
就业率	93.1%	94.2%	93.9%	95.94%	95.63%

（三）教师教学质量不断提高，学生满意度明显提高

课堂教学质量评价和学生信息员反馈数据表明，教师教学质量不断提高。从学生信息员（近 100% 覆盖）反馈数据来看，"表扬"信息比例呈上升趋势，而"问题"信息比例呈下降趋势，见图 5，这显示出学生对课堂教学过程中的教师行为投诉率降低；从课堂教学质量评价数据来看，学生对教师课堂教学质量的满意度明显提高（见表 3）。

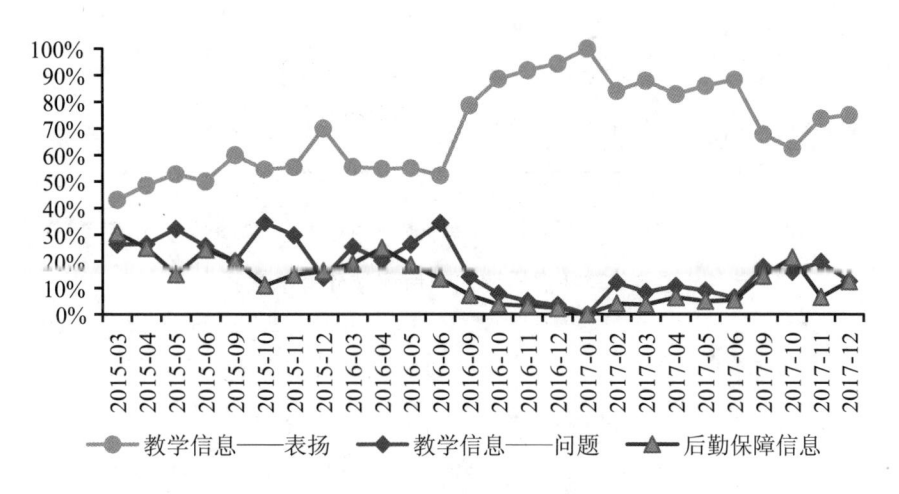

图 5 2015—2017 年学生信息员反馈信息情况

表 3 近四学年课堂教学质量评价成绩均值

学年	2013—2014学年	2014—2015学年	2015—2016学年	2016—2017学年
评教成绩均值	87.70	88.60	89.10	93.06

（四）教师资质能力建设卓有成效，教师评教成绩普遍增长

对研究结果的数据进行对比，可发现教师资质能力建设效果显著，参加各级资质培训后教师的评教成绩均值普遍提高（见图6），参加资质培训后教师的评教成绩增幅与全校同类教师平均增幅相比更为明显（见图7）。资质培训制度实施以来，教师发生的教学事故呈现明显减少趋势。

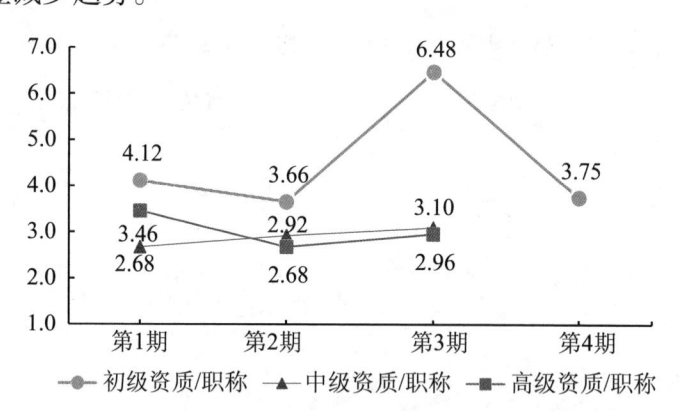

图 6 教师资质培训前后评教分差示意图

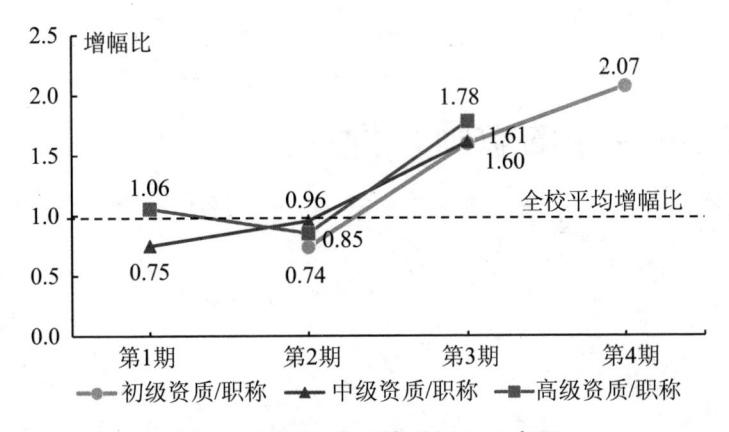

图 7　教师评教成绩增幅比示意图

探索发展导向的教师评价

/ 天津中医药大学

天津中医药大学坚持深化教师评价改革,发挥评价激励作用,以发展性评价为导向,持续促进教师专业成长。

一、主要举措

(一)构建发展性评价指标体系

学校构建了"三级五维"的教师教学综合测评指标体系。该指标体系淡化了论文、奖励、课题等标志性成果的影响,更侧重对教师教学行为表现、教学质量、指导学生等方面的评价。评价内容涵盖一票否决项(职业道德)、教学任务、教学质量、教学发展、加分项（教学贡献）及减分项（教学差错与事故等），共计 30 个测评指标、67 个关键信息点。

（二）搭建教学数据支持与分析平台

学校自主研制了"教师教学状况动态监测与反馈系统"，逐步搭建了校—院—教研室三级教学数据支持与分析平台。对通过系统收集而来的评价信息进行分析，可以客观而真实地反映教师的教学贡献与价值。学校积极探索以数据追踪、分析和评价持续促进教师专业发展的路径。

（三）开展全员、全程、全面评价

学校先后制定了《天津中医药大学教师教学综合测评工作实施及管理办法》及《关于教师专业技术职务评聘工作与教学综合测评结果联动办法》，确立了评价的发展性、全面性、科学性原则，实施全员评价、全程评价、全面评价。评价形式多元化，采取教师自评与校、院、处、督导综合考评相结合，以教师自评为主；评价方式采取定量评价与定性评价相结合，以定量评价为主。科学处理评价结果，弱化其评判作用，突出其发展性功能。评价结果采取以院部、职称等为分类标准的分类反馈，并非简单公布排序或给出得分，而是对教师自身进行纵向比较，以此来衡量每位教师的发展程度以及目标的达成度。

二、实施效果

（一）实现了教师评价的信息化管理

学校通过网络考评平台，完成了教师基本信息的采集、填报与审核，数据的统计与分析，结果的发布与反馈。自 2014 年以来，利用系统参与教学综合测评的教师共计 1621 人次。

（二）为教师评聘选优工作提供客观数据支持与服务

自 2014 年以来，学校完成了对 258 位教师教学综合评价结果与职称联动的数据提供工作。设立了"奖教金"，44 位教师先后受到奖励和表彰。教师教学综合评价结果成为评选名师、优秀教学团队、优秀教研室的重要考核指标之一，也成为年底各学院部绩效考核的重要参考之一。这一改革在提升学校科学化管理水平的同时，也有效地营造了学校重视教学的氛围。

（三）凝练了科研成果

"发展性教师评价体系的研究与实践"课题研究成果获第八届天津中医药大学教学成果一等奖。

创新实训指导教师职称评审，加强"双师型"教师队伍建设

/ 天津市职业大学

为主动适应职业教育类型体系建设，天津市职业大学在教师职称评审制度方面，新设实训指导教师职称评审序列，将体现技能水平和专业教学能力的双师素质纳入教师考核评价体系，在强化职教特色的同时，努力克服"五唯"沉疴和痼疾，为建设高素质"双师型"教师队伍保驾护航。

一、主要举措

2018年，在第六聘期全员聘任启动时，学校专门增设实训指导教师岗位，并在2019年度

教师专业技术职务评聘中设置了实训指导教师系列，制定了实训指导教师技术职务聘任条件。具体改革措施如下。

（一）突出师德导向

重点考查教师的思想政治素质、师德师风，实行师德师风"一票否决"制度。

（二）强调实训教学相关成果

在讲师、副教授、教授等各级别职务具体聘任条件方面，注重考查教师能力和业绩，克服教育评价"五唯"的倾向，注重标志性成果的质量、贡献、影响，紧紧围绕"双师双能"素质要求。

在教育教学方面，尤其重视对教师实训教学、实训项目开发、技术技能、应用研发、校企合作、技能竞赛、社会培训等实践应用方面的要求。

在业绩成果方面，打破传统的评价模式，不再将纵向科研、论文等作为评价实训指导教师的基础性条件，重视体现实训指导教师特点的实训类、技能类、应用类成果，业绩成果实行"多选多"，设计必选的"*"项成果和可选的其他业绩成果选项，通过增加业绩成果的可选范围，在强化对教师"双师型"素质考查的同时，兼顾教师个人优势的多样性。以教授评聘条件为例，共设计17条业绩选项，其中，"*"选项10条，包括技术技能、指导学生、科技成果转化、实训设备开发、实训基地建设、技术研发等体现职业教育特点的选项，申报人可根据自己的优势特长选择。

（三）设置直接晋升条件

设置讲师、副教授的直接晋升条件，突出技术技能培养导向，对于技能水平特别突出者，如获世界技能大赛奖、全国技术能手、中华技能大奖、国家级技能大师等奖项及称号的，在符合其他条件的基础上，可直接晋升为讲师或副教授。

二、实施效果

（一）开辟了专业技术教师成长新通道

在 2019 年专业技术职务"以聘代评"中，首次运用实训指导教师的评审标准，对参评的实训指导教师进行了评聘，有 3 名教师获得聘任。其中，一名教师凭借 2 项发明专利授权及服务企业科技研发取得显著经济效益等业绩，被评聘为教授；另两名青年教师凭借指导学生参加全国技能大赛获奖、本人获优秀指导教师及参加实训室建设等项目，被评聘为讲师。实训指导教师专业技术职务评聘得到了广大教师的认可，也激励了专业技术教师的工作积极性。

（二）创新了职业院校教师职称评聘方式

单独设置实训指导教师职称评审序列体现了学校勇于尝试、敢于创新的精神。学校积极落实《国家职业教育改革实施方案》《深化新时代职业教育"双师型"教师队伍建设改革实施方案》的要求，主动适应职业教育类型体系建设，创新教师职称评聘，将师德师风、工匠精神、技术技能和教育教学实绩作为职称评聘的主要依据，为"多措并举打造'双师型'教师队伍"，建立多元（职业院校、行业企业、培训评价组织）参与的"双师型"教师评价考核体系，破除"五唯"沉疴和痼疾积累了实践经验。

创新科研评价，设立应用推广教授

/ 山西农业大学

山西农业大学出台了应用推广型教授评审条件，建立了新的评价体系，单列晋升指标，论文、学历、奖项不再是硬性条件，而是将应用业绩与推广服务效果作为评审的主要依据。

一、主要举措

（一）创新评价体系

出台应用推广型教授评审条件，建立新的评价体系，单列晋升指标。

（二）强调成果导向

不将论文、学历、奖项作为硬条件，而是将

服务脱贫攻坚和乡村振兴中取得的新技术、新产品、新品种、新标准和新成果等业绩与推广服务效果作为评审的主要依据。

二、实施效果

（一）起到了示范作用

李灵芝、高培芳、孟俊龙3位在社会服务与科技成果应用上取得了显著成绩，晋升为应用推广型教授，起到了很好的示范带动作用。现在，教师中"项目选在田间地头，论文写在三晋大地"的理念进一步深化，为农业发展和农民增收致富做贡献的积极性得到了进一步的提高。

（二）落实了社会贡献导向

在认真做好教学、科研工作的同时，晋升应用推广型教授进一步激励了3位教师在科技成果推广和社会服务上再做新贡献。李灵芝教授挂职阳高县，建立了绿园、火山等绿色蔬菜生产示范基地，引进蔬菜新品种157个、新技术和新装备32个，示范带动5万亩，亩增收2000元，培训菜农10000人次，番茄水肥一体化集成技术在全县推广。同时，她协助阳高县认证了绿色A级蔬菜品牌"大泉山"，成功申报了"阳高红"蔬菜区域公共品牌。高培芳教授主持研发的"叶面营养防控枣裂果技术"在山西省14个县，以及河北、新疆等地推广30余万亩，亩均增收1500元，枣农增收5亿多元。孟俊龙教授在吕梁市临县、交口县以及大同市广灵县等地推广"高寒地区夏季香菇高效生产技术",临县2019年已有食用菌企业和合作社62家,栽培香菇1500多万袋,产值突破1.3亿元,带动农民3000余人就业。

多点突破推进高校评价

/ 内蒙古大学

为破除"五唯"顽疾，内蒙古大学深化人才评价制度改革，多角度、多方位激发了科研人员的创新活力，促进了学校科研实力水平的提升。

一、主要举措

（一）改革科研平台的评估考核

1. 加强制度建设

为进一步规范和加强各类科研平台的设立、运行、管理和考核评估，实现资源的合理配置，促进科研力量的整合，推进学校科学研究和社会服务等各项工作，学校出台了《内蒙古大学科研平台建设与管理办法》《内蒙古大学科研平台考核评估细则》，明确了科研平台建设、申报条件及批准程序、所在学院对科研平台的支撑保障、科研平台知识产权保护和安全管理等各项任务，建立和完善了科技创新平台年度报告、定期评价考核制度以及与评价结果挂钩的动态管理机制。

2.优化评估考核

学校对组建时间满 2 年的科研平台进行考核评估，考核周期为 5 年，从平台的研究主题与发展规划、科研立项能力、成果产出及学术影响、队伍建设与人才培养、学术交流与运行管理等方面进行综合考核评价，不以平台成员的文凭、论文和帽子为前置条件。学校对考核评估结果为优秀和良好的科研平台给予绩效工资激励，优先保证其建设运行经费，优先推荐其申请政府建设支持经费，优先为其申报更高一级的科研平台。

（二）改革科研项目评审管理

1.加强制度建设

为深化科研项目管理改革，学校先后发布了《纵向科技项目申报工作流程》《横向科技项目立项工作流程》，研究制定了《内蒙古大学科研项目间接经费管理办法（试行）》和《内蒙古大学科研项目结余经费管理办法（试行）》，按照国家和内蒙古自治区关于科研经费放管服的有关要求修订了《内蒙古大学科研经费管理办法》和《内蒙古大学科研经费使用管理细则》，在项目的申报立项、科研经费使用、预算调整等方面进一步简化相关程序，激发了科研人员的创新活力。

2. 优化科研项目评审程序

项目评审破除"五唯"方面，按照国家和自治区有关主管部门下达的科研项目申报通知和项目指南及时发布相关项目申报信息，不单独设置申报和评审条件，凡是符合各类项目指南所列申报条件的项目，经材料审核合格后均推荐申报。对于限项推荐的各类项目，在发布相关项目申报信息时就按要求明确告知学校可以推荐项目名额总数；项目申请人报送申请书后，学校按照人文社会科学和自然科学学科领域分类，分别组织聘请学校活跃在科研一线的相关学科专家进行评审推荐，聘请专家时注意回避制度，评审前组织专家审阅申报材料，确保专家充分了解申报项目情况。评审时秉持项目评审公开、公平、公正的原则，不把发表论文、获得专利、荣誉性头衔、获奖等情况作为限制性条件，重点从项目的研究基础、研究团队、创新性、经费预算和预期效果等方面进行综合评价，确定推荐项目并按要求进行公示后上报。

3. 设立自主科研项目

学校依据《内蒙古大学科研项目结余经费管理办法（试行）》，将2016年1月1日以后结题的科研项目（含"973计划""863计划""国家科技支撑计划""国家科技重大专项""国家重点研发计划"等所有中央财政来源科研项目）结余经费结转至学校科研项目结余经费统筹账户，用于支持项目负责人或其所在创新团队设立自主科研项目，开展自主选题科学研究。所有教师皆可申报，不以教师的文凭、论文和帽子等情况为前置条件。评审时重点从项目的研究基础、研究团队、创新性、经费预算和预期效果等进行综合评价。

（三）改革人才评价机制

1. 修订职称评聘办法

把师德师风作为评价教师队伍素质的第一标准，并把师德师风建设作为教师队伍建设的首要任务，实行分类评审、综合评价和代表作校外同行专家评价制度，明确教学为主、科研为主、教学科研并重等类型的岗位要求，坚决破除"五唯"，加强对本科教学工作的考查，增加其权重，坚持教授为本科生上课制度。

2. 建立人才引进和人才推荐的评审制度

在人才引进中，组织校内同行专家进行综合评选推荐；在人才计划评选中，按照学科建设需求、分层次引进不同学术背景的优秀教师，强调政治思想表现、教育和科研经历及学术水平，对青年教师更加注重教学科研发展潜质。

（四）改革激励机制

1. 确立以业绩为导向

以学院、管理部门、教辅单位、校学术（学部）委员会等为单位，围绕学校发展战略目标和年度工作要点，对积极谋划、勤奋投入、出色完成各项进取性、创新性、突破性、竞争性、艰难性等单位整体性工作以及计划外、突发性、非常规等重要工作的人员进行激励。

2. 明确界定工作类型和申报条件

进取性工作是指在原有工作的基础上，通过不懈努力在某方面取得了显著进步的标志性、系统性工作；创新性工作是指采取新理念、新战略、新谋划，在顶层设计、组织协调、体制机制、方法手段等方面，通过改革创新、有效谋划、组织协调、勤奋投入，取得了实质性新成效的工作；突破性工作是指在学校办学实力、质量水平核心指标提升等方面填补空白或取得了突破性进步成果的工作；竞争性工作是指在学术及其他领域经公开评审、遴选、竞标等途径，通过与校外同行公平竞争的方式取得了重要业绩的工作；艰难性工作是指在时间紧、任务重、困难大、人员资源条件有限等情况下，通过克服困难、艰苦努力、加倍投入，按期圆满完成的重要工作。取得显著成效的可申报一等奖，取得明显成效的可申报二等奖，高质量完成本单位年度工作、与以往相比又取得稳定且重要进展的可申报三等奖。

3. 奖项设定

单位工作进取奖包括学院奖和部门奖两类，每年秋季学期末评审奖励一次。每类设一等奖、二等奖、三等奖三个等级，奖励总数不多于申报单位数的70%，其中，一等奖、二等奖、三等奖按类别分别不多于申报单位数的10%、30%、30%。

4. 严格评审程序

单位工作进取奖评审包括单位申报、专家组评审、校长办公会研究三个环节。各单位向学校申报当年单位工作进取奖，申请书内容包括工作内容、难点、所取得的实质成效以及根据参与人员的分工工作、贡献大小、工作水平、工作能力、工作态度等因素所得的分配权重。学校成立50人组成的评审专家组，在认真审读相关材料的基础上组织公开答辩，包括各单位业绩陈述、专家组提问质询、各单位回答提问和专家组投票打分四个步骤。在专家组评审结果的基础上，由校长办公会研究决定奖励单位、奖励等级、奖励津贴标准。

二、实施效果

（一）通过深化科研评价改革，校科研平台建设水平明显提升

"十三五"以来，新增省部共建草原家畜生殖调控与繁育国家重点实验室1个，蒙古文智能信息处理技术国家地方联合工程研究中心1个，教育部重点实验室、工程研究中心、协同创新中心、野外观测站、创新引智基地等部级重点研究平台5个，铸牢中华民族共同体意识研究培育基地1个，建设"东北亚语言资源数字化平台"，筹建"中国历史研究院北方民族历史文化研究中心"。共获准国家和自治区各类项目877项，其中国家重点研发计划、国家科技重大专项、国家科技支撑计划、"973计划"和"863计划"项目课题30项，"千人计划"青年项目1项，国家自然科学基金项目256项（含重大计划培育项目1项，优秀青年科学基金项目1项），共获准经费5.1亿元，到账经费4.5亿元，人均到账经费约20万元/年。

（二）通过深化人才评价改革，高端人才引育有新突破

2016年以来，学校引进高层次人才203人，其中通过"骏马计划"引入学科带头人和学术骨干20人，具有博士学位的专任教师占比从2016年的62%发展为2019年的73.1%，45岁以下青年教师占62%，形成了以中青年为主的教师队伍；在外校获得学位的占66%，学缘结构趋于合理。在教师群体中，入选教育部"长江学者奖励计划"特聘教授1人、讲座教授1人，教育部"长江学者和创新团队发展计划"研究团队2个，科技部创新人才推进计划重点领域创新团队1个，入选国家"千人计划"1人、"青年千人"1人、"百千万人才工程"8人，国家级教学名师奖获得者3人，入选全国首批青年拔尖人才支持计划1人、"万人计划"哲学社会科学领军人才1人、科技创新领军人才1人，获批国家优秀青年科学基金项目1人，入选教育部新世纪优秀人才支持计划11人。

（三）通过深化人才激励机制改革，学校内涵得以丰富

学校确立以业绩和贡献为导向的评价和激励机制，克服教育评价中的"五唯"顽疾，有效激发了师生员工干事创业的动力，激励各单位积极谋划工作并取得一流业绩，出色完成了本科教学审核评估、博士学位点申报、国家一流学科建设等重大工作。

多点发力创新教师评价制度

/ 华东师范大学

2014年以来,华东师范大学积极谋划、统筹推进,通过两轮人事制度改革,始终将重点内容放在探索教师分类评价制度上,并构建了教师自我评价、同行评价、学生评价三位一体的教师教学评价体系,旨在探索适合学校实际、适应学校发展需求的教师评价改革之路。

一、主要举措

(一)细化教师分类评价指标体系,体现岗位需求

在建立教师评价体系时,注重分类评价,将

岗位类型分类与学科分类相结合，系统设置评价指标，建立科学的评价指标体系。岗位类型基本分为教学科研并重、教学为主、科研为主三大类型。结合学科或领域特色，学校职称晋升标准共有16类。针对不同岗位类型、不同层面的教师，按照哲学社会科学、自然科学、艺体类学科、工程实验类学科等不同学科领域，基础研究、应用研究等不同研究类型，学校分别建立了科学、合理的分类评价标准。

评价指标基本分为人才培养和科学研究两大模块，社会服务体现在部分学科的评价标准中。根据学科领域的不同，设置符合学科领域特色的评价指标和评价标准。第一，哲学社会科学领域教师的评价标准体现了多样性，将咨询报告、重要报刊文章、智库成果纳入评价指标。对于哲学社会科学中的语言类学科，还根据语种将日语、俄语、德语、法语、西班牙语本语种期刊纳入期刊认定范围。艺术体育类学科单独设置评价标准。另外，结合华东师范大学教师教育特色，学科教学论学科教师的评价标准单独设置。第二，对自然科学，将评价指标分为基础研究、应用研究两类，工程实验支撑类人员的评价标准单独设置。第三，考虑交叉学科特性，设置具有交叉特性的评价标准。第四，将指导学生取得的研究性成果纳入指导教师的业绩，在评价过程中予以认可。第五，不同学科和岗位类型对本科教学的质和量都有不同要求。

分类评价指标体系不仅充分考虑了学科或领域特色，在破"五唯"方面也做出了一些探索，将咨询报告、重要报刊文章、智库成果、指导学生的突出性成果纳入评价指标，破除了"唯论文"。

（二）探索代表性成果评价机制，注重贡献和影响力

建立了代表性成果评价制度，进一步全方位推动破"五唯"评价机制，将系统性、标志性、高质量的创新性代表成果作为教师学术水平评价的重要评价要素，鼓励教师尤其是优秀青年教师注重学术成果质量和影响力，注重对国家、社会、学校和学科的实际贡献。在代表作评价机制中，教师可突破年限限制破格晋升职称，成果形式不拘一格，成果质量需要过硬。专家队伍公平、公正，为青年教师的脱颖而出营造了良好的环境。在引进海内外人才方面，也实施代表性成果评价机制，注重学术成果影响力。

（三）深化分类评价改革，体现教师专业发展导向

2019年启动了新一轮教师评价制度改革。这次改革的目标是在2014年改革的基础上，进一步推进分类评价，构建专业技术人员在人才培养、科学研究、社会服务等方面的全方位评价体系，提高评价的灵活性，形成"人尽其才，才尽其用"的评价机制。这次改革的重点是加强教育教学和师德师风评价，进一步突出学科或学科群特色，制定符合学科发展的分类评价标准，以职称晋升评价指标为基础，完善聘期考核制度，将教授为本科生上课作为基本制度进行有力推动，将师德师风作为职称晋升和聘期考核的首要评价指标。

根据学校"双一流"建设目标，坚持"师德为先、教学为要、科研为基、发展为本"的考核评价方向，围绕立德树人根本任务，以分类指导、科学评价、鼓励创新、服务社会为导向，制定符合各学科发展需要和发展规律的专任教师系列高级职务基本条件，激励教师开展高水平、原创性、系统性的教学、科研和社会服务工作，推

动全面提升人才培养质量和科学研究水平，促进教师的全面发展。

（四）推动三位一体教师教学评价，发挥"以评促教"的导向作用

学校在对三位一体教师教学评价制度的设计和实施中，立足教师的可持续成长与研究型大学的发展规律，着力发挥评价的科学导向作用，提升评价的科学性。

1. 着眼顶层设计的引领作用，推动评价方案不断完善

学校于2015年颁布实施《华东师范大学教师本科教学质量评定办法》（以下简称《办法》），构建了教师自我评价、同行评价、学生评价三位一体的教师教学评价体系，从教师执教态度、学生课堂体验、教学环节的专业质量和学生成长的得益程度等方面，全面综合评价教师的教学质量。同时，在职称评定和教学评奖中首次引入教师本科教学质量评定。经学部、院系教学委员会评定教学质量等第为不合格的，或经学校教学委员会审核、复议为不合格的，不得晋升高一级专业技术职务。2016年5月，学校结合首轮评定的实际运行状况，在广泛征集各方意见和建议的基础上，对《办法》进行了修订和完善，发文颁布了《华东师范大学教师本科教学质量评定办法》（2016年修订）。

2. 着眼教师教学可持续成长，打造发展性教师教学评价制度

学校建立了以教学档案为基础的教师自我评价制度，为教师实施自我评价提供了有效参考，避免了一直以来自我评价流于形式的诟病。评价制度以诊断为目的，采用质性与量化相结合的评价方式，帮助教师获取更充分的反馈信息；以尊重差异为原则，针对不同类

型的教学岗位，实行教学水平的分类评价，并允许各学部、院系在不低于学校标准的前提下，制定院系层面的教师教学评价制度。

3. 着眼教学学术共同体建设，强化研究型大学教学评价的学术性

坚持教授治学、专业评价。学校教学委员会负责制定教师高级专业技术职务任职资格与基本条件中的教学评价指标，各学部、院系教学委员会负责对本单位教师教学质量考核的初评工作，学校教学委员会负责审核、评定工作。坚持学术标准，全力提高同行评价的广泛性。教师提出教学质量评定申请后，一年内参与听课的同行不少于12人次。坚持教学学术理念，建立教学工作与教学成果相结合的多维评价。

4. 重视评价信息反馈与分析，追求教学评价价值的最大化

第一，多方参与，实施由教师本人、学生、同行专家组成的多元评价，使评价活动成为一种交互活动，促进全体参与者共同进步。第二，组建专门课题组，广泛征集全校师生的意见和建议，开展本科生评教指标修订工作，民主研制评价指标。第三，重视学生反馈，除通过学生学期评教和师生座谈会等各类互动反馈信息外，学校每年组织开展"本科毕业生问卷调查——评选你心目中最优秀教师"活动，多渠道收集学生评价。第四，科学分析，开展评教异常数据筛查，有效提高学生评教数据的公信力。质量评定由教师自愿申请，评价结果及时反馈给本人，实行复议制度，充分凸显教师作为被评价者以及参与评价者的主体性。

二、实施效果

华东师范大学在推进教师评价改革中，坚持目标导向，明确学科对标学校，把握高标准和学科特色双重要求；坚持分类指导、科学评价原则，通过评价指标灵活组合的方式，建立科学合理、清晰明确的评价体系；坚持看贡献、重质量原则，完善代表性成果评价机制。经过多轮广泛实践，改革在全校产生了较大影响，取得了系列成效。

（一）达成理念共识，引领大学教学文化的发展方向

在实践和优化改革的过程中，学校实体教学单位和教学管理部门在大学教学本质等多个方面达成了理念共识，进一步巩固了教学中心地位，营造了重教崇教的良好氛围。基于以上理念共识，学校形成了一系列可操作、特色鲜明的教学管理制度，进一步推动了大学教学文化的落地生根。

（二）化理念为制度，持续促进大学内涵建设

作为教学质量保障体系的重要组成部分，三位一体教师教学评价制度正在发挥举足轻重的作用，演化或衍生出系列相关教学管理制度，如青年教师助教制度、多层次的教师教学荣誉制度（以学生心目中最优秀教师奖、杰出教学贡献奖、本科教学年度贡献奖等为核心构成），院系特色教师教学评价制度等。

（三）强化教学功能，提升了教师教学成效

三位一体教师教学评价制度对教师专业成长发挥着关键导向和行动指南的强大作用，进一步强化了全校教师的教学责任感与使命感，推动了全校教师深入理解教学学术，努力探究教学学术的本真，提升教学学术能力。全校教师广泛参与各级各类教学改革与建设项目，各教学单位或教研组的教研活动较之以往活跃度大幅提高，进一步助益于全校教师与时俱进优化教学方法，有效提升课程教学成效。在学生网上评教中，学生对全校教师教学质量评价平均得分（满分5分）从2014—2015学年的4.540分提升到2018—2019学年的4.729分。

（四）激发了教师提升教学和科研水平的积极性

2014年以来，教师评价制度改革取得了明显成效。明晰的分类评价，帮助教师找到了适合自己发展的途径和平台；代表性成果评价机制，激发了教师开展系统性的高质量科研工作的积极性，教师坐得住冷板凳，逐渐形成"十年磨一剑"的研究氛围。代表作制度代表了学校重视质量的导向，为青年教师的发展疏通了通道，对学科建设、师资队伍建设起到了明显的促进作用。一定数量的青年教师通过代表性成果评价，晋升了高一级职称。一个国际性、本领域高度认可的奖项，一本有影响力的著作，一个高质量的研究报告或咨询报告，都可成为优秀教师晋升职称的代表性成果。

（五）发挥了对兄弟高校的辐射作用

华南师范大学、南京师范大学、东华大学等高校都专程调研学习。上海地区众多高校也就该制度的理念和程序设计有过多次研讨。

相关办法已被多所兄弟院校学习、借鉴，显示出良好的推广和应用价值。有关教育改革论文公开发表在中文社会科学引文索引（Chinese Social Sciences Citation Index，CSSCI）来源期刊上，不仅拓展了高等教育管理的学术研究视野，更为全国高校开展教师教学评价工作提供了参考。

探索高校教师"代表性成果"评价改革

/ 上海大学

近年来,上海大学为改变长期以来教师评价手段和评价方式单一、评价重数量轻质量的局面,探索开展"代表性成果"评价,深化了教师评价改革,推动了高水平学术成果的产生,开辟了优秀人才职业晋升和成长的新通道。

一、主要举措

(一)高级专业技术职务评聘注重代表作

2017年2月,上海大学为扭转重数量轻质量的学术评价倾向,鼓励教师潜心研究、长期积累,出台了《上海大学高级专业技术职务破格聘任实施办法》。2018年1月，学校印发了《上海大学教学型教师高级专业技术职务聘任实施办法》，规定"教学型教师的教研能力评价采取代表性成果评审，由学校委托第三方评估机构进行校外同行专家评审。申请人应提供任现职以来体现其教育教学能力、教学研究能力等的教学研究成果，其中：申请教授岗位一般不少于三项，申请副教授岗位一般不少于二项"。

（二）引进国际人才注重代表作

面对当下国际人才流动趋势，上海大学积极对接落实上海市人才工作协调小组《加快实施"国际人才蓄水池"工程行动方案》的文件精神，制定出台《上海大学"国际人才蓄水池"工程实施办法》，加大力度引进海外优秀人才。与此配套，上海大学正在继续完善代表性成果评价方法，建立科学高效且基于国际惯例的评审制度。

二、实施效果

（一）多名教师实现了破格晋升专业技术职务

自2017年《上海大学高级专业技术职务破格聘任实施办法》实施以来，已有多位教师成功晋升专业技术职务，惠及多个学院及专业。通过破格渠道，已有21位优秀的专业技术人才拥有了更高的发展平台，取得了突出的工作成绩。

以机电工程与自动化学院彭艳老师为例。彭老师多年来致力于海洋智能无人艇装备、减震降噪、海洋传感器的研究工作，长年奋斗在海洋第一线，打造出了精确执行海上任务的海洋智能装备。彭老师2017年通过代表性成果破格晋升研究员。在新的聘任岗位上，彭老师荣获上海市科技进步奖一等奖；承担了多项科研任务，包括国家重大专项课题、国家自然基金委基金重点项目、军委装备发展部项目、科技部国家重点研发计划课题等；现任教育部海洋智能无人系统装备工程研究中心常务副主任、上海大学无人艇工程研究院院长、上海市智能无人艇系统工程技术研究中心副主任、中央军委装备发展部专业组专家、中央军委科技委主题专业组专家等；获国家青年拔尖人才、上海市青年拔尖人才、全国三八红旗手等荣誉称号，任中国妇女第十二次全国代表大会代表，带领团队入选首届黄大年式教师团队等。

（二）营造了潜心研究的科研文化

学校建立了以"代表性成果"和实际贡献为主要内容的评价方式，将具有创新性和显示度的学术成果作为评价教师科研工作的重要依据，有效遏制了教师急功近利的短期行为，营造了教师潜心科研的文化和氛围。

以学生评教促教师评价,实现"教"与"学"有效对接

/ 江南大学

2016年,江南大学启动以学生评教促进教师评价的改革。历经文献梳理、校内外调研、全校范围意见征集及方案完善、评教方案测试及方案再优化、文件修订及系统上线等阶段,新评教育案于2017—2018学年正式上线,开辟了以深化评价改革助推"教"与"学"有效对接的新路径。

一、主要举措

(一)根据不同学科的特点,实施分类评教

新评教方案根据不同学科特点,重塑分类量

表，将课程分为理论类、实验类、术科类。评价量表从学生视角设计，重点关注学生的学习体验及学习获得感，提高评价效度。

（二）结合过程性评价与期末评价，提升评价实效

过程性评价全程开放，在第 8～9 周集中进行，依托"江南大学本科教学质量监测系统"开展，主观性评价问卷由校级通用问题与教师自设问题共同组成，通过及时收集学生反馈意见、师生在线互动，及时了解教学过程中的问题与不足，帮助教师开展教学诊断。期末评价于第 15～16 周开展，实施分类评价，通过分档限额与量表相结合的方式提高评价的区分度。特殊情况可申请不评价，如对新入职教师第一年所开的课程、对首次开设的新课、对评教人数不足 10 人的课程、对团队上课课时不足 4 课时的教师；对缺勤课时超过总课时数 1/3 的学生，可取消评教权限。

（三）加强数据挖掘与对接，打破数据孤岛

对接与整合多部门数据，从学院、教师、课程、学生、教学班等维度深度挖掘各学院课堂教学状态，呈现数据背后的丰富内涵，研制《学生评教分析报告》。

（四）加大评教结果的反馈，服务教师发展

每学期为评价结果位于学院前 5% 的教师寄送表扬信，学院教师发展分中心通过举办活动给予教师公开肯定；对评价结果连续低于设定阈值的教师，发送教学问题诊断报告，同时为教师提供专家帮扶等教学支持服务。

教师教学质量考核与评价是职称评审的重要依据。教师教学质量评价分为学生评教与学院评价两部分。学生评教由学校统一组织，学院评价由学院根据实际情况进行组织，其中，学生评教占比不低于60%。晋升教授职称的教师近三年教师教学质量评价成绩不低于学院前50%，晋升副教授职称的教师近三年教师教学质量评价成绩不低于学院前70%。

利用教师教学质量评价数据，每年对有职称晋升需求的近两年均分在后30%的讲师及后50%的副高职称教师，反馈其近两年教学业绩状况，并进行职称预警，同时发送教学支持邀约，服务教师发展需求。

（五）强化评教的宣传与推广，扩大评教影响

借助校内评估工作人员、校院两级教学督导、学生教学信息员队伍等，构建一支专业的评教宣讲团队，通过评教讲座、师生座谈、主题班会、微信公众号推广等多种渠道宣传评教意义，为师生排疑解惑。同时，借助学校教师发展中心的教师培训和教学咨询服务，鼓励教师提升教学策略，积极开展师生互动，主动参与过程评价，共同培育互信合作、健康向上的评教文化。

二、实施效果

（一）开创了教师职称评审的新路径

江南大学以学生的体验为切入点，拓宽和创新了以学生评教

提高教师教学效能的路径，通过深化评价改革，实现了以"学"促"教"，实现了"学"与"教"的有效对接。

（二）营造了正向激励的良好教学生态

学校树先进典型，开展学生评教推出的优秀教师表彰，营造了弘扬先进教学文化的良好生态。从 2018—2019 学年开始，教学评估与教师卓越中心为每学期各学院学生评教结果位于前 5% 的教师发放感谢信，累计表彰 287 位教师、235 门课程，进一步激发了教师的教学热情，促进了优秀教师示范引领作用的发挥，受到了各学院领导和一线教师的一致好评。

"教得好"也能评教授

/ 南京林业大学

长期以来,高校职称评审的"指挥棒"使得"重科研轻教学"成为痼疾,"'教得好'不如'写得好'""科研是自留地,教学是公家田"等论调兴盛一时。为此,南京林业大学加快推进一流学科建设,加强顶层设计,深化人事管理制度改革,打破以往"唯论文、唯学历、唯资历"导向,突出教学业绩和教学质量在教师职称评审中的作用,引导教师潜心教书育人,为提升人才培养质量做出贡献。

一、主要举措

（一）出台职称制度改革政策文件

2013年，南京林业大学率先出台文件，将教师分为教学为主型、教学科研并重型和科研为主型，制定多元化复合型评价体系，坚持分类管理、分类评价的职称制度改革方向。2019年3月，在深入调研走访的基础上，学校在教学为主型教师群体中，针对从事公共课和基础课教学的教学专长型教师制定了更加科学、合理的评价标准，出台了《南京林业大学教学专长型高级专业技术职务资格条件（试行）》（以下简称《文件》），明确提出了"教学专长型"这一分类体系及其职称评定条件，创造性地以高质量的课堂教学常态为教师职称评审的"代表作"。

《文件》规定，教学专长型教师的业绩主要应由其所教学生的成长来体现，教学专长型教师应将论文"写"在课堂上。《文件》首先界定了"教学专长型"教师的育人要求，即自觉落实教书育人职责，在教学过程中，善于将专业知识教育与思想政治教育相结合，关心学生全面成长，帮助学生树立正确的世界观、人生观、价值观；其次，明确了评价标准，即注重对教师师德素养、教育教学水平和人才培养成绩的综合评价，突出师德为先，实行师德失范、学术不端"一票否决制"。

（二）实施教学效果导向的职称评审

学校把教学效果好作为核心指标，细化评价流程。评审包含学院、督导组推荐，教师自主申报，师生评教，课堂质量专家评价以及综合评价等环节。在具体评审过程中，注重以教师课堂教学的常态表现为核心。比如，"课堂质量专家评审"这一环节，学校在教师不知情的前提下，从其前一年授课录像中随机抓取3段45分钟的教学视频，结合教学大纲、教案、习题等教学辅助材料，组织校外不少于3位国家级或省级教学名师，以及校内教学督导、同行等进行评议。此外，学校还向毕业近五年的学生发放调查问卷，了解毕业生对该教师教学活动效果的评价，从侧面反馈教师教学的一贯表现。通过科学评审，规范程序，让真正有能力、有才学、师生公认的教学成绩突出的教师脱颖而出。

二、实施效果

（一）探索了改革新路径

2020年4月，学校顺利启动了首批教学专长型教师高级职称评审申报工作，评审出了首批教学专长型教授，在探索解决科研与教学失衡的痼疾，促进高校人力资源优化配置方面做了有益尝试。这成为教师职称评审改革的一个样本。

学校坚持"人尽其才、才尽其用"的人事制度改革方向，针对不同类型教师的岗位职责和工作特点，以及教师所处职业生涯的不同阶段，分类、分层次、分学科设置动态化的职称考核内容和考核方式，让不同专长的教师都能在校园中安心专注于扎实、系统、高水平的专业工作。

（二）促进了教师潜心育人

让教师回归本分，让潜心于教书育人的教师有尊严、有前途、有发展，是南京林业大学推行这项改革的出发点和落脚点。此项改革不仅得到了校内广大教师的推崇，受到《中国教育报》《新华日报》《光明日报》等主流媒体的广泛报道。如今，倾心教学、潜心育人的风尚在南京林业大学的校园已蔚然成风。

"四类型四层次""双师双能型"教师评价

/ 浙江省宁波市宁波财经学院

2014年，宁波财经学院创建了具有校本特色的"四类型四层次""双师双能型"教师分类分级认定、评价、考核的发展体系。2018年开始，学校将原"三年一聘"的管理模式转变为"年度考核＋聘期考核""一年一聘""考评一体"的模式。

一、主要举措

（一）构建"三类型四层次""双师双能型"教师分类分级评价体系

学校构建了"三类型四层次""双师双能型"教师分类分级认定、评价、考核的发展体系，将应用型教师（应用教学型、应用研究型、应用技术型）和创业导师分类分级（准入、初、中、高级）一并纳入发展体系（见图1）。

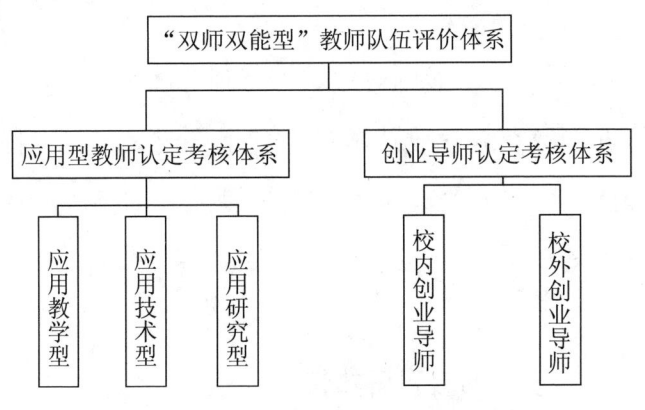

图1 "双师双能型"教师队伍评价体系

（二）优化"双师双能型"教师认定考核工作机制

一是建立了两级考核与评价制度，在学校下达指数的宏观控制的基础上，赋予二级学院更大的认定与考核权，推动了二级学院的自我激励、自主管理；二是自2018年开始将原有的"三年一聘"的管理模式转变为"年度考核+聘期考核""一年一聘""考评一体"的模式。

（三）强化"双师双能型"教师过程评价

开展"双师双能型"教师动态实时评价。通过教师业绩信息平台建设，对教师的课程建设状态变化、教学发展动态、成果转化情况等进行适时评价，方便教师评价考核，也为学校推进应用型师资队伍与应用型课程建设、资源配置与政策改进提供准确、及时的数据。

二、实施效果

（一）推动了学校建设

"三类型四层次""双师双能型"教师分类分级评价体系作为宁波市"十三五"教育教学改革项目得到了广泛认可，也提升了学院应用型教师队伍建设水平，保证了应用型人才的培养和应用型、高水平大学的建设。

（二）激发了教师教科研热情

通过指标体系的研究探索与实时评价平台的建设，充分发挥二级学院在应用型教师队伍建设中的能动性，激发了二级学院和教师自主提升的主动性和积极性。

（三）培育了丰硕的教学成果

截至2019年，学校已与429家企业与学校建立了合作关系。其中，在新增的229家企业中，80%由应用型教师参与创建，并在其中挂职、进行实践锻炼或指导学生实习、实训，较为丰硕的实践教学成果涌现了出来。

（四）提高了教师应用实践能力

深化"双院制"二级学院管理体制改革，成立3D打印学院、VR学院、惠科互联网学院等特色产业学院，嵌入机电工程学院、艺术设计学院、信息工程学院中，为新业态应用型人才的培养及教师应用实践能力的提高搭建实践平台。

经过近两年"双师双能型"教师认定，学校"双师双能型"教师达到专业教师的 60% 以上，应用型科研成果、应用型教学团队及课程开发、学生创新创业项目数量不断增加，质量不断提升。学校共拥有应用型教学团队 66 支，开发应用型课程 169 门，较好地保障了应用型人才的培养，也促进了应用型教师的成长。

改革职称评审

/ 广东工业大学

广东工业大学将职称评审改革作为教师评价改革的主要突破口,坚持德才兼备、分类评价、科学合理、客观公正原则,全面实施全系列、全级别、多渠道、分类别的职称评审,取得了显著成效。

一、主要举措

(一)关注学科差异,设置多种职称评审系列

坚持科学、客观、公正地评价专业技术人才,注重学校重点学科和其他学科的统筹兼顾。

根据学校的办学定位、不同类型教师的岗位职责和工作特点，正确处理好不同学科之间水平差异和不同系列差异的关系，设置理工类、人文社科类、教学类等类型，分类别、分层次、分学科设置评审内容和评价方式，不断完善教师职称分类评价办法。在工作量要求方面，充分考虑不同人员类型和不同评审系列的工作特点，既有统一尺度，又有独立要求。

（二）关注成果导向，制定差异化的评价标准与方式

根据不同类型的人员制定不同的评价标准，设置了正常申报主渠道、破格申报制度、教学型高级职称申报通道、初级与中级的认定评价方式、委托校外送审机制等评价晋升方式。在对教师业绩成果的评价上，既注重基础研究，又重视产学研成效；不仅看论文，也看专利；不仅看国家自然科学基金项目，也看企业攻关项目；不仅看获奖的情况，也看解决实际工程难题的情况；同时对艺术、体育、建筑等术科类学科的学术成果专门设置比赛、作品等视同评价制度。

（三）关注教书育人，完善涵盖教学各方面的评价指标

既考虑传统的教学工作量和教学评价排名，也充分评价教师在担任班主任、指导学生创新创业、指导学生毕业设计等多方面的付出和业绩。为保证评审质量，在专家库的设置上进行创新，提出核心专家库和普通专家库的架构，保证专家抽取的随机性和专家质量的一致性。

二、实施效果

（一）提供了强有力的智力支撑和人力资源保障

全面实施职称评审改革后，学校各单位更加重视多维度、客观地评价教师。职称改革有效促进了广大教师的事业发展，特别是促使拔尖创新人才不断脱颖而出，为学校建设高水平大学提供了强有力的智力支撑和人力资源保障。

（二）经验得到了广泛认可、肯定并得以推广

学校的职称制度改革成效得到了广东省人力资源和社会保障厅的肯定，广东工业大学作为高校改革标杆在全省深化职称制度改革的会议上做经验介绍，积极向全省推广相关做法和经验。学校还被教育部授予"高校教师考核评价改革示范校"。

成果导向的多样化分类评价

/ 中山职业技术学院

广东省中山职业技术学院针对学校不同部门的各类人员细化分类评价,通过建立应用成果导向的评价机制,使评价多样化,激发了教职员工的积极性和创造性。

一、主要举措

(一)建立分类评价制度框架

2018年年初,学校出台了《中山职业技术学院科研体制机制改革实施办法》和《中山职业技术学院科研评价机制改革实施办法》,按照专业课教学部门、基础课教学部门,以及理工科类项目、人文社科和艺术类项目进行分类，将技术创新、技术服务和成果转让、理论创新和决策咨询、作品等，通过科学合理设计权重，实现同等评价。

（二）建立多样化成果导向评价机制

学校制定了"二级学院（中心）教科研与产教融合评价指标"，按照理工类、文科类，以及有无学生等不同类型，为教学部门制定分类评价指标，将知识产权、技术服务、成果采纳、成果转化、项目立项、高质量论文等同等纳入评价指标。其中，对专业课教学部门注重技术服务和成果转让，以经济社会效益和实际贡献为重点，技术服务和成果采纳的权重系数最高可达65%；对基础课教学部门注重人才培养、理论创新和决策需求，以对学生的教学科研创新创业等的指导、高质量课程教学理论创新和决策咨询报告为主要成果；对理工类项目以取得授权发明专利等技术创新为依据；对人文社科类项目以其成果被政府部门采纳为依据；艺术类项目在其他类项目成果评价基础上，可以根据作品影响力视同取得相应等级的学术成果。同时，建立多样化的成果清单，根据研究内容等实际情况确定预期成果，对应用研究项目则明确以技术创新、技术服务、成果转让、成果采纳等成果为关键的评价指标。

（三）配套建立成果导向的激励机制

2018年，学校制定了《中山职业技术学院科技成果转化管理办法（试行）》，提高了科技成果转化中对完成人收益的分配比例。以技术转让或者许可方式转化职务科技成果的,学校从中获得的收益全部用于奖励成果完成人;以技术入股实施转化的,全部股份用于奖励成果完成人。

二、实施效果

(一)激发创新动力

此项改革有效地激励和调动了全体人员投入科研教研、社会服务及决策咨询的积极性、主动性,有力地引导了教职工培育应用成果和开展成果转化工作,为建设人才培养高地,促进区域与国家经济社会发展,实现产业转型升级等目标奠定了基础。

(二)提升科研效益

改革实施两年多以来,学校科研氛围明显改善,教师科研活力显著提高,2019年申报科研项目数量较2017年增长108%,技术服务到款额增长117%,申报发明专利量增长260%,成果转让收益增长5倍,省部级以上项目立项数量增加了10余倍。

高水平教师队伍分类评价机制改革

/ 重庆工业职业技术学院

高水平高职学校建设要充分发挥教师"第一资源"的核心作用，遵循高等职业教育规律和教师成长发展规律，深入推进人事与绩效制度改革。为此，重庆工业职业技术学院积极推进"师德为先、分类培育、分类遴选、分类发展、分类考核"，致力于构建凸显高等职业教育特色的教师队伍分类评价机制，打造一支师德高尚、业务能力强、行业有权威、国际有影响的高水平双师队伍，为提高人才培养质量、服务经济社会发展和产业转型升级提供更加坚实的人才支撑和智力保障。

一、主要举措

（一）坚持师德师风是评价的"第一标准"

充分发挥党委教师工作部的作用，统筹推进教师思想政治工作和师德师风建设工作，全面加强党对人才工作的领导。以习近平新时代中国特色社会主义思想武装教师头脑，始终把政治标准放在教师队伍建设的首位，健全师德建设长效机制，制定《师德师风负面清单和失范行为处理办法》，建立学期报告制，推动师德建设常态化、长效化。引导全体教师以德立身、以德立学、以德施教、以德育德，争做"四有"好老师。通过宣传师德典范、树立师德楷模、讲好师德故事、强化师德考评等活动，用典型的力量带动人、用先进的力量引导人、用榜样的力量鼓舞人。严格实行师德"一票否决"制。

（二）明确人才分类遴选的主要标准

高等职业教育既有高等教育的层级，又具职业教育的属性，因此，分类遴选标准应体现高等职业教育特征。

一是以专业教学为重点选拔教学名师。学院制定了教学名师选拔办法，遴选教学名师不仅注重专业理念与师德的高度、专业知识的宽度、专业能力的强度，而且凸显专业教学实践的广度，通过"德""识""能""行"四大维度的素质，构建教学名师应具备的素质体系。

二是以工匠技艺为重点选拔技术技能大师。学院制定了技能大师选拔办法，以服务高端产业和产业高端为重点，选拔专业（行业）

领域技能拔尖、技艺精湛，并具有较强创新创造能力和社会影响力的高技能人才。

三是以技术创新为重点选拔学术技术带头人。学院制定了学术技术带头人选拔办法，发掘具有较强的研究能力、深厚的学术造诣和丰富的教学工作经验，积极开展社会服务，重视应用技术的研究和开发，推动学院科技进步和经济社会发展的学术技术人才。

四是以创新创业能力为重点选拔创业导师。学院制定了创新创业团队建设管理考核办法，遴选致力于具有创新创业教育教学实践，专业背景扎实、实践能力突出，有强烈的创新创业意识和能力的教师组建一支专业能力强、实践能力突出的创新创业教育师资队伍。

五是以思政工作专业化为重点选拔专家型辅导员。学院制定了辅导员名师工作室建设与管理办法，遴选的人才需具有坚定的政治素养、高尚的思想品格、精深的学识造诣、高超的管理艺术，同时作风正派、办事公道，在学生教育、管理与服务中大胆探索、敢于创新，有独特的工作理念和工作模式，在师生和辅导员队伍中有较强的影响力。

（三）深化人才分类评价改革

实施以分类管理为基础、以团队评价为核心的教师考核评价机制改革，这对发掘教师自身潜质、拓宽教师职业发展通道、形成正向激励机制、建立协作高效的教师团队等方面具有十分重要的作用。由学院市级教师发展示范中心统筹对教师的分类考核和团队评价，学院制定了《教学名师工作室建设管理考核办法》《技能大师工作室建设管理考核办法》《专业带头人（课程负责人）选拔及团队建设管理考核办法》《科技创新平台管理考核办法》《辅导员名师工作室建设与管理办法》《创新创业团队建设管理考核办法》等一系列管理制度，构建了一系列基于分类管理和团队评价的管理制度体系和评价机制。

学校出台了系列配套政策，为教学名师、技能大师、科技创新团队、创新创业团队、专家型辅导员、创业导师组建工作室，设立了各类工作室岗位并明确了岗位职责；实行岗位聘期目标考核，以团队工作实绩为核心制定了科学、全面的量化评价体系，完善了以绩效为核心，团队与个人、定性和定量并重的考核评价标准，真正建立和完善了以岗定薪、权责一致、优劳优酬的薪酬正向激励机制；按照国家、省市、校级，从人员、经费、场地、项目及相关资源配置等给予大力支持。学院通过搭建人才分类发展平台，发挥各类人才的引领作用。

二、实施效果

（一）打造高水平师资

通过教师队伍分类评价改革，学院打造了一支师德高尚、业务能力强、社会知名度高、行业影响力大的高水平、"双师型"教师队伍，这成为支撑中国特色高水平高职学校和专业建设计划（以下简称"双高计划"）的"第一资源"。学院拥有全国高校黄大年式教师团队1个、国家级教学团队1个、首批国家级职业教育教师教学创新团队1个、市级职业教育教师教学创新团队7个。学院中获得国家"万人计划"教学名师、全国最美教师、全国第五届黄炎培职业教育奖杰出教师奖、全国职教名师等国家级荣誉和奖励的教师有45名,获重庆市教学名师、重庆市技能大师、重庆市技术能手等市级荣誉和奖励的教师有118名,担任世界技能大赛裁判的有2人,担任汽车技术指导专家的有1人。

(二)荣获系列奖项

学院中有2项成果荣获省部级科技进步奖三等奖。学院被认定为"重庆市高校众创空间""大学生创业示范基地""重庆市众创空间"。教师团队指导的学生在全国职业院校技能大赛中获奖53项,其中,获一等奖9项。学院提交的作品在"挑战杯—彩虹人生"全国职业学校创新创业创效大赛中荣获一等奖1个、二等奖1个、三等奖2个,在中国"互联网+"大学生创新创业大赛中荣获三等奖2个。

(三)取得良好反响

记录改革创新经验的作品在《人民日报》《光明日报》《重庆日报》、中国社会科学网、中国高职高专教育网等主流媒体发表,学院的改革在教育部教育奋进之笔"1+1"新闻发布会上入选高等职业教育创新发展行动计划典型案例。介绍学校教师分类管理培育改革经验的文章在《现代教育管理》上发表,并被教育部网站全文转载、被人大复印报刊资料《职业技术教育》全文转载。

积"分"破除"五唯"，标"星"取代投票

/ 西南石油大学

2014年，西南石油大学以全面深化改革为契机，创新职称评审制度，实施"水平分"积"分"申报制度和卓越业绩标"星"取代投票表决的政策，全面开启了教师评价改革"破冰"之旅，激活了师资队伍建设"一池春水"，促使学校事业加速发展的良好生态逐步形成。

一、主要举措

（一）累积"水平分"，达标即可申报职称，彻底取代"五唯"标准

学校出台了《西南石油大学提高办学水平工

作量及成果量化计算方法》，为教师提供 3 大类、19 小类的数百个可以计算"水平分"的项目，教师在教学改革、劳动教育、美育、体育教育、指导学生学科竞赛、科技成果转化、课程思政、三全育人、科研促教学、科学普及、媒体专访等方面取得的成果均可折算为"水平分"，累积"水平分"达到一定标准即视为符合申报条件，而不再关注论文、项目以及其他条件。"水平分"申报打造出了全新的职称申报标准，基本取代了"唯论文、唯帽子、唯职称、唯学历、唯奖项"的标准，引领教师将目光从科研学术成果拓展到教书育人和干事创业各领域，教育的本分和初心真正回归。

（二）为卓越业绩标"星"，等额晋升不再投票表决

坚持全面与重点相结合，出台实施与"水平分"申报制配套的标"星"政策：对在人才培养、科学研究、社会服务、文化传承创新、国际交流合作等方面取得特别突出业绩的教师标"星"。以申报正高职称为例，标"星"1~3 颗可优先通过评审；标"星"4 颗可直接等额通过评审，不再投票表决；破格申报职称者，标"星"5 颗及以上即可直接等额通过评审，也不再投票表决。标"星"政策的出台，让各类人才彻底摆脱了投票表决等传统制度的桎梏，如"脱缰之马"在各自擅长的领域自由创作，教书育人和创新创业活力竞相迸发。

（三）积"分"标"星"带动评价改革"破坚冰"，评价结果直接用于职称评审

积"分"标"星"政策突出了对不同类型教师在各自领域取得的业绩的认可，自然而然地带动教学型教师、辅导员等序列的职业

评价工作迅速开启"破坚冰"式改革，为职称评审提供最直接的依据。比如，催生出"优教优酬"制度，直接评价全体教师的课堂教学质量，分出等级，评为"优秀一级"的教师可破例申报职称，落后者则延迟申报；建立起辅导员职业能力评价体系，以专家评审与学生调研相结合的方式直接评价辅导员日常工作实效及谈心谈话、理论宣讲、案例分析的能力水平，达到"良好"者才能申报中级职称，达到"优秀"者才能申报高级职称，同时对辅导员单设条件、单列指标、单独评审；出台教职工校内最高荣誉"飞翔奖"评选奖励制度，对教师在课程思政、课外育人、助人为乐等既有评价体系中未涉及或涉及不充分的十个方面取得的业绩进行直接评价和激励，获提名奖及以上者即可破例申报职称。

二、实施效果

（一）盘活师资存量与增量，教师教科研水平全面提升

职称改革让存量师资找到了价值实现的空间，让增量师资的价值获得了应有的认可，打破了"五唯"导向，教师队伍安心工作、潜心探索，迸发出前所未有的活力和创造力，硕果累累。

立德树人成效显著。教师队伍逐步回归教育的初心，相当一部分教师更多地投入教书育人的工作中来。2014年以来，学校教师获得国家级教学成果一等奖1项，指导学生获得中国"互联网+"大学生创新创业大赛金奖（四川省属高校和全国石油行业高校唯一）。

2017—2019年，学校在中国高等教育学会发布的"全国高校教师教学竞赛状态数据"中均位列全国前十（2017年第八、2018年第十、2019年第六），四川省第一，是全国排名前十中的高校中唯一一所省属高校。学校辅导员连续获得4届（2016—2019年）全省高校辅导员素质能力大赛一等奖（全省唯一），5名辅导员连续（2015—2019年）被评选为全省高校辅导员年度人物（全省唯一）。

科研成果突出。2014年以来，教师获国家科技进步奖特等奖1项、一等奖2项，这是改革开放以来学校在国家科技奖上取得的最好成绩，2个学科进入全球基本科学指标数据库（Essential Science Indicators，ESI）排名前1%，1个学科入选"A+"和"双一流"学科；2015—2019年，教师获批国家自然科学基金数是2010—2014年的2.17倍，教师发表高水平论文数及被引数是2010—2014年的5.32倍。在2019年"双一流"高校"科技创新百强指数报告"中，学校排名第32位。2020年，学校成功入选"创新人才推进计划"，获批"创新人才培养示范基地"。

（二）引发多方关注，主流权威媒体争相报道

2014年以来，昆明理工大学、中国石油大学等20余所高校来校交流职称改革经验；中共中央组织部指定学校在北戴河专家座谈会上做关于青年创新人才培养的专题发言；学校作为唯一高校代表在2018年全省组织工作会议上做关于创新人才培养工作的发言。2015年12月17日，《光明日报》以"西南石油大学：人事改革激活'一池春水'"为题，大篇幅报道学校职称评聘与教师考核评价制度改革。2016年1月5日，《中国教育报》以"西南石油大学

拆掉教授'铁交椅'"为题，大篇幅报道学校职称评聘制度改革。2019年，新华社来校专访学校职称改革经验，专访内容作为内参呈报国家相关部门。

高层次人才评价改革突出实践导向

/ 西昌学院农业科学学院

2018年以来,西昌学院农业科学学院面向正高职称教师和具有博士学历的中青年教师,以服务地方生产实践为导向进行高层次人才评价制度改革,取得了显著成效,获得了各界好评。

一、主要举措

(一)创新社会服务积分制度

鼓励高层次人才积极参加精准扶贫和乡村振兴工作,根据工作方式、投入时间、工作成效、社会评价确定工作积分,工作积分可以抵扣相应的教学和科研工作量,工作成效可以获得与科研论文、专利、专著等同等奖励。

（二）强化成果转化评价制度

倡导以问题为导向开展科学研究、科研成果落地转化检验，开展"三层次成果评价"，即用户评价、政府评价、机构评价。评价结果成为奖励绩效考核和职称、职务晋升的主要依据。

（三）建立科研贡献评议制度

改革科研贡献以论文、专利、专著为主要指标的导向，新增并加大科研成果对地方经济社会发展促进作用的考核权重，组织政府、企事业单位、农业科研机构专家代表组成评议组织，对科研贡献进行量化评议。评议结果成为奖励绩效考核和职称、职务晋升的主要依据。

（四）配套完善领军人才孵化制度

立足西南彝族、藏族地区，发展高原及山地特色农业，以解决地方亟需为目标，依托中国农业大学、四川农业大学等对口帮扶高校力量，构建科研团队、教研团队，培养育种、栽培、植保、土肥等领域的"地方性、民族性、应用性"领军人才。

二、实施效果

（一）提升了学院教师服务地方的积极性

农业科学高层次人才以生产实践成效为导向进行绩效评价的模式得到了学院教师的高度认同。2018年以来，学院教师参加扶贫工作实现全覆盖，教授、博士积极参加精准扶贫工作、成果转化工作、农业科技服务工作，多名教授、博士被评为扶贫先进个人。

（二）扩大了学院教师服务社会的影响力

农业科学高层次人才社会服务工作得到了地方政府的高度认可，各县市积极邀请学院专家教授参与农业项目。美姑县政府专门发来感谢信，对农业科技扶贫工作给予了高度评价。

（三）推动了学院和学科内涵发展

2019年9月，农业科学学院被人力资源和社会保障部、教育部表彰为全国教育系统先进集体。2019年12月，作物学学科被国家民族事务委员会列为重点建设学科。2020年3月，农业科学学院被四川省烟草发展工作领导小组评为2019年度川烟培育成效突出先进单位。2020年4月，四川省教育厅表彰2019年度38所高校定点帮扶先进单位，农业科学学院荣列先进单位。

开展多维度全方位教职工评价

/ 云南大学滇池学院

为进一步深化高等学校人事制度改革，充分调动教职员工的主动性和积极性，激发学校办学活力，从 2015 年起，云南大学滇池学院率先探索以第三方为主导的多维度、全方位教职工评价新机制，取得了积极成效。

一、主要举措

（一）引入专业机构主导评价改革

学校积极探索发展性评价与工作绩效评价相结合的新路径。自 2015 年 6 月起，通过购买服务的方式，与具有独立法人资格的教育评估机构——云南高等教育评估事务所签约，委托其对学校在编在岗的教职工开展第三方评价。

（二）完善评价环节、内容和指标

评估工作涵盖考核目标、考核内容、考核要求、考核方法、考核结果运用等方面。评价体系以促进教师全面发展为导向，以提升教师教学科研能力为重点，注重师德师风建设，注重凭能力、业绩和贡献评价教师，通过综合学校年度考评、利益相关者评估、专家档案袋评估、现场说课及询证评估4个方面、12个评价指标的结果，形成最终评估结果。

（三）细化评价周期和办法

评估工作办公室每学期组织一次申报，在学校工作两年及以上的教职工即可根据个人需求自主申请考核。原则上以四年为一个考核周期，在一个考核周期内，教师至少主动申请2次考核，考核结果与教师的发展、职级晋升等密切相关。具体的考核办法是，教师向评估办提出申请—人事处对申报人员进行初审—评估办组织申报人员召开考核说明会—申报人员在规定时间内提交申请书及相应的举证材料—校内各利益相关者进行评估—评估办汇总材料提交校外第三方进行背对背档案袋评估—专家进校面对面现场询证—专家形成量化评价结果—反馈学校及个人。

（四）完善评估申诉制度

评价体系还建立了自评和个人申诉制度。教师对考核结果如有异议，可进行申诉，请专家复评。

二、实施效果

经过五年的实践探索，学校以第三方为主导的多维度、全方位教师评价体系在评价理念、路径、手段和方法等方面取得了新的突破，深得教职员工的认同，在校内外产生了积极的影响。教师从"要我评"向"我要评"转变，对评估结果的满意度也在不断提升。

（一）实现了评价结果"七挂钩"

2015—2020年，学校已对全校在编在岗的391位教职员工进行了评估。根据学校制定的《关于第三方岗位绩效评估结果的运用办法（试行）》，其结果实现了"七挂钩"：一是评价结果与劳动合同管理挂钩；二是与晋职晋级挂钩；三是与专业技术职务申请挂钩；四是与专业技术职务聘任挂钩；五是与教师进修培训、中青年骨干教师选拔培养等教师成长挂钩；六是与业务干部选拔任用挂钩；七是与学期、年度评优评奖挂钩。

该评价体系实现了"学校管理、第三方评估、部门（院系）聘用"的"管、评、聘"分离，促使学校人事管理制度改革新格局的形成，得到了同行的关注和社会的认可。

（二）得到了相关国际组织的关注

2016年11月，学校在澳门理工学院与亚太地区教育质量保障组织联合举办的"高等教育教与学质量保障的发展与前瞻"国际学术研讨会上做了以"第三方教职工岗位绩效评估的实践探索"为主题的经验介绍，得到了国际教育考评机构和与会者的高度关注，有关组织主动邀请学校参加交流。学校参与的"加强高等教育质量与信誉"项目入围欧盟伊拉斯谟世界项目，学校也因此参加了相关主题会议活动。在深入开展研究、不断总结工作经验、完善评价体系的基础上，学校先后在《上海教育评估研究》《区域高教前瞻》《昆明理工大学学报》等刊物发表了多篇专业性论文。

（三）受到了同行的认可

自考核评价体系实施以来，学校在全国民办高校和独立学院年会上进行了经验交流。四川外国语大学成都学院、四川大学锦江学院、重庆师范大学涉外商贸学院、浙江师范大学行知学院、兰州商学院陇桥学院、广西大学行健文理学院、江西中医药大学科技学院、贵州大学科技学院等省外20余所高校先后来校进行交流学习。

创造性开展在线学习的智能评价

/ 西安电子科技大学

西安电子科技大学积极推动人工智能和教育的深度融合,实施信息技术支撑教育教学发展行动计划,在评价方式上提供多元智能的过程化教学评价,打造实时交互的智能评价系统,致力于为学生提供个性化、定制化的学习方案和高度智能化的学习过程跟踪服务。

一、主要举措

(一)架设"四位一体"信息化在线教学平台

课程基于主讲教师主编的新工科信息化教

材、多维度在线学习平台、移动端学习拓展平台及虚拟仿真综合实践平台,突破了传统线上单一的视频学习及课后测试,实现了多维度、交互式、模块化的高效线上学习。同时,这也为随后的智能评价建立了坚实的大数据基础。

(二)创建"行为—能力"双模态智能评价模型

课程基于学生在线学习"行为—能力"大数据双模态特征,建立了拥有自主知识产权的全过程在线学习、深度学习智能评价模型,有效量化了学生全过程在线课程学习效果,公平、公正地评价学生的在线学习过程,有效地指导了教师和学生的个性化、针对性教学过程,公正量化地评价了新型冠状病毒肺炎疫情防控期间学生的学习效果,确保了学生全过程在线学习质量。

(三)推进"实时交互"移动端智能评价实践

为了保证与在线学习学生的实时交互和个性化指导,学校设计了拥有自主知识产权的微信小程序——课程智能评价交互平台。该交互平台通过在学生端及教师端的微信界面上体现出内容推送、成绩推送、数据柱状图生成统计、学习方案推送、教学策略建议等内容,方便交互且一目了然。学生实时掌握自身各项学习指标动态数据,教师全面掌握学生个人及班级总体学习效果,有效激发了学生的在线学习热情,提高了在线学习效果。

二、实施效果

（一）智能评价模型辅助指导师生，个性教学趋于完善

评价模型在学生参与最后一周综合期末考试前，对参与课程的学生的单次及整体期末课程成绩进行了预测，同时辅以学生单次及期末测试成绩进行验证，以期计算预测准确率。所有预测数据均对每一类学生的 3 组平行组均值进行分析，具有统计学意义。由结果可知，各组所得预测结果与实际成绩匹配度较高，最高达到 78.87% ± 3.18%。这证明案例中构建的双模态模型对于学习效果预测具有较强的指导作用。

（二）智能评价激发在线学习热情，学习效能显著提升

在双模态评价模型的实时评价、预警和助教等作用下，学生能够更好地针对兴趣点、难点、重点问题开展线上学习，学习积极性显著提高。随着课程内容的推进，通过观察在线数据的变化，以 2 周学习过程为一个采样点，我们分别提取归纳了学习能力、实操能力、理论知识掌握能力、独立思考能力、独立解决问题能力五个核心维度进行量化评价。结果表明，学生各维度学习效能随时间变化，各项数据均显著提升。其中，学习能力、独立思考能力、独立解决问题能力三个隐性能力维度增长率更为明显。这说明双模态评价模型辅助学习过程更有助于提升学生的隐性能力。

（三）智能评价应用学生认可度高，教学效率大幅提升

为保证智能评价效果的全面性，了解学生的真实感受，在每次

课程结束后，学校均会以问卷调查形式进行学生满意度调研和建议收集。调查时，学生普遍认为采用双模态智能评价模型评价准确度高、实时性好，在课程学习过程中，它能够起到很好的学习能力促进作用。更为重要的是，智能评价贯穿于整个教学过程，无论是线上教学还是线下教学，教师和学生只要使用信息化设备及平台开展教学活动，其产生的多特征行为大数据便能够被采集，随后结合学生能力端数据校正，对一次课程的评估和反馈便可完成。这真实反映了学生在课程中的学习过程及综合能力，其结果与期末考试或阶段测评结果吻合度高，并在学生最终期末成绩评价中占比超过60%（未来将发展为替代期末考试，即100%占比）。这极大降低了教师开展人工性、复杂的过程性课程评价的时间成本。

在线学习智能评价基于教育学、心理学、大数据分析、人工智能等多学科交叉方法开展，突破了传统教学评价"五唯"的顽瘴痼疾，为精细化课程的全过程评价、无纸化学习大规模评价、传统考试等效性评价及个性化教学的智能评价奠定了一定的理论和实践基础。

深化分类分层考核评聘改革

/ 西安石油大学

2019年以来，西安石油大学持续深化评聘考核机制，对全校专业技术岗位的在岗人员，实行分类分层评价、分类分级聘期管理，激发了全体教师的积极性和创造性。

一、主要举措

（一）开展分类分层多元评价

建立分类分层多元评价制度，保证各类人才获得发展。从评价指标来看，注重师德品行、教育教学能力和科技创新能力的评价。评价采用多项个性化措施，推动教师快速成长，如为青年杰出人才实行等额评审，为教学为主型教师实行指标单列。建立多渠道晋升机制，设置特别条款，为教学、科研、科技成果转化和社会服务等某方面突出人员实行特别评审，推行代表作制度，落实职称制度与职业资格制度的有效衔接。贯彻思想政治会议精神，师德师风一票否决，对思想政治课教师、辅导员实行单列计划、单设标准、单独评审制度，指标比例不低于同系列其他人员。

（二）实施分类分级聘期管理

科学设岗，挖掘潜力。坚持评聘衔接，考虑学科差异，注重协调教学和科研之间的关系，结合教师实际，合理设置教师岗位体系，具体设置比例，根据不同学科特点而定，不搞简单的"一刀切"。坚持管理中心下移，落实"院系办校"，由二级部门制定个性化聘期目标，意在引导教师走向自我管理之路，唤起教师潜在的主观能动性。加大结果运用，激发教师活力。深化能上能下的管理机制，对完成岗位聘期目标的优秀人才实施低职高聘，对不能完成岗位聘期目标的人员实行高职低聘。学校敢动真格，不走过场。

在第二轮岗位聘用中，全校低职高聘27人、高职低聘69人，其中，教授被低聘为副教授的7人，副教授被低聘为讲师的23人。坚持以岗位聘用合同中的岗位职责与任务为依据进行考核。同时，体现人文关怀，考虑教师的承受程度，对不能完成岗位聘期目标的人员给予一年的延展期，对延展期内仍不能完成岗位聘期目标的人员再实行高职低聘。对接近退休的教师，考核条件可适当放宽。在第二轮岗位聘用中，对于潜心教学一线25年以上、本科教学工作业绩突出的10名基础课教师，低职高聘至副教授七级岗位。

二、实施效果

（一）优化了师资队伍结构

十三五期间，学校教师中博士净增 311 人，占比提高了 16.1%；职称晋升 398 人，高级职称人员占比 50.25%；正高职称人员平均降低了 4.2 岁，副高职称人员平均年龄为 45.9 岁，降低了 4.4 岁。

（二）搭建了教师干事创业的平台

学校建立起"按需设岗、按岗聘任、竞争择优、优胜劣汰"的用人制度，专业技术人员能上能下，打破唯职称、唯资历、唯身份使用人才的弊端，为有潜力、有能力、有业绩的优秀人才创造干事创业的平台。

（三）提升了科研水平

近五年，新增国家自然科学基金、国家社会科学基金等国家级和省部级研究项目近 560 项；科研总经费逾 8 亿元；获国家级和省部级科技奖励 40 项，其中，获国家科学技术进步奖一等奖 1 项、二等奖 1 项，省部级一等奖 7 项；公开、授权国家发明专利 280 余项；出版学术著作 230 余部；学术论文被 SCI、工程索引（Engineering Index，EI）、科技会议录索引（Index to Scientific & Technical Proceedings，ISTP）三大检索工具收录 1500 余篇。

以科研综合评价引领科研高质量发展

/ 长安大学发展规划处

长安大学积极破除"五唯",突出科研综合评价,重视质量的导向作用,积极开展同行随机评审,不断推进科研高质量发展。

一、主要举措

(一)设置综合考核指标,合理分配权重与分值

2019年,学校修订了科学研究和社会服务目标责任管理与绩效考核办法,设置了5个一级考核指标——科研项目、科研成果、科研奖励、科研平台、学术交流,12个二级指标——科研经

费、项目层次、论文、著作、咨询报告等，以及 40 个三级指标——科研项目层次、科研奖励等级等。在指标权重方面，论文只占 21%，这一举措致力于破除绩效考核"唯论文"的顽瘴痼疾。

（二）突出质量一流导向，注重同行随机评审

鼓励教师利用高质量学术成果服务经济社会建设，支持教师参与国家、区域重大工程项目建设，解决关键技术问题。为此，学校专门修订了科研奖励办法，调整科研导向，弱化定量指标，由重视数量转向聚焦高水平一流成果，加大对关键性指标、代表性成果、突破性贡献的奖励力度，建立与投入产出效果联动的动态资源配置机制。与此同时，建立专家库，在评审过程中按研究内容，随机指派研究方向相近的专家 3～5 名，完善专家轮换、回避制度，实行小同行评议。

二、实施效果

科研奖励及绩效办法的修订，进一步克服了学校学术评价中的"五唯"倾向，进一步完善了学校学术评价制度，引导教师向着注重师德师风、真才实学、质量贡献方向努力，体现了学校的自身定位和对学术质量的追求。

职称评审改革突出多元化导向

/ 西安外国语大学

为扭转不科学的职称评价导向,破除"唯论文、唯职称、唯学历、唯奖项"倾向,学校在《西安外国语大学专业技术职务资格评审暂行办法》(2017年修订)的基础上,边实践边改革,多次广泛听取专家及广大教职工的意见和建议,多方调研省内外兄弟院校职称改革经验,结合学校教学科研工作实际,历时2年,对职称评审办法进行了完善,于2019年11月印发了《西安外国语大学专业技术职务资格评审暂行办法》(2019年修订),在职称评价制度创新和程序规范等举措上进行了积极探索,进一步激发了广大教师潜心育人、科研创新、服务社会的内生动力。

一、主要举措

（一）突出教学科研业绩导向

对教学、科研业绩突出的讲师、副教授，在符合思想政治素质及师德师风要求等基本条件的基础上，可直接认定其符合副教授、教授的评审要求，让其参与学校副教授、教授的评审。

（二）拓宽职称评审条件

2017年，学校在职称评审权下放后启动了首次职称改革工作，提高了教学业绩在评价中的比重；2018年，推进高质量业绩成果认定；2019年，又继续拓宽评审条件，推进分类评审和多元化评价，将教学质量综合评价优秀、教案优秀、在思政大练兵等新增教学比赛中获奖纳入教学业绩条件，将思政论文获奖、咨询报告类成果纳入科研业绩条件，鼓励成果转化，对横向项目认定条件进行调整，对科研业绩突出的教师适度减少其课时量。

（三）试行评审代表作制度

对具有标志性成果的具有副教授职称的教师，在符合思想政治素质及师德师风要求等基本条件的基础上，经个人申请、所在单位学术委员会推荐、通过3名校外专家匿名评议、一票否决的方式，进行教授评审资格评议，资格评审通过方可参与学校教授的评审。

二、实施效果

（一）实现了"教得好也能评教授"

艺术学院某教师2014年任职讲师，按照一般评审要求，参考发表的论文、主持并完成的项目及其他业绩成果，该教师均不具备副教授任职资格。但该教师从教以来教学态度认真、教学效果显著，如2016年以来该教师先后指导大学生创新创业训练项目5项，获得校级项目1项、国家级项目2项；2017年作为第一指导教师指导学生获得教育部第十一届大学生创新创业年会展示成果奖。2019年，西安外国语大学将"指导学生获得'互联网+''挑战杯''外研社杯全国英语演讲大赛'等由高等教育学会公布的国家级本科赛事第二等次奖励（第一指导教师）"作为教学科研业绩突出的评审条件，该教师符合该项要求，被认定为符合副教授评审要求，参加了当年度的职称评审工作并通过学科组评审、学校评审委员会评审，于当年获评副教授任职资格。该教师的成功获评，对于学校有志于指导学生教育教学实践的教师起到了很好的示范效应。

商学院某教师任职副教授13年，在发表科研论文及主持科研项目上略有欠缺，但该教师在教学业绩成果方面成效显著，主持并参与省级教改项目2项，获得省级教学成果特等奖、一等奖、二等奖各1次，同时是国家级双语示范课程和省级精品课程负责人。在西安外国语大学推进多元化评价改革后，该教师选择教学业绩成果比例加大、科研业绩成果适当减少的评价模块，经认定符合教授评审条件，被允许参加当年度评审并顺利获评教授任职资格。

（二）树立了重质量轻数量的评价导向

商学院某教师是从西安交通大学引进的博士研究生，该教师自入校以来一直以发表高质量成果为要求，自 2016 年 11 月以来先后发表 SSCI 论文 2 篇、CSSCI 论文 2 篇，主持教育部、陕西省教育厅项目各 1 项。由于评审条件既有质量的要求，又对数量进行了限定，该教师尽管论文、项目成果质量较为突出，但成果数量较少，按照旧条件仍不符合评审条件。学校在推出高质量成果评审条件后，论文可按照分值进行置换，该教师所得分数已远远超出所需评审分值要求，被认定符合副教授评审条件，被允许参加当年度评审并顺利获评副教授任职资格。学院防止简单量化、重质量轻数量的评价导向，激励了一批青年人才摒弃应付数量的弊端，勇攀质量高峰。因此，学校高质量成果数量明显增加。

（三）推动了学科内涵建设

高级翻译学院某教师 2006 年任职讲师，至今已从事近 200 场会议的口译及交替传译工作，包括国际会议、省部级会议，受到业界的一致认可和广泛赞誉。然而，会议口译等社会服务以往并不在学校职称评审认定范围内。职称改革后，学校将"经学校委派完成省部级以上至少 3 场国际会议同声传译任务并获得相关机构出具的证明"作为评审条件，该教师获益于此，符合当年评审条件，被允许参加当年度评审并顺利获评副教授任职资格。学院通过拓宽符合学科特点的成果认定范围，突出评价成果的质量、对社会发展的实际贡献以及支撑人才培养的情况，对推进学科内涵建设和高质量发展起到了重要的引领作用。

创新课程考核多样化模式，突出人才培养能力导向

/ 西安欧亚学院

近年来，西安欧亚学院致力于打破单一的考核模式，探索动态化、多样化课程考核方式，逐步建立起了"内容综合化、考核形式多样化、考核过程全程化"的课程考核新模式，使课程考核更好地着眼于全面科学地评价学生的实践能力、创新能力、应用能力等综合素质。

一、主要举措

2013年，西安欧亚学院出台了《关于课程考核改革的指导性意见（试行）》，明确要求教师针对课程特点制定科学规范的考核办法，实现"三

个转变",即"从重视考试结果向关注学习过程转变""从评估学习成绩向评价学习效果转变""从重视理论知识考核向注重创新应用能力考核转变"。各分院根据文件精神积极探索课程考核改革。

(一)推进课程考核多样化

各二级分院根据自己分院的专业特点,针对不同课程的性质、不同的教学内容,采用闭卷考试、开卷考试、小组讨论式考核、小论文、综述、读书笔记、课后作业、实验实训操作考核、口试、随堂测验、课程设计、论文答辩等一种方式或几种方式综合运用的考核方法。

(二)探索形成性评价与终结性评价的有机结合

各二级分院注重推进形成性评价与终结性评价的有机结合。例如,信息工程学院"程序设计基础"课程考核调整和加大了过程性课程考核的比重,考核方式从原来的"作业40%+期末考试60%",改为"作业30%+平台刷题30%+期末考试40%"。学生的代码量从原来的小于2000行增加到大于8000行。

再以休闲管理学院为例。该院"旅游开发与规划"课程考核中,很好地发挥了形成性评价和终结性评价的作用。在教学过程中,教师通过阶段性的情境模拟任务对学生的学习效果进行形成性评价,从旅游资源和旅游市场的调查,到旅游产品和旅游形象的设计,再到设施保障规划和空间布局规划,分别通过资源和市场报告、产品和形象设计方案、空间布局图的形式进行考查。终结性考核则要求学生参与真实规划项目"楚汉小镇旅游规划",学生团队分成不同小组,赴实地开展调研,形成分析报告,并在此基础上完成旅游规划方案的编制与汇报。学生学习成果成为该规划项目的智力库,最终该规划项目成功通过了甲方验收。

(三)体现评价的能力导向

学校课程考核更加强调知识应用能力、实践能力、发现和解决问题能力、创新能力、团队合作能力等,任课教师在进行课程考核内容设计时,更加注重知识和技能并重、理论和实践结合,培养学生综合分析问题和解决问题的能力。在考核内容上,降低了识记题的比例,增加了场景模拟演练、项目综合演练、业界任务分解等,强调任务的真实性与可用性。

比如,文化传媒学院在"信息采集与写作"课程设计中,把真实项目植入授课内容。除传统的课堂教学外,学生还参与"陕西新媒体"数据榜单的制作与大微访谈等项目工作,并同步开展线上与线下的沙龙互动,在真实场景中运用信息采集与访谈的技能。同时,引入行业专家进课堂,给学生讲授实战中的采写内容,提高行业贴近性。与课程内容相适应,考核以平时作业和期末大作业为主要依据。每个教学环节完成后,根据模块要求设置作业,作业涵盖信息采集、新闻采访和新闻写作,并要求配有过程记录。期末作业则对学生学期末综合能力进行全面考查,要求个人按全部工作流程完成采写。这种创新的考核方式锻炼了学生在真实媒体环境下的技能水平,有利于提高学生在未来职场中的适应能力。

二、实施效果

（一）改革覆盖面逐渐扩大

西安欧亚学院课程考核改革已从个别学院、小范围、小规模的尝试性试验逐渐推向全校学院、较大范围和较大规模的研究实践。截至目前，西安欧亚学院对55%以上的课程进行了考核方式改革。

（二）学生在学习中的参与水平显著提升

自2013年学校课程考核改革以来，设计课程的任课教师在每学期开学之初即告知学生该门课程的考核方式，让学生全面了解该门课程的学习目的、知识点、学习重点等，清楚目标，甚至让学生亲自参与设计自己的培养、考核方案，提高了学生的主人翁意识，充分激发了学生的主观能动性，使学生在学习和考核过程中有的放矢，课堂参与度大幅提高。中国大学生学习与发展追踪研究（Chinese College Student Survey）2016年度调查报告显示，从主动合作学习水平和师生互动指标看，西安欧亚学院得分逐年提升，并且均高于全国院校（见下图）。这表明通过不断变革考试制度与课程考核方式，极大提升了学生主动学习的意愿，学生开始由被动学习发展为主动参与式学习、自主学习，投入度显著提高。

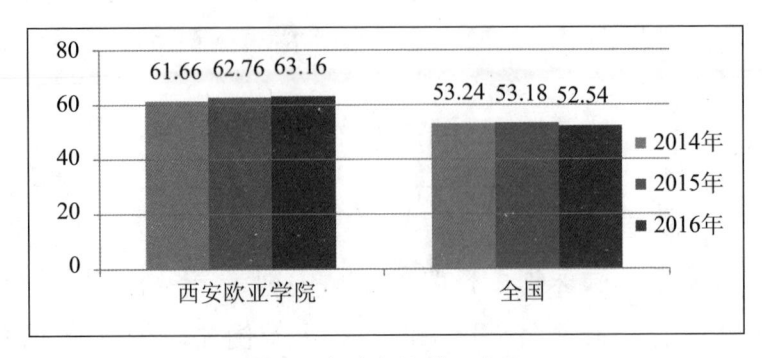

图1　主动合作学习水平

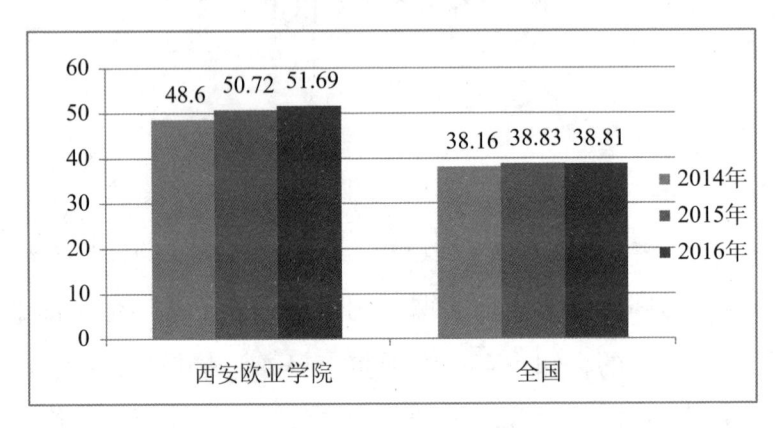

图2　师生互动指标

（三）推动了课堂教学模式的有效转型

教学目标从重视传授知识到传授知识与培养能力并重，再到兼顾传授知识与培养能力的同时，更加注重提高综合素质。任课教师在进行课程考核内容设计时，注重知识和技能并重、理论和实践相结合，培养学生综合分析问题和解决问题的能力。在考核内容上，降低了识记题的比例，增加了场景模拟演练、项目综合演练、业界任务分解等，强调任务的真实性与可用性。

（四）变革了师生的"教与学"理念

制度改革促进了学生在学习过程中形成一种自主的、探究的、合作的、终身的学习模式，教师也改变了以前单纯的"传道授业解惑"的角色，不再以传授知识为主，而是注重和学生互动，与学生协商制订计划、解决问题，帮助学生去发现、组织和管理知识，引导学生发展而不是塑造学生。

（五）推动了考试管理信息化

推行命题、考试、阅卷、公布成绩等环节的信息化、全过程流畅管理。考试管理信息系统具有题库管理、在线组卷、考生管理、在线无纸化考试、网上流程化阅卷、生成成绩等方面的功能。通识教育学院从2013年5月开始，在通识课校内考试中施行"网上阅卷"，并形成了标准化作业流程，使考试工作更加规范，避免了考试工作质量因人而异现象的发生。在线考试大大节省了考试的人力、物力，提高了工作效率。首先，减轻了教师的工作量，提高了阅卷效率。其次，降低了考试的总成本，网上阅卷用时短、用人少，能节省一部分人工阅卷费用的支出。最后，方便信息查询，利于答卷保密，保证阅卷的客观公正，便于数据统计分析，促进考试管理信息化和规范化，保障了考试质量。

第四部分
学生评价改革

中小学校篇

依托信息技术创新居家学习评价

/ 北京市西城区志成小学

在新型冠状病毒肺炎疫情防控、学生居家学习的特殊时期，北京市西城区志成小学二年级（7）班的教师结合班级特点，探索开展针对本班学生居家学习的评价，为常态化线上教学和班级管理提供了借鉴与启示。

一、主要举措

（一）依托多元化线上学习平台，探索全过程纵向评价

"工欲善其事，必先利其器。"网络平台是教师从事线上教学的工具。本班级的相关任课教师在线上教学时选择了钉钉课堂、木木教学平台等作为教学工具。用钉钉课堂的"屏幕分享"进行课堂直播教学，实现了师生和生生的互动反馈；在借助木木教学平台发布学习任务单、微课、自主检测题和幻灯片课件时，木木教学平台能够智能地给予学生激励评价等，出色地完成了教师教和学生学的评价任务。班级还依托微信群，每6名学生组成一个学习小组，形成学习共同体，并对学习共同体进行"齐头并进小组"的评选。

（二）自主搭建评价体系平台，探索全要素横向评价

依托信息技术，结合本班的实际情况，教师建立了评价体系平台，反馈、记录学生居家学习生活的真实情况，使对学生的评价更加客观、有依据，以全要素评价为导向推进全面育人。重点关注和评价以下方面。

1. 时间管理

将"按时上课""按时完成作业"两项任务纳入评价体系，引导学生有规划地学习，在评价过程中培养学生的时间观念，提升学生的时间管理能力，进一步提高学生居家学习的效率。

2. 每日作业情况

对学生每日的作业进行完成速度及完成质量两方面的评价，分等级、分层反馈。学生还可以通过"优秀作业"向作业完成情况为优

秀的同学学习，提升自己的学习能力。

3. 健康意识和健康习惯

线上平台的"眼保健操""体育达人"等板块关注学生居家生活期间的身体健康情况，帮助学生从小培养强身健体的健康意识。

4. 课堂互动

为反映学生上课的互动情况，教师设置了"小小发言家""中级发言家""超级发言家"三个评价等级，分层进行量化评价，让学生有榜样、有学习目标、对自己有客观的认识。

5. 劳动育"全人"

在自主搭建的评价平台中，教师设置了结合当下特殊时期的"特别"评价。本班从一年级入学起，学生每个周末都需要上传参与家务劳动的视频。在特殊时期，教师更加关注学生居家时期参与家务劳动的相关情况。通过观看学生上传的劳动视频、记录劳动时长以及居家时期掌握的劳动新技能，教师评选出"家务能手"并发放线上电子奖状，鼓励学生多参与家庭劳动。鼓励同学之间相互学习，热爱劳动，提高学生的责任意识，帮助学生养成勤俭节约的好习惯。

6. 主人翁意识

学生可以通过线上评价平台，向本班同学推送感兴趣的时事新闻，"家事国事天下事，事事关心"，培养学生分辨是非的能力，使学生从小就具有家国情怀。

图 1　评价平台用户界面

二、实施效果

（一）推动了教育技术融入课堂，让"停课不停学"从"有序"走向"有效"

居家学习评价与线上教学相互支撑，促进了教师对教学准备有序、对学生管理有序，使有序教学成为良好教学的开端。以此为基础，教师进一步发挥网络教学的技术优势，通过可靠的教学平台、出色的资源推送以及合理的管理制度来约束学生纪律；学生也利用网络平台接收学习资源、融入教师课堂教学、参加学习互动、完成作业和进行巩固训练。信息技术与在线课堂的深度融合得以实现，让"停课不停学"从"有序"走向"有效"。

（二）探索了在线学习渗透团队意识，让居家学习的"各自为政"走向集体协同的"凝心聚力"

在评价中，不仅教师团队相互配合，而且同学之间比学赶帮。此外，对学习共同体"齐头并进小组"的评选提高了学生在"云"交流中的团队意识，增强了班集体的凝聚力，这为探索通过在线学习培养学生团队精神积累了实践经验。

创新"贡献积分",多维度评价孩子

/ 北京市西城区实验小学

北京市西城区实验小学针对高年级学生开展了一场富有人文关怀的"贡献积分"和"创新奖励"的班级激励评价探索实验,让学生在活动式、过程式、立体式评价中认识自己、展示自己,有助于学生健康快乐成长。

一、主要举措

(一)多维度的班级贡献评价

开展班级贡献评价,其实就是多维度激励学生"用实力说话"。它涵盖了对卫生、纪律、活动、学习等各个方面的评价,具体包括以下四个方面。

1. 班级常规评价

在班内设置多种岗位，诸如班级图书管理员、值日生、小助手、小组长、午餐志愿者、节水节电志愿者、路队志愿者等。一般为每人设置一个班级岗位，可为特别优秀或积极的同学设置两个岗位。

2. 日常机动评价

由每日轮换的值日班长登记，记录被老师表扬和批评的同学，记录其仪表、做两操（早操和课间操）和吃午餐时的情况、路队和科任课表现等。

3. 学科学业评价

不仅设置学科成绩评价，更对学科作业及课堂表现给予积极评价。

4. 活动和竞赛的参与评价

尽可能地让每个学生有用武之地，多面开花，就等同于可量化的"用实力说话"。大家各自努力、各自收获，多管齐下的评价方式更具说服力，更能激起学生奋进的斗志。

（二）采用"贡献积分"，让多维度评价量化

1. 班级常规积分

担任班级任一岗位者，其积分都将以岗位工资的形式发放，每月下发与之工作量相匹配的积分工资。可担任两个岗位，但第二职位积分减半。

2. 日常机动积分

每日轮换的值日班长登记加扣分情况。如果当天获得学校表扬，全班同学获得积分奖励，值日班长加倍；反之，亦同样。

3. 学业评价积分

比如，在语文学科中，认真抄写生字词可积3分；认真完成语文练习册可积3分；大作文达优可积4分，进步明显可积4分；周记达优可积4分，进步明显可积4分；课堂表现进步明显（基于个体差异来评价）可积3分等。

4. 活动和竞赛积分

每月班级评比优胜可积5分（每名学生）；校级比赛获得一、二、三等奖，优胜奖，参加者，可分别积5、4、3、2、1分；区级及其以上比赛获奖，积分照校级类翻一番。班级团体比赛获奖，校级一、二、三等奖，每名学生可积5、4、3分；区级以上照校级翻一番。

还可根据观察，了解个别学生的需求，适时增加积分项目。总之，"班级贡献积分"赞扬学生的努力，而非聪明；强调学生的参与和进步，而只非成绩。

（三）创新"奖励卡"，让"贡献积分"富有人文关怀

班级一直使用创新"奖励卡"，每月汇总时根据学生的心理需求个性化订制不同奖励卡，学生可以用积分换取"免责卡""休闲卡""岗位体验卡""合照卡""免写卡""听写助理卡""午休点歌卡""午餐排队优先卡""老师大熊抱卡""甜蜜糖卡"等。

图1 班级各类"奖励卡"

教师首先要了解学生内心的需要，让学生做自己喜欢的事情，用富有人文情怀的激励方式满足学生个性化的心理需要。兴趣是最大、最持久的动力。基于好奇，做自己感兴趣的事情，获得的内在乐趣与满足感、成就感、自豪感等，对学生而言，这本身就是最好、最高级别的精神奖励。这种奖励最简单、最实惠，它不需要大人说任何语言、采取任何行动，也不需要花费一分钱。虽然这种激励方式经常被忽视，但它能在很大程度上给予学生心理上的关怀。

二、实施效果

给予每一名学生富有人文性的激励评价，是对传统班级管理的突破，也是对学生未来发展有深远意义的创新实践。一系列激励性的评价方式可以最大程度地激发全体学生的学习积极性，使班级充满勃勃生机，成为一个团结奋进、积极向上的集体。通过激励评价，学生的主体意识、民主意识等现代观念逐渐形成，学生自我管理、自我规范、自我教育、自我发展的能力得到了锻炼。

推进评价多元化，全面提高学生综合素质

/ 北京小学

2017年以来，北京市北京小学以评价多元化为导向，以班级为单元实施全面提高学生综合素质的教育评价改革实验，内容包括日常行为习惯培养、学习习惯培养、交往能力及集体意识培养，让学生真正实现学有所长，全面和谐发展。

一、主要举措

（一）以班训切入，在每日诵读中树立目标意识

班训的制定考虑到了学生的特点，学校将班训定为自律、乐学、互助、友爱。自律、乐学旨

在鼓励学生个人，而互助、友爱则是同学间的交往准则。在第一次班会中，教师应对班训进行重点讲解并提出希望，在讨论中得到学生的认可，达成共识。并且，在每日的晨检过程中，师生应大声诵读，有意识地帮助学生树立目标，让学生从一开始就明确班级的价值导向，为后续的评价做铺垫。

（二）以入队为契机，在书写心愿卡中深化目标内涵

在升入二年级后，教师应抓住入队契机，通过入队启动仪式、讲红色故事、学长互助介绍少先队知识等方式，提高学生的责任意识，并在入队前的最后一次班会上，引导学生担起学长责任，团结爱护他人，并书写"心愿卡"。人人有心愿，人人讲责任，人人能团结，人人有目标。通过这样的方式，鼓励每个学生都写下自己的责任担当，也让每个即将成为少先队员的学生感受到从班级到中队的转变，既要互助、友爱，更要团结、凝聚！

图1 学长互助 　　图2 心愿卡

（三）以"星级评价卡"积分的方式，体现个性成长

在日常教育教学过程中，日常行为习惯培养和学习习惯培养（图1、图2）可谓两条培养主线，也刚好对应班训的自律、乐学的

内涵。同时，教师可以用“星级评价卡”积分的方式进行评价。

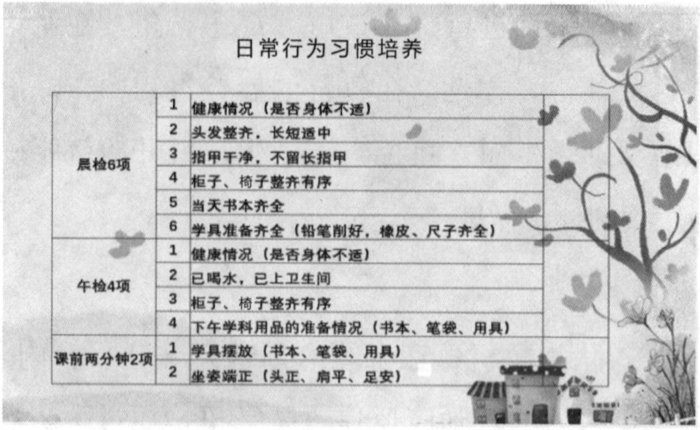

日常行为习惯培养

晨检6项	1	健康情况（是否身体不适）	
	2	头发整齐，长短适中	
	3	指甲干净，不留长指甲	
	4	柜子、椅子整齐有序	
	5	当天书本齐全	
	6	学具准备齐全（铅笔削好，橡皮、尺子齐全）	
午检4项	1	健康情况（是否身体不适）	
	2	已喝水，已上卫生间	
	3	柜子、椅子整齐有序	
	4	下午学科用品的准备情况（书本、笔袋、用具）	
课前两分钟2项	1	学具摆放（书本、笔袋、用具）	
	2	坐姿端正（头正、肩平、足安）	

图 3　日常习惯培养评价卡

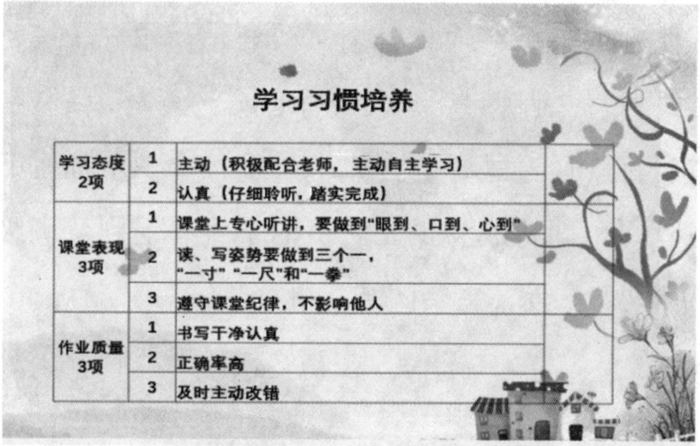

学习习惯培养

学习态度2项	1	主动（积极配合老师，主动自主学习）	
	2	认真（仔细聆听，踏实完成）	
课堂表现3项	1	课堂上专心听讲，要做到“眼到、口到、心到”	
	2	读、写姿势要做到三个一，“一寸”“一尺”和“一拳”	
	3	遵守课堂纪律，不影响他人	
作业质量3项	1	书写干净认真	
	2	正确率高	
	3	及时主动改错	

图 4　学习习惯培养评价卡

如何积分呢？将上述两份表格打印后贴在学生用于评价的小本上。每个时段拿出对其进行测评和积分，同桌相互监督。同时，请各科教师配合完成对学习习惯的考量。通过与各科教师的交流，利用每日自主学习时间进行相应的反馈和积分。每日总得分满分为 20 分。满 20 分可以兑换一颗“☆”，可将其贴在表格旁。表格在月评比之后换新，随后开启新一月的评比。

日常行为习惯主要以晨检、午检以及课前两分钟的准备效果为考量标准。每个时段、每项标准，符合一次加一分。开始阶段，未做到时不加分、不扣分，这一阶段可作为学生适应学校生活的过程；1个月后，就要进行相应的扣分。学习习惯主要以学习态度、课堂表现、作业质量为考量标准。每项标准，符合一次加一分。开始阶段，未做到时不加分、不扣分。目的就是鼓励学生养成良好的生活和学习习惯。

（四）以表彰各项"达人"的方式，体现努力进程

每周五，根据学生积分换☆的情况，进行学习达人、守纪达人、卫生达人、进步达人等各项"达人"的表彰活动，并授予奖状。在评价时间上，除日积分、周评价，还进行月评价，选出单项奖、全能奖。

通过这样的方式，帮助学生发现自身的闪光点，更帮助学生从每日、每周、每月评选的不同结果中，感受到努力的收获、自强的快乐！随着学生年龄的增长、能力的增强，可增加体育达人、团结达人等的评比。当学生梳理一个学期的成果时，他更能感受到自己努力的整个过程，而这种过程性的记录，又会给学生不一样的体验和感受。

在选择这些评价方式时，不仅要考虑评价的易操作性，更要考虑指向性和时效性，在设计中帮助学生发挥勇于争先的积极性、直面困难的坚韧性，获得收获时的满足感。

（五）以"小队积分评比"的方式，激励合作共赢的群体意识

为了改善班级"各自为战"的短板，从一年级开学初，教师便开始谋划小组合作的方法。经过一个月的时间，将全班40名学生按照综合水平分成8个小组，每个小组5人，每组学生实力大体相当。由于学生年龄小，教师将积分直接记在教室前的公告板上，由教师来加分，每项全员做到时，可加1分。

小组积分制

群体生活	1	路队、集会（静、齐、快）
	2	课前准备齐全（学具齐全、状态好）
	3	认真完成眼操（动作标准，符合要求）
	4	见到长辈、晚辈（文明有礼、友爱相待）
小组学习	1	有顺序（体验按照顺序，不争抢）
	2	想他人（心中有他人，懂谦让）
	3	会交流（懂得和别人说出自己的想法，会取长补短）
	4	懂分享（新发现、新结论会在组里分享）
	5	有成果（汇报成果齐参与）

图5 小组积分评价卡

随着学生年龄的增长，每组选一个认真称职的组长负责给该小组记录分数。月末，在班会时间以"优秀小组""进步小组"的表彰方式给小组颁发奖状，并给组内每名同学发放奖品。在合作中，学生感受到了和同伴共同学习的乐趣，也增进了彼此间的了解。

二年级之后，小组改成小队，成员也随之发生变化。随着学生能力的逐渐增强，积分方式也发生改变，活动的参与程度和质量成为新的积分点。每项活动基础分为5分，组内有特别贡献或者优秀的成员，由组员宣布事迹，有几人就附加几分。这样一来，合作学

习不仅可以获得积分，还鼓励学生创建了属于自己的特色小队。到目前为止，班级拥有8个特色小队：开心小队、勤劳小队、乐学小队、团结小队、探索小队、诗歌小队、阳光小队、梦幻小队。以特色小队的形式开展的活动有冰雪嘉年华、互联网+进校园活动、科技节及科学动动动体验活动、语文诵读小组、数学探究小组、英语课本剧小组、期末综合实践活动等30余个。在小组合作中，有喜爱的同伴，有不断的鼓励，更有智慧的碰撞。学生越来越喜爱这种方式，在探究中学会适应他人、在学习中学会友好相处、在遇到困难时学会互帮互助。

图6　科学探究

图7　冰雪嘉年华

图8　数学探究

图9　英语课

（六）以"自评、互评、他评"方式，客观全面认识"小我大我"

学生自评给了学生一个平等对话的机会，让他们反思，找到问题，自我更新，这才是教育的最好作用。同学的肯定，更让学生看到了自己在他人心目中的位置，这会让他越发想和其他同学比一比，以证明自己的能力。通过小组合作学习，同伴评价就可以更加有效地开展。所以，在每次小组活动后，大家都会利用班会时间说一说，哪些小组完成得又快又好，有什么小妙招，你最欣赏同组的哪位同学，为什么？通过一系列的探讨，帮助学生形成正确的相处方法，形成科学的合作探究方法。在这个过程中，同伴互评很重要，是学生勇于改变自己的动力之一。

小学生表现欲极强，教师和家长的表扬能让他产生愉悦的心理，对学生亦有正向的激励作用。自评、互评、他评的共同作用不仅能够帮助学生认识全面、真实的自己，还能鼓励学生成为更好的自己，更能让学生感受到自己和外部世界的联系，从而理解他人的想法，积极参与合作。

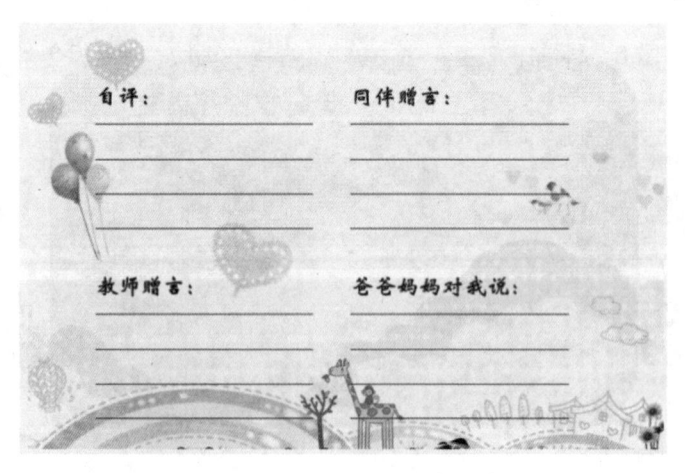

图 10　自评、互评、他评卡

二、实施效果

（一）贯彻目标导向，落实习惯培养，促个体全面成长

以"自律、乐学、互助、友爱"的班级培养目标贯彻始终，将"积分"和"积分换'☆'"相结合，既有客观体现又有主观激励；由三个单项达人到多个达人的表彰，鼓励学生个性化发展。目前，全班学生每人的单项达人奖状数量不少于5项，在朗诵、英语、艺术（音乐与美术）、体育等方面均有突出表现，并在课内外获得优异成绩。同时，学生不放松课内知识的学习，个人学习态度认真，学习热情高涨。班级连续两年获得校级"习惯养成标兵班"称号。以统一的目标贯穿，以积分卡方式进行过程性呈现和阶段性反馈，让习惯培养落实在日常细节中，真正实现了学有所长、习惯培养、全面发展。

（二）"点""面"结合，多样评价互促，集体意识全面提升

采用"点""面"结合的方式，即"个体"生活和学习习惯养成结合、"群体"鼓励机制引导，再配合多样、深化的评价方式来带动。由"活动小组"到"特色小队"，合作学习的内涵日益丰富。到目前为止，班级氛围和谐融洽，获得了上语文、数学、英语、美术、科学等多个学科展示课的机会，班级整体精神面貌良好。特色小队为大家带来了各学科创新学习成果的分享会（介绍数学知识，创新演译英文课本剧，分享诗词积累等），班级在校运会集体项目中多次获得一等奖和团体总分一等奖的好成绩。学生团结意识更强了，班级凝聚力更强了。

多彩评价助力全体学生的全面发展

/ 北京市平谷区第一小学

北京市平谷区第一小学践行"多一把衡量的尺子,就会多出一批好学生"的评价理念,在探索中勇于创新,给予每个学生充分表现的机会,开展适合小学生身心健康发展的多彩评价,助力全体学生的全面发展。

一、主要举措

(一)制订详尽的多彩评价方案

评价方案包括七大项具体的评价要素,即科学文化、文明礼仪、运动健康、卫生环保、团结守纪、身心健康、劳动实践;四阶有效评价方式,即学生自评、学生互评、教师评价、家长评价。

学生就像一粒种子,从种下到生根发芽再到破土而出,经历风雨后才能成熟长大,结出累累硕果。

小种子(紫色)—嫩嫩芽(青色)—茁壮苗(绿色)—盛开花(红色)—累累果(金黄色)。

图1 种子成长过程图

学生通过自身努力,获得紫色"小种子";当累积到十粒种子的时候,可以换一枚"嫩嫩芽"图章;当累积到十枚"嫩嫩芽"图章时,可以换一枚"茁壮苗"图章;依次类推,直到最后获得"累累果"。

(二)记录点滴进步让评价过程有据可依

学生人手一册《多彩一小,美丽绽放》的记录本。该本包括校徽的意义、校训、校园精神以及学生一日行为规范等内容,分年级、分学期进行评价记录汇总,学生的点滴进步都被记录在册,每学期对自己的展望都有翔实的记录。

(三)彩色展示栏让评价结果清晰可见

每个教室设"多彩评价,伴我成长"彩色展示栏,让评价结果可视化。展示栏分小种子、嫩嫩芽、茁壮苗、盛开花、累累果五个阶梯,展示在每个教室的墙壁上，学生的点滴进步、成长轨迹清晰可见。

二、实施效果

（一）让更多的学生更加自信

评价过程采用一人一册的方式进行个性化记录，评价结果用展示栏予以彩色展示，让学生的点滴进步、成长轨迹清晰可见。学生都特别看重对自己的评价。课间的时候，许多学生围在展示栏前，自豪地仰起笑脸："我有9粒小种子了，再努力一下，就可以换成一枚'嫩嫩芽'图章了！"

（二）让学生得到全面发展

自学校从2019年9月份开始实施"多彩评价"以来，教师、学生都很重视，学生在德行品质、知识技能、身心健康等各个方面都有了长足的进步。

评价的真正价值就是让评价成为学生学习的动力和源泉，激励学生及时发现问题、探究问题并高效解决问题，让学生学会更多的学习策略，形成自我认识、自我反思、自我改进的能力，从而得到更好、更快的成长。学校的多彩评价不仅有助于学生学识上的累积，还有助于学生人格上的养成。

用爱丈量，让学生评价有温度

/ 河北省石家庄市神兴小学教育集团

河北省石家庄市神兴小学教育集团在学生评价过程中"用爱丈量"，让评价充满爱的温暖和力量，通过评价方式趣味化、评价主体多元化、评价内容立体化，激发学生的学习内驱力，培养友爱合作、全面发展的"神兴娃"。

一、主要举措

（一）评价方式趣味化，体现以爱育爱

神兴小学教育集团围绕"爱"的教育，力求从多个不同的方面和视角去发现和评价学生的优点与特长，促进全体学生在不同程度上的发展。

在综合评价方面，努力尝试用学生喜闻乐见的趣味活动来取代"纸笔测试"，激发学生学习的内在动力，培养学生自信、合作、友爱的品质。这种"为爱闯关"的趣味化评价方式注重以实践能力为核心，围绕学科特点，融入体育运动，以闯关得勋章的形式进行。比如，"拼音王国旅行记""汉字王国历险记""数学嘉年华""英语嘉年华""科技小能手""神兴最强音"等。

例如，"拼音王国旅行记"是针对学生汉语拼音学习的评价活动。《义务教育语文课程标准》明确指出："汉语拼音学习的评价，重在考察学生认读和拼读的能力，以及借助汉语拼音认读汉字、讲普通话、纠正地方音的情况。"为此，集团设置的闯关活动共有4关，每闯过一关，学生即得一枚闯关小印章。

第一关，"小小采摘园"。学生需要按要求从采摘板上找出相应的拼音水果牌，答对即摘到美味的"水果"闯关成功。这一关考查了学生的认读能力，寓情于景，还培养了学生的学习兴趣。

第二关，"多彩小超市"。每位同学都是小小售货员，需要给分配到的"商品"贴上正确的"标签"——补全这件"商品"名称的拼音字母，然后再大声拼读出来。这一关评价了学生的拼读能力，通过大声拼读，提高自信，培养语感。

第三关，"轻松小课堂"。把拼音宝宝送回家，虽然不难，但这个环节除对知识点的评价外，更多是培养学生的爱心。拼音宝宝找不到家得多着急呀！通过自己的努力闯关，把拼音宝宝安全送回家后，学生的内心是无比开心和快乐的，从而润物细无声地浇灌了学生内心爱的种子。

第四关，"快乐体育场"。闯过前三关，学生赶快活动活动筋骨，来到"快乐体育场"关卡，进行一场答题往返跑比赛。4位小选手一组，同时跑向对面的家长，答对家长的问题，再往回跑，比比谁最快。这既是亲子游戏，又是小组比赛，学生可以从竞争中学会合作和友爱。

（二）评价主体多元化，体现互评共赢

针对以往学生评价存在的评价主体单一且过于强调评价结果的弊端，在多元评价理念的指导下，神兴集团建立了教师、家长、同伴和学生自我等多主体共同参与、交互作用评价的学生评价新模式，加强了评价者与被评价者之间的互动，既提高了学生的主体地位，又将评价变成了促进学生主动参与、自我反思、自我教育、自我发展的过程，形成了积极、平等、民主的评价关系。

第一，教师评价。各任课教师与班主任相结合，定期对学生进行综合评价，为每个学生建立了"成长记录袋"，袋中记载的是每个学生各方面学段性的作业和作品。

第二，家长评价。建立学生成长家庭记录卡，由家长从热爱劳动、坚持锻炼、孝敬父母、自理自立、每日阅读等多个方面来记录每个学生的进步与收获。请家长参与对学生的评价是为了让家长对学生有一个直观、全面的了解。

第三，小组评价。把学生分成若干学习小组。班内学习、纪律、卫生和各项活动的组织开展或评比都以小组为单位，让学生进行自我评价、小组互评，有效地促进了学生间的相互学习、相互欣赏、相互提高。

（三）评价内容立体化，体现综合考量

在评价中，学校结合学科特点及测评内容，选择了多样化的测评方式，将动口、动手与动脑结合起来，科学地评价学生的综合能力和综合素质，促使学生健康发展。评价方式主要有书面测试、综合素养和实践活动三大部分。

第一，书面测试。三至六年级每学期的期末，以等级的形式进行笔试综合评价，通过各学科分项考查、分级评定做出公平、公正的评价。

第二，综合素养评价。各年级、各学科根据学科特点和学生的发展需求，分别设置考查内容和考查形式。比如，语文学科有朗读、古诗词、书写、口语交际等内容。让学生在不同的时间内，以不同的方式接受检测，并分项记录评价结果。

第三，实践活动评价。学校的综合实践活动丰富多彩，每年都会举行学生嘉年华活动，不同年级根据学生不同的年龄特点开展不同的活动。一年级"勇闯智慧王国"，二年级"多边七巧板"，三年级"欢乐英语"，四年级"一起玩转科学"，五年级"诗词大会"，六年级"书香致远，手写我心"。除嘉年华活动之外，学校还组织学生进行"阅读上下五千年"活动，各班评选出最优秀朗读者分期展示。还有"阅读吧！少年""小主播开讲啦""旧物大变身""我是小厨神""优秀书画展"等许多综合实践活动。多元的评价方式改变了学生的学习方式，让学生走出课堂，锻炼自己，亲身实践，培养了学生的创新精神与实践能力。

二、实施效果

神兴小学教育集团通过"用爱丈量"的多元化激励评价法，改变了学生的学习状态，让学生走出课堂，锻炼自己，亲身实践，培养了学生的创新精神与实践能力，培养了学生自信阳光、向上向善、充满朝气的心态，为每一个学生找回了自信，使每一个学生享有成功，促进了每一个学生全面健康地发展。

聚焦学生核心素养，创新七彩阳光学业评价

/ 浙江省瑞安市塘下实验小学

"中国学生发展核心素养"的发布将学生的综合评价带进"素养时代"。如何基于学生核心素养培育，促进学生的全面发展，成为学校的根本任务。浙江省瑞安市塘下实验小学自2018年起，聚焦学科核心素养，打造"七彩阳光学业评价体系"，建立跨学科素养的综合实践考查途径，让知识性考核与实践建立联系，将表现性评价纳入考核范围，促使学校教学质量不断提升、办学品质不断发展。

一、主要举措

（一）基于"阳光育人"理念，构建七大评价指标

塘下实验小学坚持立德树人的根本导向，依托阳光课程，提炼出阳光评价的核心理念"人人阳光、扬长避短、减负提质、习惯保障"，并结合加德纳多元智能理论，将广义的学业质量进一步阐释为"逻辑能力、语言能力、才艺能力、运动能力、交往能力、自主能力、观察能力"七个方面，分别用七种颜色表示；从"听、说、读、写、做、行、思"七大指标，对学生学业进行了操作性的行为评价。考虑到"听、说、读、写、做、行、思"中各种行为是多种能力的综合体现，因此，每种操作行为都用多种颜色表示（如图1所示）。

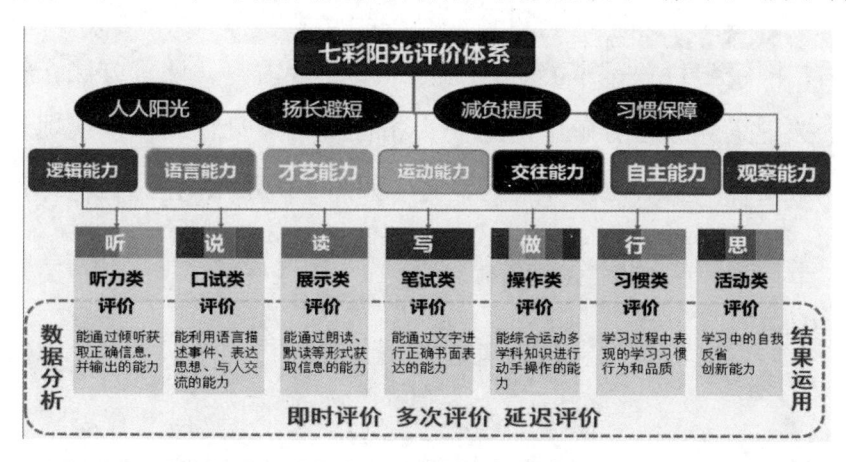

图1 七彩阳光评价体系

七大评价指标的最终目的指向核心素养的校本落地，促进学生的全面发展。根据"听、说、读、写、做、行、思"七大评价指标，学校开展相对应的七大类测评，即听力类、口试类、展示类、笔试类、操作类、习惯类、活动类，以项目评价为载体，每个学期组织教师在规定的时间、规定的地点，按照规定的方案实施测评活动。

七大评价指标与阳光四大类课程相对应，重点关注学生学习中必须具备的基础知识、关键能力和必备品格。阳光评价包括过程性评价和终结性评价。以纸笔测试加表现性评价的方式，得出最终的形成性评价。在阳光评价体系的指引下，学校持续记录学生成长表现的真实过程，保持整体良性发展。

（二）聚焦学科核心素养，创新七彩阳光学业评价

学校借助浙江省评价课题研究之机，探索并形成具有校本特色的创新性评价方式。一是凝练学科素养，将各学科关键素养进行了校本化阐述，形成校级评价标准，编写了属于自己的校级评价标准。二是细化评价指标，研发评价工具。学科关键素养校级评价确定后，围绕学科关键素养、评价标准、评价内容、评价方法，将每一个关键素养细化分解，对每一个指标进行可量化操作，从项目切入，研发了学业阳光评价实施手册（如图2所示），将过程性评价、

图2 学业阳光评价实施手册

形成性评价与终结性评价结合起来,最终完成对学生的评价。三是建立跨学科素养的综合实践考查途径,让知识性考核与实践建立联系,并将表现性评价纳入考核范围。

(三)关注学生的思想品德,落实阳光德育评价

道德品质、审美和人文素养是深植于内心的重要品质。塘下实验小学以七彩阳光德育课程为载体,小学阶段整体培养目标是打造"七彩阳光少年",学期目标是打造"阳光少年"。"七彩阳光少年"包括阳光礼仪少年、阳光崇学少年、阳光健体少年、阳光书香少年、阳光才艺少年、阳光环保少年、阳光求新少年。小学阶段,学生集齐这七枚勋章,毕业时可成为校级七彩阳光少年。为落实德育,学校开发了"好习惯伴我成长"校本课程,力求延展国家课程的深度和广度,根据低、中、高三个年段进行德育校本课程设置,每个年段24课时,从礼仪、安全、学习、卫生、生活方面系统培养学生各方面的好习惯,切实完善德育评价的指标,深化"七彩阳光少年"培养的内涵。

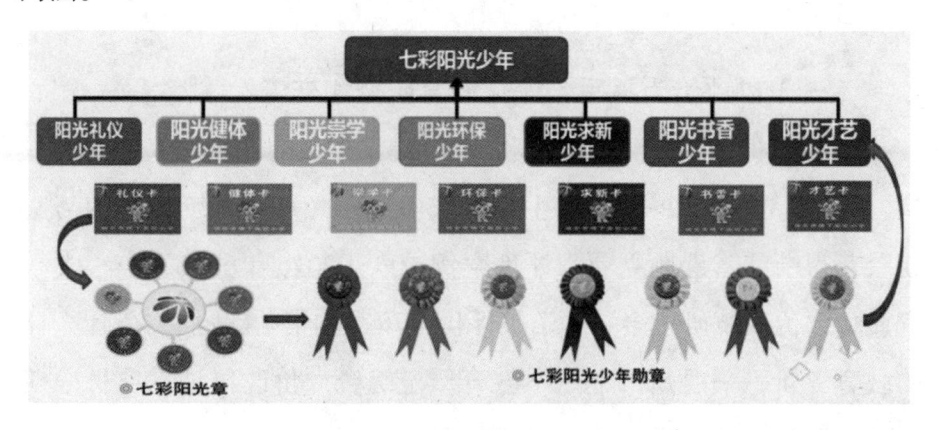

图3 七彩阳光少年评价

（四）激发学生的特长潜能，开发多彩特色课程

为了激发学生的潜力，让学生更全面地认识自己，塘下实验小学设置了42门走班制拓展课程，以学生自主选择为出发点，以特色活动为切入点，以兴趣为依托，采用分层评价的方式，从学生的表现力和作品水平出发进行过程性评价。比如，"双基""双线""三维一体"的阅读类课程，以"三卡一文一展台"的评价方式跟踪学生阅读，使阅读可视化，展现学生的阅读风采；又如，"双标＋双师"的书写课程，以考级闯关的评价形式激发学生的书写潜能；再如体艺类课程，以"进阶考级"式评价激励学生在小学毕业前至少精于一项体育技能和一项才艺技能。学校将各学科关键素养进行了校本化阐述，形成校级评价标准，编写了属于自己的校级评价标准，细化了评价指标，研发了评价工具。

二、实施效果

（一）以评价为抓手，深化教育研究和交流

学校承担了5个温州市级和22个瑞安市级的课题研究。学校主持的"基于数据支持的小学生全科式七彩阳光评价系统的建构与实践"获得浙江省课题立项，评价案例录入《2016年浙江省中小学教育质量评价改革研讨会——学校评价改革案例集》《我们期待什么样的教育评价——温州市中小学教育质量综合评价改革试点项目中期成果汇编》。关注塘下实验小学学业评价的《阳光评价，撬动学生核

心素养发展的支点》《实施学业阳光评价，打好阳光人生底色》等文章在温州教育网发布；2016年10月和11月，学校分别受邀参加温州市和浙江省关于"基于阳光理念的小学生学业质量评价体系的构建和实施"专题讲座；2019年12月，受邀参加长三角区域教育评价变革论坛，做典型经验交流发言。

（二）以人为本，回归教育评价的本源

"七彩阳光学业评价体系"着眼于学生发展的不平衡性和差异性，通过"问题性导向、理念性引领、过程性跟踪、反馈式改进"的系统架构，在完善校本课程体系的基础上，转变"教"与"学"的方式，为学生成长提供更多的机会与平台。拓展评价内容，关注学生成长中的必备品格和关键能力。以评价改革推动学校课程建设，以评价功能改进教学方式，以评价结果转变教研思维，实现了从评价学生是"什么样的人"到培育学生"成为什么样的人"的理念与实践的转变，促进了学生的全面发展和个性成长。

总之，以评价为抓手的研究促使塘下实验小学取得了一系列办学成绩。学校被评为浙江省深化课程改革先行单位典型、温州市教育质量综合评价改革优秀试点学校、温州市第一批新常规示范校、温州市教科研先进集体。

表现性评价的新范式——小学生游艺性评价的有效实践

/ 湖南省长沙市开福区教育局

为深化中小学评价与考试制度的改革，提升中小学教育质量，湖南省长沙市开福区开展游艺性评价，让学生乐学乐考，在真实的游戏情境中有效检验学生的表现。这是一次深化教育质量综合评价改革的创新之举。

一、主要举措

（一）以测查学生学科领域素养关键考查点为目标，实现对教与学的诊断性评价

开福区的游艺性评价实现了将学科核心素

养（亦称学科领域素养）测查的关键要素及考查点，创造性地融入游戏闯关活动中，通过学生完成游戏情境中真实任务的过程及努力的结果，来考查学生对表现性任务的理解与掌握程度，以此评价学生学科核心素养发展的真实水平。这为诊断和改进"教"与"学"提供了切实依据。

（二）以喜闻乐见的游艺性考查方式，实现学生的乐学乐考

小学一年级学生，从幼儿园教育生活转型到小学学科教学生活，经过在校半年的参与式学习后，将面临人生的第一次期末考试。怎样减轻学生的心理负担，让学生乐学乐考呢？这是教育评价研究的现实问题，也是学校真实教学情境中必须解决的难题。

玩是儿童的天性，游戏是儿童学习的原动力。每一个学生熟悉的教室与功能室或其他活动场域，都被教师布置成主题考查的游艺场地，让学生用幼儿园主题游戏的方式来完成一场学业考试。这不仅让每个学生既熟悉又乐意接受，而且考官还是熟悉的学科教师，学生不会害怕。当学生置身于全体学科教师精心设计的游艺性真实情境中时，除了感受到高年级哥哥姐姐羡慕的眼光，剩下就是乐于参与，忘情投入，早已忘却了游戏闯关的挑战难度（即思维低阶水平向高阶水平迈进的不同任务设置）。在父母的见证下，他们像游戏通关一样主动去闯过人生中的第一次考试关。

（三）以表现性评价新范式取代传统纸笔测试，精心设计对学生非学业能力的考查

游艺性评价属于表现性评价中的一种特殊范式，是针对小学低

年级学生特别设计的，那么，是不是玩一玩或者冲一冲就等于完成了考试呢？在看似简单而又好玩的游戏闯关活动中，最难的就是游艺性评价的表现性任务的设计。设计以及评分标准的设置，必须结合课程标准学段要求，通过凝练学科核心素养关键考查点来设计，同时要兼顾游戏任务的思维水平，从低阶向高阶发展。由易到难，由课程标准要求达到的一般学业水平到体现个性化学习思维发展的水平。所以，游艺性评价的效度与信度，就在于测评工具开发的表现性任务设计。这个表现性任务设计不仅是学业水平测试，更重要的是体现纸笔测试不能达成的非学业水平的能力测试。比如，学生挑战任务的意志力、团队合作的协作精神、领导力、与父母共情分享的能力、读懂任务与把握现场情境的能力、甄别有效信息的能力，以及克服现场有意干扰、专注任务挑战的能力等。

（四）以亲子共同体验的快乐考查之旅，实现亲子跨学科主题研学

在协同学生完成考查评价的过程中，很多家长以及家长志愿者都抑制不住喜悦之情，特别享受与孩子一同奔赴考场的感觉，见证孩子人生第一场考试的美好时刻。学校在表现性任务中都设计安排了亲子实施项目。比如，体育活动"亲子绑腿50米往返"，这个项目不仅测速度、耐力，还需要亲子的默契与配合。很多父子跌倒后又互相搀扶起来，顽强走向目的地。还有母女一起踢毽子、父子一起滚铁环、父女一起接力跑等，让父母回到了童年，也让孩子享受到了成长的快乐。

2019年的游艺性评价，在表现性任务设计上又有新的拓展，就是跨学科主题设计，融入项目化学习设计的思想，实现边考查、边进行跨学科的研学之旅。比如，开福区实验小学的"宝贝去哪——食品安全"的主题项目化学习，整合学校低、中、高三学段不同层级学生的表现性水平，就同一主题进行项目化学习设计，实现了一年级到六年级学习思维从低阶向高阶水平的迈进。学期初，在学校的组织下，家长陪同孩子一起去食品加工厂体验机械化加工流程，进行实地考察探究，回家陪孩子用拼音加汉字写考察日记；平时针对家中的食品安全问题，父母与孩子一起认真探讨并改掉不健康的生活方式；期末考查置身"食品加工厂"情境中，陪同孩子烘焙，完成对食材生字与阅读材料（语文阅读以及识字考查）、食材数量计算（数学20以内加减法考查）、食材采购路线（数学位置考查），以及爱惜粮食（对珍惜农民伯伯劳动成果，养成爱惜粮食的好习惯，以及情感态度价值观的考查）等一系列的考查任务。这个项目化学习设计就是一次亲子的研学之旅。

二、实施效果

（一）发挥了教育评价的育人导向

　　由于开福区的游艺性评价是区域性推进的，所以，全区近70所小学，包括九年一贯制学校在一年级上学期期末考试中全覆盖游艺测评。由开福区教育局基础教育科组织实施，开福区教育科学研究中心学科教研员研制学科核心素养考查点，教育评价教研员研发评价实施方案与提供表现性任务设计样例。学校参照区总方案，开发测评工具与设计表现性任务，上报审核后，具体实施本校的游艺性测评工作。

学校设计表现性任务与实施测评的过程，其实就是学科教师对学科评价建构、实施的过程。从课程标准解读、学科核心素养凝练、核心素养关键考查点的明确、表现性任务设计、星级评价标准出台、游艺性实测与评价，到测评结果的分析应用、教育教学改进、学生个性化学习指导。这个过程实际上是落实课程标准的过程，是通过课程、教材、教学、评价，实现对"以学生学习为中心"的教学诊断与监测的过程，从真正意义上发挥了教育评价的育人导向功能。

（二）促进了学校教育质量的提升

提升学校的教育质量，加强评价结果的利用，指导学校教育教学的改进，实现学生个性化学习指导，才是游艺性评价的目标指向。要达成这个评价目标，解读游艺性评价结果、分析处理海量测评数据十分关键。学校年级组通过挖掘学生测评结果数据，分析学生核心素养关键考查点的盲区，发现核心素养培育过程中的问题与缺失，加强教师的学科教学课堂观察与指导，实现教学方式的改进，提升学生学业质量，最后促进学校教育质量的整体提升。另外，在测评过程中，教师捕捉与觉察学生临场的表现状态、投入的情绪，以及结果之间的勾连等，分析影响学业质量的相关因素，也是学校教育质量评价改革的重要组成部分。

（三）取得了良好的社会反响

2017年以来，开福区不断发扬改革创新的传统，持续推进基础教育改革，特别是其探索小学生综合素质评价的创新改革，取得了良好的社会反响，获得了较高的关注度，教育部网站以及《中国教育报》均进行了专题性的宣传报道。

基于"互联网+"技术的劳动教育评价改革

/ 重庆市人民小学

重庆市人民小学响应党中央关于健全劳动素养评价的号召,突破了传统评价制度的局限性和单一性,利用互联网和大数据等技术,研发了家庭劳动教育评价系统,形成了《家庭劳动教育指南》+"劳动萌主"系统辅助并行的创新方案。

一、主要举措

(一)构建科学的评价参照:《家庭劳动教育指南》

重庆市人民小学从"教师建议、家长反馈、

学生需求、社会要求"原则出发，立足"系统性、逻辑性、针对性、时代性"的设计理念，建构了《家庭劳动教育指南》，为劳动教育评价设定评价的标准和参照。

表 1 《家庭劳动教育指南》的教育目标

维度	家庭劳动教育具体目标
劳动观念	劳动意识：明确劳动的价值和意义，认可劳动对自身成长和家庭生活的重要性，形成尊重劳动、热爱劳动的意识。
	劳动习惯：家庭劳动有方法、有效率、有秩序、有规划，自己会做的事情自己独立坚持做，自己不会做的事情学习做，家庭成员的事情帮着做。
	劳动责任：生活自理，自我服务，对自己负责。承担家务劳动，服务家庭成员，对家庭负责。参与社会劳动，服务他人，形成社会责任感。
劳动能力	劳动知识：积累家庭环境清洁与美化、家庭食物烹饪等家庭生活必备知识，获得丰富的家庭劳动经验。
	劳动技能：掌握日常生活基本的劳动技能，具有处理生活中基本事务的能力。认识与了解日常生活中清洁工具、家用电器等的使用方法，具有服务自我和家庭成员的能力。
	劳动创造：在家庭劳动实践中善于观察和发现问题，创新地运用新方法、新途径去解决家庭生活问题，提高处理家庭事务的效率。
劳动价值	劳动精神：尊重劳动、热爱劳动、乐于劳动、诚实劳动、踏实劳动，在家庭劳动中有热情、有信心、有韧劲。
	劳动品格：对家庭劳动始终坚持如一，在家庭劳动过程中遇到困难能够运用劳动智慧去主动克服，形成勤劳俭朴、吃苦耐劳、诚实守信、勇于创新的劳动品格。
	劳动幸福：通过亲身体验家庭劳动过程，体验服务自己和家庭成员的快乐，收获家庭劳动的成果，感悟劳动创造和谐幸福的家庭生活。

1. 确立"三维九向"的家庭劳动教育目标

《家庭劳动教育指南》围绕"劳动观念""劳动能力""劳动价值"三个主题维度，建构涵盖九条目标的家庭劳动教育目标群：劳动意识、劳动习惯、劳动责任，劳动知识、劳动技能、劳动创造，劳动精神、劳动品格、劳动幸福。

2. 聚焦"四个关注"的家庭劳动教育内容

学校围绕"自我服务、家庭服务、社会服务"三个维度，贯通低、中、高三个学段，连接家庭、学校、社会三个渠道，组织学生实实在在地参与劳动实践，设计了聚焦"四个关注"的家庭劳动教育内容。

第一，关注学生年龄，螺旋递进。遵循学生的身心特点，对家庭劳动教育内容进行选择和设计。

第二，关注多元角度，全面发展。《家庭劳动教育指南》遵循"自我服务—家务劳动—社会服务"的逻辑，设计了"自己的事情自己做—家庭的事情帮着做—当好社会小公民"的三维主线，并围绕"衣、食、住、行"四个主题，确定"形象有学问、吃饭有讲究、物品常管理、出门要独立、家事我参与、社会我关心"六项任务，建构了一至六年级各具特点的、渐进式的十二条家庭劳动清单。

第三，关注基本能力，学会生存。《家庭劳动教育指南》关注"衣、食、住、行"之生存必备技能，指导家长培养孩子的这些基本能力，从而使孩子获取生存知识和技能。例如，通过归纳整理物品，孩子不仅学会整理物品（书包、书桌、床、衣柜等），而且他们在劳动体验的过程中，培养了自我管理、自我规划、自我判断、解决问题的能力，这为他们今后独立自主地应对未知生活奠定了基础。

表 2 一年级家庭劳动教育内容

劳动项目		实施要求
一级项目	二级项目	
自己的事情自己做	形象有学问	1. 学会洗手，会独立洗脸、刷牙、梳头发、扣纽扣等，保持整洁。
		2. 提前准备好第二天要穿的服装；能自己挑选衣服，并合理搭配。
	吃饭有讲究	1. 认识各种蔬菜、水果的名称，学会挑菜、择菜。
		2. 学会餐前摆放碗筷，餐后收拾碗筷和桌面的杂物。
	物品常整理	1. 学会整理书包。
		2. 学会自己卷铅笔，自己整理笔袋、书包，带齐第二天所需的学习用品。
	出门要独立	1. 认识自己的个人物品，知道不同场合需要带上的必需物品。
		2. 了解家到学校的路线，上学途中做到书包自己背，饭盒自己拿。
家庭的事情帮着做	家事我参与	1. 初步认识并安全使用家里的日常电器，如电灯、风扇、空调的开启和关闭。
		2. 学会分担简单家务，如学套垃圾袋、取包裹等。
当好社会小公民	社会我关心	1. 认识小区道路和各种设施。
		2. 认识自己的邻居。

第四，关注时代发展，面向未来。《家庭劳动教育指南》针对新技术下对衣、食、住、行带来的影响，也提出了相应的任务要求。例如，"出门要独立"中，复杂的城市路况，以及多元化的交通出行方式，要求家长培养孩子出行规划的基本能力，如基于交通应用软件，熟悉基本的学习、生活、游玩路线，并学会选择最佳路线；利用打车软件，学会线上打车，选择合理安全的出行方式等。

（二）研发智慧的评价系统："劳动萌主"系统

为将劳动教育评价有效落地，学校借助互联网等新技术，开发与《家庭劳动教育指南》相配套的"劳动萌主"线上评价系统。

1. 坚持儿童本位，遵循身心规律，尊重兴趣爱好

重庆市人民小学开发的"劳动萌主"小程序，将《家庭劳动教育指南》中的家庭劳动任务，赋予闯关情境的游戏式设计。各年段的学生根据任务完成规定次数后，可获得一枚由学生自主设计的"精灵"徽章。徽章涉及"美精灵""米粒精灵""巧手精灵""独立精灵""家长精灵""善精灵"。每大类完成10次即可获一枚徽章。在获得一定的"精灵"徽章后，学生可获得对应的"萌主"徽章。

图1 "劳动萌主"系统用户界面

2. 利用技术硬核，与时俱进，搭建线上平台

"劳动萌主"系统平台的整个开发过程秉承"轻前端，重后台，泛计算"的设计理念。家长前端基于微信小程序进行建构，通过熟悉的平台入口和简洁直观的界面最大程度地降低家长、学生和教师

的使用门槛,做到客户端无须安装、扫码即用、自动身份识别与绑定、自动完成家校班关系衔接、家长劳动记录方便快捷发布和分享,教师基于移动端可及时评价与反馈。生动有趣的交界互面和游戏化的激励机制,可以提高学生的劳动积极性。系统后台提供了全参数化的功能定制功能,教师可以通过管理模块从劳动栏目分类、具体劳动内容、派发目标年级、难度等级设置、晋级激励机制、随机问卷频率等方面进行精确的参数设置,为开展家庭劳动教育探索活动提供一个灵活智能的实验平台。

3. 融入劳动文化,感受文化底蕴,收获"时代"徽章

"劳动萌主"系统以劳动文化为底色,创作出打上具有划时代性意义的生产工具烙印的"萌主"徽章系列,即"石器萌主""青铜萌主""铁器萌主""黄金萌主",使学生认识和了解不同时代的劳动工具以及劳动形态,从而让他们感受到浓厚的劳动文化历史底蕴,点燃他们潜在的热爱劳动的火苗。同时,通过"萌主"晋级式制度,引导学生通过辛勤劳动、探索创造来收获不同的徽章。这让他们在由简到繁、由易到难、由模仿到创新的劳动实践过程中,不断提升自己的劳动素养。

4. 打造协同平台,密切联系,实现客观动态评价

"劳动萌主"小程序打破了劳动教育的时空限制,发挥了桥梁和纽带的作用,将学校和家庭密切地联系在一起。教师根据《家庭劳动教育指南》要求,将家庭任务发布在小程序上,家长根据任务要求,指导孩子在家完成相应的家庭劳动任务,并将劳动的过程和结果以图片、文字、视频、语音的形式发布在班级主页中。教师对家长提交的劳动内容进行及时评价、反馈、指导。在班级界面中,

同学之间可相互分享。对于优秀的劳动展示成果，教师可以一键置顶，在全校共享。

二、实施效果

（一）落地：劳动素养培养扎实有效

学校发挥在劳动教育中的主导作用，科学规划、设计以及指导家庭劳动教育，围绕衣、食、住、行四个方面，明确一年所需完成的12个劳动任务要求。学校鼓励学生自觉参与、自己动手，养成坚持不懈地自我劳动的习惯，从而使学生能完成日常生活中的劳动实践任务，进而实现一年内有效掌握两项生活技能的目标。随着新时代劳动形态的变化，学校主动创新劳动教育的内容与方式。例如，基于各种具有丰富信息的购物应用软件平台、娱乐应用软件平台等，引导学生合理地甄选信息，进行判断对比，学会理性消费；鼓励学生自觉自律，合理规划时间，娱乐休息得当等。这对培养学生的信息甄选、闲暇安排以及消费计划的能力都产生了积极影响。

"劳动萌主"评价系统符合小学生身心特点的激励机制，劳动成果、劳动过程与收获的分享、交流，增加了每一个创造者的存在感、成就感和自豪感，从而激发了他们参与劳动实践的兴趣、动力、光荣感。

（二）聚力：家校协同零距离

《家庭劳动教育指南》是家庭劳动教育有效开展的行动指南，让家长不仅明确了孩子现阶段的劳动教育内容，也对孩子整个小学阶段的劳动要求有了整体把握。例如，在"吃饭有讲究"中，不仅要指导孩子认识瓜果肉蔬、厨房用具等，还要引导他们做好餐前餐后的厨务准备，掌握基本的烹饪方法。这些对于那些不太熟悉具体家庭劳动任务的家长，顺利开展家庭劳动教育，同样也具有现实意义。"劳动萌主"既符合学生的身心特点，又符合新时代家长年轻化、信息技术能力强、需求多样化等特点。系统的研发将纸质档案袋记录变成了具有实时传输、过程记录、动态分享的评价数据库。在新技术的支持下，家校协同一体化、常态化、数字化成为可能，学生劳动素养的发展状态受到教师与家长的共同关注，家校形成合力，提供了更加精准的个性化指导，从而促进孩子个性而全面地发展。

（三）智慧：客观评价动态持续

系统除了能呈现学生家庭劳动的次数、状态、成果之外，还增加了家长的随机反馈功能。通过家长反馈，学校能全面掌握学生劳动时长、劳动态度、劳动习惯养成等情况，对学生的劳动素养有更全面的认识与把握。不仅如此，系统针对收集到的家庭劳动教育实践大数据进行整理、统计、分析和挖掘，在多层次、多维度上评测学生劳动素养发展状况，进而及时对劳动教育的开展做出调整，从而为教师和家长深入开展劳动教育做出有效的反馈和有针对性的指导。

（四）点赞：多方关注获好评

学校取得的成果获得了学校和家长的认可，也得到了北京师范大学、重庆市教育科学研究院有关专家学者的好评。《中国教育报》、《中小学管理》、光明网、《重庆日报》、华龙网、《重庆晨报》等新闻媒体都对此进行了报道。

学校正在以"劳动萌主"系统为基础，扩展系统的使用范围，借助大数据等新技术研发劳动课堂动态评价系统，该系统将与家庭劳动教育评价系统形成闭环，共同构建劳动教育智慧评价新模型。

创建"1+1+1"语数学业评价新模式

/ 重庆市江北区玉带山小学

重庆市江北区玉带山小学为了改变"一张试卷"的单一评价形式,经过五年探索,形成了立体、多维、多元、更稳定的评价模式,创建了"1+1+1"语数学业评价新模式。

一、主要举措

（一）明确"1+1+1"学业评价新模式的基本内涵

第一个"1"：以"一张试卷"完成知识技能评价。对于三至六年级而言，第一个"1"是知识和技能评价，重点在于基础知识和基本技能，总体形式还是一张优化后的试卷。对于一至二年级而言，第一个"1"是指在真实的生活情境中通过游戏闯关的方式考查学生综合运用语数知识分解问题和解决实际问题的能力。

第二个"1"：以实践操作抽测完成一项关键能力评价。核心能力指对于学生当前语数学业水平发展非常重要甚至终身发展都需要的学科关键能力，但通过一张试卷无法检测。

第三个"1"：以过程表现展评完成一个学习习惯养成评价。这里的学习习惯包括每学期小学生必备的一个通识学习习惯、一个语文学习习惯、一个数学学习习惯。

（二）细化"1+1+1"学业评价新模式的实施过程

"一改"：三至六年级的改，重点在优化"一张试卷"。首先是优化"一张试卷"的目标，即组织人员按照课程标准梳理所有年级语文、数学的评价标准，把学科评价标准提前公示给教师，让教师把日常教学和期末评价有机联系起来，做到日常教学有的放矢，期末备考心中有底。其次是优化"一张试卷"的命题方式，命题力求科学性、生活性和趣味性，不出偏题、难题、怪题。一至二年级的改，重点在于用真实生活的问题解决代替传统的一张试卷，重点在于语数知识有机融入真实问题的解决过程。依据课程标准将考试内容转化为真实生活问题，重视考查学生综合应用语数知识分析问题和解决问题的能力。

"二做"：首先确定核心能力。根据课程标准，结合不同年级学生的年龄特点和知识基础制定各年级各学科核心能力双向细目表。

各年级各学科负责人每学期选取1项核心能力进行重点培养,接受教导处组织的抽测。抽测形式以面试、动手操作、情境测试为主,主要由教师组织中高年级学生、家长义工等实施抽测,采取延迟评价,以等级形式呈现能力达标结果。第三个"1"不但采用延迟性评价,而且要求人人达标,人人合格。

"三养":根据各学科不同年级发展所需要培养的学习习惯,每年重点培养一种通识学习习惯、一种语文学习习惯、一种数学学习习惯。每月根据学生学习习惯的养成情况,予以总结反馈。教导处结合每月教学月检进行检查公示。学习习惯的评价主要采用定性的方式,以自评、互评、他评的形式,对学生的学习兴趣和学习习惯进行定性描述。第三个"1"采用延迟性评价,同时要求人人达标,人人合格。

表1 基于系统论的"1+1+1"学生语数学业评价模式

评价内容	评价方式	评价方法	评价主体
第一个"1" 学科知识	改一张试卷	三至六年级:改良试卷(怪、偏、难题) 一至二年级:取消试卷,语数综合	书面测试 定量测试 定性评价	教师 高年级家长
第二个"1" 关键能力	提关键能力	实践操作、抽测完成、系列化	定量测试 定性评价 延迟性评价 书面测试	教师 高年级同伴、家长
第三个"1" 学习习惯	养学习习惯	过程评价、习惯养成、自主申报	定性评价 延迟性评价 档案袋评价	教师 高年级同伴、家长

二、实施效果

"1+1+1"小学语数学业评价模式通过评价工具、评价主体、评价客体等系统性变革,使小学语数评价系统从过去以单一的一张试卷、一次考试为中心的评价模式向立体、多元、更全面的以学生发展为中心的模式转变。主要效果如下。

(一)有效改善了学业评价的效能

促进了"一张纸卷"这样单一的知识技能评价,变为集知识与技能、过程与方法、态度与价值观为一体的尽可能全面的评价。传统的"一张试卷"评价内容多以答案唯一的记忆性、技巧性的知识内容为主。但是学生能够背诵概念、公式,并不等于学生能够真正理解并运用,而且,学生在学习过程中重要的学科关键能力和学科学习习惯往往无法在"一张试卷"中被检测到。而不检测就不"教"和"学"的现状,从另外一个层面造成了学生的学业水平没有得到应有的提高。

"1+1+1"评价模式中的三个"1",不仅改善了原有的"一张试卷"的效应,而且把隐形的关键能力和学习习惯凸显出来,有效推动了学生学业水平的提升。由此,三个"1"的相互影响、有机融合,形成了一个良性循环体系,促进了系统功能的整体提升,推动了学生学业水平的发展。例如,一二年级的第一个"1"的评价内容是语数有机融合解决生活中的真实问题,同时要求学生在小组合作中进行。对这样的评价,仅就学生如何适应并参加这种开放、动态、合作的评价形式,就已经扩大了过去的"一张试卷"中"知识和技能"

的范畴。

（二）有效改善了教师的"教"

一是大面积提高教师的教学水平。评价模式的建立是少数优秀教师自己原来独自享有的教学成功秘密自选动作，现在通过评价模式的建立，逐渐变为全校教师都会的公开规定动作，由此，大面积提高了教师的整体教学水平。

二是开发辅助工具帮助教师教学。学校组织优秀骨干教师对语数课程标准进行校本化梳理，建立了学科关键素养评价体系，并自主研发了"学科能力水平标准与教材内容标准双向细目表"《学科学习手册》《学科习惯手册》。

三是考试内容前置，让"考""教""学"得到统整。每学期开学组织教师学习本期的考核内容和考核方式，教师把日常教学和期末评价有机联系起来，做到日常教学有的放矢，期末检测心中有底。

四是评价变革推动教师教学的改革和理念的提升。淡化单一的"一张试卷"评价、突出关键能力和学习习惯的评价，让教师在关注学业成绩的同时，关注学生的全面发展，注重因材施教，尊重个性差异，从"见分不见人"到"见分更要见人"。

五是评价促进师生关系和谐。评价模式中每个"1"都有明确的评价标准和切实可行的教学策略，教师不再为此开展简单的分数比较，不再通过简单重复的机械训练来加重学生课业负担，而是把评价的结果加以分析指导，重在为学生发展提供具有建设性的改进意见，师生关系得到了明显的改善。

（三）有效改善了学生的"学"

一是评价主体的变化让学生不再紧张。变革后的评价主体不再只是教师，而是高年级哥哥姐姐或者是自己及同伴的爸爸妈妈。评价主体对应方式也不是一位教师对几十名学生，而是一位评价员耐心细致地接待一名学生。

二是评价内容的变化让学生的学习方式得到改变。评价更注重学科知识和生活的联系，注重运用学科知识解决生活实际问题能力，注重取材学校生活、家庭生活、社会生活中丰富多彩的实践活动，学生体验式、合作社、探究式学习方式不断增多。

三是评价方式的变化让学习动力得以保持。"考试"变为动手动脑，变为对话和交流，变为合作闯关，激发了学生的参与意识，使学生持续获得学业成就感。

四是评价结果的变化减轻了学生的学业负担。第二、第三个"1"的评价结果使用延迟评价，不合格可申请第二次补测。延迟性评价给师生留出时间和空间查漏补缺，减轻了学生的学业负担。

推进养成教育评价

/ 黑龙江省大庆市林甸县第三中学

2016年以来,黑龙江省大庆市林甸县以构建养成教育评价体系为抓手,积极推进中小学生养成教育评价,并以点带面推进养成教育实践,取得了较好效果。

一、主要举措

(一)构建评价体系

科学构建学生养成教育评价体系。学生养成教育评价体系是指学校在实施学生养成教育中对学生行为特征和结果的认定办法,是有利于指导学生行为发展的评估手段。形成有原则、有内容、有阶段目标、有评价细则、有记录量表、有效果反馈的一系列评价系统，有利于让评价结果既能反映学生的发展状态，又能引领学生积极向上地健康成长，让评价成为学生成长的"助推器"。

（二）形成评价方案

养成教育是素质教育的主要内容。小学阶段养成教育研究分三个阶段（一至二年级、三至四年级、五至六年级），初中为一个阶段，探索文明礼仪、学习知识、良好卫生、健康生活、安全防范、动手劳动等方面的养成教育的内容。为此，参与的学校明确不同年龄阶段的养成教育目标，深入研究《中小学学生分年级段的养成教育评价方案》，制定科学的、适合不同年龄段学生的养成教育评价方案和实施细则。

（三）推动评价实践改革

林甸县实验小学、林甸县第二小学、林甸县东风中学等学校积极推动问卷调研分析、养成教育评价标准以及考核量表在评价实践中的使用。2018年10月，林甸县职业高中和普通高中开始试行。林甸县以点带面，推动县域中小学养成教育评价改革。

二、实施效果

（一）形成特色，打造品牌

以养成教育为突破点，推动"应试教育"向"素质教育"转变。

不仅推进学生养成教育评价，而且以此为抓手，完善学校德育管理工作，取得了从理论到实际操作的成果，使中小学生初步养成了良好道德和行为习惯，形成了良好的班风、校纪，探索出了一套中小学生良好行为习惯养成教育评价的途径和方法。"养成教育"成为林甸德育乃至大庆德育的一块品牌。2018年，林甸县第四中学被评为大庆德育基点校，在全市德育现场会上进行了专区展览和经验交流。

（二）凝练成果，引领改革

从一年级到九年级，按照年龄发展特点，全程设计九年一贯制学生养成教育内容，编制一年级到九年级德育校本课程教材《阳光教育》（东北师范大学出版社，2018年）并在学校试用。刘丽波等编著的养成教育教材《好习惯伴我快乐成长》、撰写的研究报告《构建中小学生养成教育评价体系的研究》中的有关研究成果在部分学校推广使用。

以"五维"破"五唯",创新体育素养评价

/ 上海市教育委员会

为进一步提升青少年学生的身心健康水平,满足青少年学生全面而有个性的发展需求,上海市教育委员会着眼于使学生切实获得良好的体育意识、技能和习惯,研究构建了五个维度的学生体育素养评价体系,通过实施科学、系统的评价,为青少年学生综合素质的不断提升提供了有力保障。

一、实施步骤

(一)推进五个维度覆盖全区的体育素养评价

青少年学生体育素养评价体系由体育意识、

体育知识、体育行为、体育技能、体质健康五个维度的体育素养评价体系组成，其中运动技能等级测试作为体育素养评价体系中的重要组成部分，对促进学生在基础教育阶段学会两项运动技能、养成终身锻炼的良好习惯起着重要作用。目前，体育意识、体育知识、体育行为、体质健康4个维度的测试工作已被纳入各区各学校日常体育课教育教学常规工作，基本实现了全覆盖。

（二）细化体育技能项目测试

体育技能测试参照上海市教育委员会指导发布，上海市中学生体育协会、上海市大学生体育协会备案的《青少年运动技能等级标准》团体标准执行。目前共有足球、篮球、排球、乒乓球、羽毛球、网球、游泳、田径、武术、体操、高尔夫11个项目，项目测试分为9级，运动技能等级证书由上海市学生体育协会认证发布。

（三）启动智能化测试和数据记录试点

从2018年起，上海市教育委员会开展了首批杨浦、松江两区学生的测试工作，并在金山区、静安区进行智能化设备测试试点工作。目前的测试系统准确采集学生基本信息，考场与线上数据平台实时对接服务，实现报名、测试环节的身份实时验证，通过5G等互联网技术实现测试数据的采集和成绩确认数据的实时传输，同时现场录制音视频。学生测试数据的全过程性记录有效解决了学生代考、替考，成绩多重数字化认证等问题，大大节约了相关工作人员、辅助裁判等人力成本，确保了测试数据及测试流程客观、公正、科学、便利、可追溯。

（四）推广试点经验

拟下发关于开展上海市中小学生体育素养测评工作的通知，在前期试点的基础上，进一步推进学生体育素养评价示范区的建设，在全市范围内开展中小学生体育素养测评工作。体育素养课题组将根据现有样本量数据，结合学生体育素养结构分值模型和大数据分析，对素养五个维度的分值和机构进行测算修订，形成正式模型后结合全市学生测试数据得出上海市中小学生体育素养水平指数。相关中小学生体育素养水平指数经数据分析整理后发布。

二、实施效果

开展青少年体育素养测试工作进一步强化了体育课上的锻炼和课外体育锻炼，不断提升了青少年学生的身心健康水平，满足了青少年学生全面而有个性的发展需求；有助于落实"健康第一"的教育理念，遵循青少年身心发展规律和教育规律，促使他们在基础教育阶段学会两项运动技能，养成终身锻炼的良好习惯，帮助他们在体育锻炼中享受乐趣、增强体质、健全人格、锤炼意志。测试工作最终形成了针对每个青少年的体育素养指数和涵盖五个维度的个性化体育素养分析报告，注重干预引导，以促进青少年身心健康、体魄强健。

中高考招录方式改革驱动下的学生综合素质评价

/ 上海市教育委员会

自 2017 年高校秋季招生起,上海市高中学生综合素质评价的结果运用于高校招生已有 3 年。目前,综合素质评价报告已在上海地区重点高校的招生环节中实现了常态化应用,其他省份重点高校也在积极探索使用方式。

一、主要举措

(一)建立学生综合素质评价运行机制

1. 建立纵向责任推进体系

实行市、区、高中学校三级管理制度,共同负责、协调、落实综合素质评价的组织、实施和管理。

2. 建立横向协同机制

委托上海市校外联办协调相关部门共同为学生志愿服务（公益劳动）、体育艺术科技活动、研究性学习等活动提供支持。

3. 建立点上的资源保障机制

市、区两级两千多家社会实践基地通过认证，高中学校负责将志愿服务列入学校课程计划，选择并主动对接市、区社会实践基地与志愿服务项目，建立双向签约制度，落实学生志愿服务的组织、实施和评价工作。

（二）建立学生综合素质评价技术平台

为保证学生综合素质评价信息的客观性、准确性以及信息录入的便捷性，上海市建立了普通高中、初中学生综合素质评价信息管理系统、研究性学习自适应学习系统（MOORS）、高中生研究性学习课题真实性认证平台、学生社会实践信息记录电子平台等技术平台。

（三）建立学生综合素质评价实施管理制度

上海市建立了学生综合素质评价实施保障制度，主要有信息确认制度、信誉等级制度、公示与举报投诉制度等几个方面，还建立了组织管理制度，成立中小学生综合素质评价工作领导小组，加强组织领导，实行市、区、校三级管理。学校和相关单位组织将学生综合素质评价工作作为常规工作，坚持常态化实施。此外，建立了学生参与社会实践的一系列管理制度，建立了市、区两级社会实践基地2000余个，实现了社会实践属地化实施。

（四）学生综合素质评价结果应用

从政策设计看，高中学生综合素质评价结果的应用有三个方面：一是引导学生积极主动发展，二是促进普通高中学校积极开展素质教育，三是作为高校人才选拔的参考。初中学生综合素质评价结果的应用有两个方面：一是加强综合素质评价在毕业工作和招生录取工作中的运用，二是为学生生涯发展提供参考。

二、实施效果

（一）综合素质评价平台得到充分应用

截至 2019 年 10 月，上海市普通高中学生综合素质评价信息管理系统已累计对 27.3 万学生（含高一、高二、高三学生）进行了综合素质评价信息记录。记录信息 2074 万条，包括学生的研究性学习报告、军事训练、农村社会实践、志愿服务、自我介绍等信息。2017 年至 2019 年，已有 73068 名学生通过研究性学习自适应学习系统开展研究性学习，累计产生了 64941 个课题。2018 年，研究性学习自适应学习系统在教学中的实践应用成果获国家级基础教育教学成果奖一等奖。2017—2019 年，已对 33006 名高中学生研究性学习课题的真实性进行认证，累计完成视频答辩总时长 5488 小时。截至 2019 年，全市共建立了 2000 多个学生社会实践基地（项目），76.7 万个学生社会实践岗位。2019 届普通高中毕业生参加社会实践（志愿服务和公益劳动）达标率达 99.9% 以上。

（二）综合素质评价过程推动了育人方式的转变

综合素质评价过程中涌现出了很多典型案例，涵盖了学校在德、智、体、美、劳五个方面的内容。这些案例中，有学生通过综合素质评价活动得到了较好的发展，有高中学校通过综合素质评价成功转变了育人方式。

（三）综合素质评价结果在部分高校招生中得到应用

部分高校积极有效地参考学生综合素质评价结果。上海市教育委员会归纳出综合素质评价目前在高校招生中的三类应用模式，一是量化分析法，即将学生综合素质评价报告的数据分类导出，选出学校所需指标，并根据本校的人才选拔标准重新赋权、量化，将其纳入本校高考招生系统；二是专家系统法，即由高校组建内部专家库，每年招生时，随机从专家库抽取相关专家，组成当年面试专家组，对学生的面试表现进行打分；三是潜质分类与水平分层法，即按照本校不同的专业领域和要求，分别建立在每个专业领域下的评价模型，高校结合专业领域的特色要求，制定出具有专业领域特色的指标体系，包括不同优先级和权重等。

以生为本，开启智慧评价新时代

/ 浙江省杭州市采荷中学

多年来，浙江省杭州市采荷中学坚持以学生为本推进评价改革。随着大数据等技术的运用，学校借助教育信息化的优势推进评价转型升级，开启了智慧评价新时代。

一、主要举措

（一）评价1.0：成绩预警，均衡发展

依托学校 1.0 分析平台，实现成绩预警、托住整体、均衡发展。目前在学校教学质量分析层面上，采荷中学对分析数据的运用主要是区、校平均分，区、校 AB 率，以及各班均差数对教育

教学质量进行监控。通过三维重点参考指标比较科学地考虑了教学质量的三个方面，即通过平均分促使教师在教学过程中尽可能守住质量底线；通过 AB 率体现因材施教，抓住教学重点；通过线性均差数反映教学质量的优劣，促进教学质量的全面提升。

（二）评价2.0：全程管理，精准分析

在学校 1.0 分析平台的基础上，借助大数据平台，打造学校 2.0 分析平台，进一步实现全程管理、精准分析。依托此平台，学校通过网络化、智能化的定点推送学情报告来实现对学生学习过程的管理，培养学生的自主学习能力；通过电子化的学生个人试卷分析及学情报告推送、学科考试各题知识点雷达分布图、学生个人学业情况报告单等多样化的手段，实现教学目标更加精准化、教学管理更加人性化；用好区域学科学业两报告，实现以生为本、一人一例，从而切实提高教学实效，减轻学生学业负担。

（三）应用教育测评前沿技术

瞄准教育测评前沿，实现班级管理、待优生评价科学精准化。在保证学校常规教育教学测评管理的前提下，基于当前国际教育测评前沿的理论和技术，将"社会网络分析""成长性评价模型"等前沿测评技术与班级管理、待优生的评价结合，实现了班级群体中的核心—边缘群体的分析和管理，同时将"基于残差的线性回归方程模型"与待优生学业测评有机结合，从成长的视角实现了对于学生学业的科学评价。

二、实施效果

（一）轻负提质，深化学校整体改革

以智慧评价为牵引，推进了课程、教学和管理等各项改革。例如，围绕各学科核心素养，进行基础性课堂教学模式的改革，将基础性课程与拓展性课程紧密融合，打造特色课程群。在学校教学处的统一布置和指导下，各考试学科备课组充分利用区教学质量分析软件的强大数据处理功能，借助区学科质量分析报告、区学生学习影响因素调查报告、各类线性回归曲线对各项数据进行细致、详尽的处理。各个学科备课组基于前期报告和数据认真撰写质量分析报告，提出切实可行的教学指导性建议，同时，结合区域学生学业负担指数的相关内容，切实推出作业限行制度，减轻了学生学业负担。学生学业负担调查连续几年位于杭州市前列（学业负担低区间），采荷中学中考成绩常年位居杭州市公办中学前三名。

（二）逐步推广，带动集团整体进步

深化评价改革的过程，完善了教育教学质量监控评价体系，这一体系作为"采荷经验"进一步被推广到教育集团的各个校区，每学期对全集团三校区的教育教学质量实施有效监控。

（三）持续推进，获得多项荣誉

学校持续推进智能化评价分析平台的运用，取得了明显成效，获评浙江省首批城镇示范初中、浙江省文明单位、首批浙江省现代化学校、杭州市人民满意单位、杭州市课程改革示范学校、江干区教学质量发展奖、江干区教学质量优秀学校等荣誉。

开展"生本·多元"导向的综合素质评价

/ 山东省潍坊市高新区东明学校

多年来，山东省潍坊市高新区东明学校着力探索初中生综合素质评价工作，并把综合素质评价工作放在教育链条的始端，目前已凝练"生本·多元"的评价理念，构建了"写实记录＋量化评价＋一票认定"的初中生综合素质评价体系，很好地发挥了评价在学生成长和学校发展中的作用。

一、主要举措

（一）凝练"生本·多元"评价理念

生本：综合素质提升的载体是课程，综合素质评价在相当程度上是对学生课程修习的评价。

学校对于国家课程、地方课程、校本课程三级课程的一切设计、实施与评价，都以符合学生身心发展规律、满足学生的真实需求、促进学生多元智能发展为出发点。学生以评价对象和评价主体的双重身份平等参与评价。在评价的"指挥棒"作用下，学生主动参与课程构建，选择课程学习，主动发展。

多元：评价由学校、教师、学生、家长共同参与，且渗透于整个课程建构过程。

（二）构建"写实记录+量化评价+一票认定"的综合素质评价体系

评价体系由原来的"主观＋客观＋一票认定"升级为"写实记录＋量化评价＋一票认定"。评价分值共130分，写实记录不计分。评价内容涵盖思想品德、学业水平、身心健康、艺术素养、社会实践五个维度。

1. 用写实记录促进学生反思、自主成长

促进人发展的主动力是内驱力，内驱力其实是自我成长的需要，反思是对成长过程分析的重要手段。对学生而言，外驱力来源于周边环境，包括教师、同学、家长、社会。基于以上思考，学校方案中的写实记录由学生自我写实记录、同伴写实记录、成长导师写实记录构成。

2. 量化评价多角度、多方位指向学生成长

综合素质评价工作指向整体的、活生生的人，指向成长中的人，指向有着充分发展潜能和充满活力的人，因此，要通过多角度、多方位的观察、记录，分析学生的成长过程，培育学生的良好

个性。基于以上认识，学校把量化评价分为正向量表评价、关键事件评价、课程修习评价、标志性成果评价四部分。主要评价五个维度中易于进行客观评价的内容。其中，关键事件评价本着不扣帽子、不贴标签、不随便做负面评价的原则，思想品德和心理健康采用关键事件评价。每个学生个体均可得到基础分，对在日常学习、生活中出现的恶意攻击同学、故意破坏公物、扰乱公共秩序等关键事件进行定性，扣除该项评定中的相应分数。

3. 一票认定评价

教师通过评价让学生明白成长是一种积累、一种坚持，也要明白行为有底线。因此，学校设计了一票认定评价方案，包括一票肯定和基于底线评价的一票否定。一票肯定指的是对于获得各级各类综合荣誉称号且无触碰"成长底线"的学生，一票认定为 A 等级。一票否定指的是对于触碰"成长底线"的学生实行学期一票否定，是一种底线管理，主要针对比较严重或者多次严重的违纪事件，目的是培养学生的纪律意识、规矩意识和敬畏之心。

（三）通过大数据分析引导学生自我诊断、主动成长

利用综合素质评价平台积累的各项数据，对各个方面进行横向和纵向对比分析，为学生发展提供科学、有效的数据；同时，生成成长画像，便于学生对自身进行可视化分析；引导学生自我诊断、自我反思，促进其了解自身发展的优势和不足，修正发展方向。

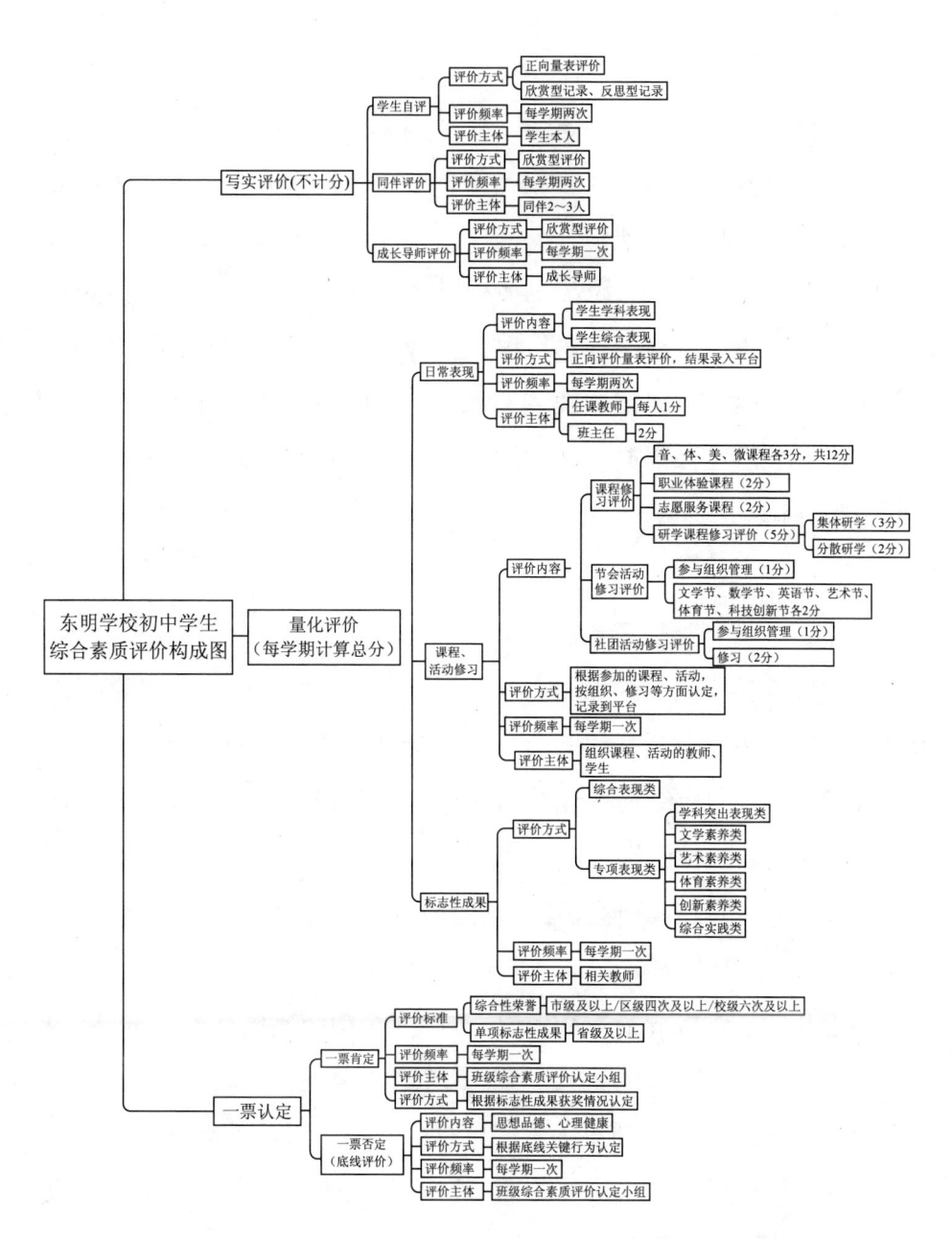

图 1　东明学校初中学生综合素质评价构成图

二、实施效果

（一）学校课程日益完善

在综合素质评价的过程中，学校基于学生核心素养、学生培养目标，采用多元智能理论，采取校内和校外、课上与课下、学校与家庭、线上与线下、知识与生活相结合的方式，师生共同参与课程的设计、实践、体验、反思、改进，最终形成了系列精品课程群：思维训练课程群、强健体魄创新课程群、CCtalk 网络直播课程群、情境化生本德育课程群、文学素养提升课程群、探究制作创新课程群、四季节会课程群。

（二）教师能力不断提升

评价将教育的关注点指向学生的全面成长，必然会带来育人观念的转变。评价由各方共同参与，在交流中促进共同反思。教师开始从只关注教学成绩向关注综合素质的提升转变。为了让评价更加客观、有效，教师必须细心观察学生，及时了解学生的个性特点和发展需求，不断提高研究能力、课程建设和执行能力，这有效地促进了教师育人能力的提升。

近几年，学校先后有 10 余位教师在全国级别的比赛中获奖，4 位教师获得"山东省教学能手"和"山东省立德树人标兵"荣誉称号，16 人次获山东省实验创新优秀辅导教师；37 位教师获得潍坊市"富潍兴民"劳动奖章、"潍坊市优秀班主任"等荣誉称号，还有很多教师在各级各类比赛中获奖。

（三）学生学习能力和创新能力增强

评价中，学生以积极进取的风貌主动参与，以科学负责的态度主动反思，以昂扬向上的姿态主动成长，个性和特长更加突出。学校很好地实现了全课程育人、全员育人。这主要表现为以下两点。第一，学习力提升。在近几年潍坊市中考、潍坊市中考推荐生考试、特长生选拔中，学校在市区同类学校中位居前列，且名次连年攀升。第二，创新实践能力提升。近几年来，学生在全国、省、市创新大赛、实验技能大赛、机器人大赛、创客比赛、头脑风暴大赛中频频获奖。

（四）改革经验得到认可和推广

近几年，学校综合素质评价工作的经验得到了各级教育主管部门和同行的认可。2015年至今，李玉良校长先后在全国教育厅副厅长、教育科学研究院院长参加的高中阶段学校考试招生制度改革研讨班、教育部组织的推进中考改革的实践研究座谈会、北京新学校大会、山东省素质教育论坛上交流了学校综合素质评价典型做法。2018年至2019年，教育部基础教育课程教材发展中心两次到学校调研该项工作。李玉良校长先后三次到北京，以专家和典型学校的双重身份参与了教育部组织的综合素质评价研讨活动。学校还先后接待来自广东、上海、陕西、东北、甘肃、山西、内蒙古、聊城、济宁等地的学习考察团五十余次。

综合素质评价工作还赢得了媒体的广泛关注。《今日观察》《光明日报》等媒体对加强学生综合素质评价的经验给予报道，相关做法在《中国教育报》《人民教育》《基础教育课程》等报刊刊登。

用好中小学生综合素质评价平台，开展"阳光"评价

/ 甘肃省张掖市临泽县教育局

> 甘肃省张掖市临泽县明确教育评价的价值理念，坚持问题导向，通过多维度阳光动态评价记录学生成长，让整个评价过程公开透明，让素质发展有据可依。

一、主要举措

（一）明确价值理念

评价以"激发成长动力、培育核心素养、引导个性发展、促进共同成长"为宗旨，通过对学生"思想道德、科学文化、运动与健康、审

美与体验、实践与操作"五个维度进行多元化、过程化、信息化的"阳光"评价、动态评价，记录学生成长过程，实现全程、全科、全员育人，深化学校、社会和家庭对学生"人文底蕴、科学精神、学会学习、健康生活、责任担当、实践创新"等素养的培育，充分发挥评价的教育和导向功能，激发学生成长动力，促进学生德、智、体、美、劳的全面发展。

（二）坚持问题导向

一是解决"评什么"的问题。通过"思想道德、科学文化、运动与健康、审美与表现、实践与操作"五个维度的全面评价，改变以往单纯以考试成绩评价学生的模式，引领学生德、智、体、美、劳的全面发展。二是解决"怎么评"的问题。通过"课堂优化评价""学生标志性发展卡""班级捆绑评价""星级班级评选""学生自评""同学互评""一月一点测""卷面积分"等方式动态记录学生的成长过程，实现评价过程化。三是解决"谁来评"的问题。在评价过程中，学生本人、同学、班主任、任课教师和学生家长共同参与，确保评价民主、公开、公平、公正。

（三）阳光规范操作

依托两个督学责任区建成中小学生综合素质评价平台，覆盖2所初中、11所完全小学，服务全县90%的三至九年级师生及家长。系统由教育局统一部署，督学责任区校园和所属小学共同使用。系统与甘肃省基础教育资源公共服务平台互联互通，用户可统一认证、单点登录。系统适配移动客户端，支持手机、平板电脑等多终端访问，方便评价信息的录入和查询。

1. 建立评价档案

学校依据全国中小学生学籍信息管理系统中的相关信息，在学生综合素质评价系统为每一名学生建立账号，设立电子成长档案，全面、全程记录学生在校各个方面的发展和表现。

2. 采集评价信息

围绕"思想道德、科学文化、运动与健康、审美与体验、实践与操作"五个维度，将相关评价标准细化分解至教导处、政教处、年级、班级、教师、学生和家长，将学生课堂表现、学生自评互评、班级值周考核、学生体能测评、体育艺术"2+1"周活动考评结果、理化生信息技术实践操作、学科阶段测试和期中期末成绩等数据全部记录，并及时、准确地录入系统。

3. 汇总评价数据

学期结束前，学校及时汇总评价采集的相关数据并进行审查与复核，得出五个维度分项积分，最终系统自动生成学生评价等级。

4. 公示评价结果

学期评价结果和毕业评价结果在班级、年级和学校范围内进行公示（公示期5天）。公示期满无异议后，提交学校学生综合素质评价委员会审查复核。

5. 生成评价报告

根据评价结果，系统从学生成长计划的内容与完成情况、遴选后的写实记录内容、获奖信息、学业成绩、体测结果、成长感言、家长寄语及教师评语等方面自动生成学生个人评价报告，经学校学生综合素质评价委员会审查复核无误后，在系统发布，同时计入学期和学年末学生综合素质评价反馈单并向家长反馈。

二、实施效果

（一）优化了课堂教学环境

任课教师对学生课堂表现、作业情况等进行适时评价，培养了学生认真完成听课、认真做作业的良好习惯，激发了学生参与课堂的积极性，规范了教师课堂管理行为。

（二）培育了良好德育生态

"班级捆绑评价""星级班级评选"有效管理、引导、教育、激励学生参与班级管理，丰富了学校德育工作的载体，有助于形成良好的德育生态。

（三）促进了学生全面发展

评价着眼学生的日常表现，关注学生的成长过程，引导学生全面发展、个性发展，帮助学生不断寻找自身的闪光点，认可学生点点滴滴的成长与努力，增强学生成长的自信心。

（四）形成了家校共育合力

不同学段的评价结果通过"互联网＋平台"动态呈现给学生和

家长，方便学生家长及时准确了解学生的成长动态，对学生的发展状况做出科学评价和判断，为学生长远发展的规划提供了科学的数据支撑。

（五）获得了社会的广泛认可

从 2014 年 3 月至今，甘肃省张掖市临泽县教育局针对临泽县 2 所初中、11 所完全小学的三至九年级学生开展了"阳光"评价——临泽县中小学生综合素质评价平台应用。案例"充满阳光的'评价'"入选教育部"全国中小学教学信息化应用展览"，并被评为"2017 年教育管理信息化应用优秀案例"（全国 4 个县区级案例之一）；2018 年，案例"充满'阳光'的评价"荣获甘肃省教育综合改革研究成果征集评选活动获三等奖；同年入选第四届全国教育创新公益成果教博会，并参加现场展览。

新高考背景下学生综合素质评价探索

/ 陕西省渭南高级中学

近年，陕西省渭南高级中学以全面实施素质教育、创新人才培养模式为目标，积极实施新高考背景下学生综合素质评价的实践与探索，取得了初步成效。

一、主要举措

（一）建立学生综合素质评价体系

学校将学生综合素质评价体系确立为道德品质、公民素养、交流与合作、学习能力、运动与健康、审美与表现六个项目，这几个项目涵盖了学生从日常行为到心理素质等方面的成长要素。

围绕"为了每位学生和教师的终身发展和幸福"的办学理念，以素质教育为主线，通过德育、课程体系、课堂教学改革、体育、艺术教育、信息技术、社会实践七个途径实施和发展素质教育。基于课程，以项目为载体，注重过程性评价，形成共性和个性目标并举的渭南高中特色育人和评价方式。这个体系的建立极大方便了校园管理，有利于学生优良行为习惯的养成。

（二）规范评价程序与评价组织

学校成立由校长担任组长的综合素质评价工作领导小组，成员由教导主任、政教主任、年级组长、教研组长、全体教师、学生家长代表、学生代表组成。过程记录与过程评价包括学生自己记录、自己评价，最终形成学生成长记录袋以及学校过程记录和评价。在每学期期末开展评价工作，每名高中生在毕业时进行一次毕业总评。另外，除学生自评外，整个评价体系还包括教师评价和学校评价，评价之后予以公示，并可进行申诉，经过复议后做出最终评价。

（三）细化学生的课程学习评价

确立学校的课程体系是全面、系统开展课程评价的前提。遵循科学教育规律，追求学生发展目标，践行素质教育发展主线，搭建渭南高级中学"幸福课程体系"。该课程体系由国家课程和校本课程构成，且国家课程为必修课程（执行国家标准），校本课程依据"为了每位学生和教师的终身发展和幸福"的办学理念和校本课程开发的总体目标，将德育、艺术、体育、信息、社会实践等项目进行统筹整合。目前设置的学校校本课程有主体性品质修养类、传统文化与现代文明类、西方文明与国际理解类、学科拓展类、科技与健身艺术类、综合实践类、大学先修课七大模块。在学分上，学校提出的学生毕业要求至少修够150学分，其中国家课程至少修够115学分，校本课程至少修够35学分。

学生的课程学习评价注重学习过程评价和学习结果评价相结合，注重反映学生发展状况的过程性评价，注重评价目标多元化、评价手段多样化，强调形成性评价和终结性评价相结合、定性评价与定量评价相结合、反思性评价和鼓励性评价相结合。学校努力将评价贯穿于学生学习的全过程。模块综合评价成绩计算公式为：W=平时×20%+单元测验×15%+实践与探究活动×15%+学段考试成绩×50%。

（四）制定评价量表

目前已制定的评价表包括《渭南高级中学新课程学生学习目标评价量规》(表1)《渭南高级中学学生学习过程记录表》(表2)《渭南高级中学学生综合素质评价表》等。

表1　渭南高级中学新课程学生学习目标评价量规

评价指标	评价标准			
	A	B	C	D
1.学习目的	非常明确	明确	基本明确	不明确
2.学习兴趣	浓厚、持久	保持较好	有兴趣	无兴趣
3.课堂表现	积极踊跃	比较积极	按要求做	表现欠佳
4.自主学习	方法有效	方法较好	基本自觉	不够自觉

续表

评价指标	评价标准			
	A	B	C	D
5.合作学习	认真负责	合作良好	能够合作	有待改善
6.探究学习	积极、有创意	积极做好	按部就班	不够主动
7.学习反思	进步明显	进步较快	有所改进	不思进取
8.作业作品	按时按质完成	质量较好	按时完成	迟交或质量差
9.情感态度	热情投入	表现较好	表现一般	表现较差
10.实践活动	价值观鲜明	价值观较明确	有价值体现	价值观不明确

表 2 渭南高级中学学生学习过程记录表

姓名	提问	提问	提问	作业	作业	作业	作业	活动	活动	活动	测验	测验	测验	测验	考试	总评

（备注：本表的项目和记录次数可根据实际情况进行增补）

二、实施效果

（一）全面提升了学生的综合素养

多元化、多维度、注重素质培养及过程性评价的体系，极大地提高了学生的参与度和能力，同时也很好地实现了和新的高考录取制度，无论是三位一体还是361等综评方式的无缝对接和应对可能，提升了学生的录取竞争力。

（二）符合高校人才培养需求

学生参加的高校自主招生考试初审通过率较高，尤其在注重学生综合表现的南方科技大学等高校的通过率超过 20%，符合高校对人才的需求标准。在多所高校内测数据反馈的学生综合素质水平上，如学业成绩、参与管理、社会实践、活动表现等，渭南高级中学均位列全国高中学校学生评价前列。

高校篇

强化应用导向——专业学位硕士研究生学位论文评价机制改革

/ 北京大学研究生院

对于专业学位硕士研究生,北京大学研究生培养办明确学位论文采用多种形式,强化论文应用导向,改革评价机制。

一、主要举措

(一)修订学校学位授予实施细则

明确专业学位硕士研究生学位论文具体可

以是学术论文、案例报告、调研报告、原创作品等多种形式，推进专业学位论文形式和审核方式多元化改革，强化应用导向，改革评阅审核程序，允许运用多种方式对论文质量进行把控。例如，北京大学艺术硕士学位论文评价重在考查学生解决实际问题的能力；改革审核程序，取消传统学位论文，代之以"演出"实践成果为主、实用技术"文论"为辅的组合方式，允许运用多种方式对学位论文质量进行把控。

（二）组建专业学位领域的学位评定分委员会

专业学位评定分委员会指导专业学位的培养标准、培养过程、学位授予质量等方面的工作，将分类培养、分类管理的理念和举措进一步落实到位。

二、实施效果

目前各院系的论文改革方案已修订完成并付诸具体实施。专业学位分会已经学校批准组建，本学期正式启动运行。

强化过程评价，创新评价机制——以评价引领博士研究生培养改革

/ 北京大学

北京大学取消博士论文发表规定，针对博士研究生创新成果提出了要求——"根据学科特点，建立对博士研究生学术创新成果的综合评价机制"。各学院面对新要求，结合学院实际，积极提出新方案，让博士研究生培养管理紧跟时代浪潮，做新时代的弄潮儿。

一、主要举措

2017年，北京大学修订《北京大学博士研究生培养工作规定》及关于综合考试、硕转博、

分流机制等一系列制度文件，着重加强过程管理和评价，对于毕业生论文发表的要求不再做统一要求，各个学科可根据其自身特点制定关于成果评价的标准。

2019年，经充分调研，北京大学再次修订《北京大学博士研究生培养管理工作规定》。修改后的规定在培养方案中增加了学术训练和论文写作必修课等规定，旨在通过加强过程管理提升培养质量；取消了原文件中对于论文发表要求的文字表述，针对博士研究生创新成果提出了要求——"根据学科特点，建立对博士研究生学术创新成果的综合评价机制"。

各院系成立工作小组，由主管院系领导任组长，全面修订培养方案，并根据学科特点，充分调研，加强论证，细化要求，制定符合本院系学科特点和培养特色的、具有可操作性的《博士研究生学术创新成果综合评价实施细则》。

（一）政府管理学院

第一，制订初步方案。组织学院学位委员会的专家学者就博士研究生学术创新成果综合评价改革问题进行研讨，将原先仅注重"论文"的单一评价标准进行拓展，形成初步的博士研究生学术创新成果综合评价标准和规则。

第二，进行意见征询。组织教师及博士研究生代表召开座谈会，认真听取师生对于学术创新成果综合评价标准和规则的意见和建议。

第三，调整优化方案。根据座谈听众会上师生的意见建议，组织学院学位委员会专家学者进行研讨，充分考虑博士研究生在学术创新工作的实际情况，对初步方案进行修改调整。

第四，再次进行意见征询。就修改后的方案再次向师生征询意见，特别关注评价体系是否灵活完善。

第五，确定最终方案。在原有博士研究生学术论文发表要求与规则的基础上，吸纳多方意见，健全评价标准，完善评价体系，形成《政府管理学院博士研究生学术创新成果综合评价实施细则》(试行版)。

第六，通过审批施行，2019年11月25日北京大学政治学与行政管理学科学位评定分委员会审议通过，2019年12月3日党政联席会通过，自2020年1月1日起实施。

（二）国家发展研究院

一是取消博士毕业论文发表要求，增加第二学年论文和第三学年论文（英文）。

二是强化综合考试和专业领域资格考试，每名博士研究生至少选修两个专业领域的课程，拓宽视野。

三是保证每名博士研究生6~12个月出访，鼓励博士研究生支持积极参加全球高水平国际会议，提升国际竞争力。

四是实行全过程管理，全方位育人。

（三）经济学院

一是在评奖、推优等各环节，采用学生素质综合测评结果。学院早在2008年就出台了学生素质综合测评方案，之后根据实践不断改进，形成《北京大学经济学院学生素质综合测评实施办法》。学生素质综合测评工作于每学年秋季学期初进行，测评要素包括基本素质总评、学业学术总评、实践能力总评等。其中，基本素质测评包括对思想修养、身心健康、学业情况、合作精神和实践活动五方面的评价，学业学术测评由在校成绩（GPA）和学术科研加分两部分构成，实践能力测评加分由社会工作、体育活动和特殊贡献三部分组成。

二是鼓励学术创新。鉴于研究生培养中科研工作的重要性，学院制定研究生学术论文奖励办法、参加学术会议资助办法等，鼓励博士研究生在校期间发表学术创新成果；制定《北京大学经济院博士研究生学术创新成果综合评价实施细则》，不以文章篇数而以研究能力和成果质量为标准评价博士研究生的科研工作。

（四）生命科学学院

一是加强对博士研究生培养过程的管理。严格执行中期考核制度，包括资格考试和中期考核等。

二是特事特办。6年或以上毕业的学生可以没有文章申请答辩，但需要保证博士毕业论文的质量，申请学位需满足论文评阅各项指标都为良以上。

（五）物理学院现代光学所

一是取消论文发表的硬性要求。在学位申请审核中，避免唯论文发表的单一评价模式，取消对博士毕业生的SCI论文发表的硬性要求。

二是狠抓各关键培养环节。包括课程学习、学科综合考试及学位论文选题报告、中期审查和预答辩等，严格执行研究生培养和学位授予的全方位、全流程管理。

三是对不适合继续攻读学位的研究生实行分流。光学所为每一个博士研究生组建了专门的指导和评价委员会，各关键环节均由该委员会无记名投票表决，以此来判断学生是否达到了相应的阶段性要求，并对学生进行合理的建议、引导、督促或分流。

二、实施效果

（一）评价更科学，博士生创新成果获得认可

以政府管理学院为例。一方面，评价标准更加健全。学术创新成果评价的内容范围更加全面多元，除"论文"之外，还有更多类型的学术创新成果被纳入。改革前博士研究生学术成果评价的成果类型仅为学术论文，改革后专业性学术论文、专业性研究成果、政府纵向项目、研究报告、工作论文等多种形式均被扩充入评价范围，让学生的更多学术创新成果获得认可。另一方面，评价体系更加完善。学术创新成果评价的机制更加灵活自主，不同类型的成果之间可以相互抵算，学生能够根据自身情况进行选择。学术论文、科研项目、工作论文三者可以按照一定标准进行等价转换，既不"唯论文"，也不"唯项目"，而是让学术创新评价标尺在不同的成果类型间自由流动，为学生跨越类型做出多种成果提供了充分的空间。

（二）落实分流淘汰制度，教学质量得到保障

通过综合考试等形式严把教学质量关，分流淘汰机制初见成效。以生命科学学院为例，从 2012 级博士研究生开始执行，目前已有 4 个年级的部分博士研究生按新规申请毕业答辩，对不适合博士培养的学生在资格考试后及时转硕进行了分流；学位论文质量较以往年级得到了提高，学位论文在评审环节出问题比例较以往明显减少；同时减少了延期率，尤其减少了延期到 7 年和 8 年毕业的学生的比例。

（三）强化过程管理，学生科研水平得到提升

论文评价机制改革强化了过程管理，弱化了 SCI 论文发表的要求，打破了"数论文""看篇数"的评价格局，减轻了学生对待科研的功利性和焦虑心理；激励学生沉潜静气，更多关注自己的科研方向和科研兴趣，开展持续性的学术研究，放心大胆地去挑战高难度课题，打磨出更高质量的研究成果。以国家发展研究院为例，取消毕业发表要求增加学年论文后，学生学术论文发表数量不减反增，且质量大大提高。2012 年 9 月入学的 9 名博士研究生（新培养方案实施后的第一届毕业生）毕业前共 61 人次在国内和国际期刊上发表论文，在学科内教育界引起了很大的反响。

（四）提升人才培养水平，毕业生更受欢迎

北京大学各大学院对博士研究生培养管理的创新性变革，牵一发而动全身，起到了很好的培养创新人才的作用。博士毕业生在就业市场上深受欢迎。以国家发展研究为例，近年来尤其是新培养方

案实施以来，相当比例的毕业生进入北京大学、中国人民大学、厦门大学、北京师范大学和中央财经大学等大学任教，迅速成长为各校的青年研究骨干，还保持了每年至少一位博士毕业生赴海外高校任职、至少一位博士毕业生赴国际组织（世界银行/国际货币基金组织/联合国等）就职的良好势头。

以学生为中心推进教学的过程性评价

/首都医科大学教务处

2018年以来,首都医科大学各学院(教学单位)积极响应学校教育改革要求,在本专科教学工作中,注重过程性评价理念在教育评价改革方面的渗透,设计了体现课程大纲要求、达到人才培养目的的过程性评价方案,并积极将其落实到实际教学过程中,初步实现了破除"五唯"顽瘴痼疾的改革初衷。

一、主要内容

(一)基础医学院

推出《过程性评价应用于大学病理生理学在

线教学的实践探索》，将过程性评价应用于病理生理学在线教学过程中，通过不断总结与完善，形成了目前系统有效的评价模式，如图1所示。

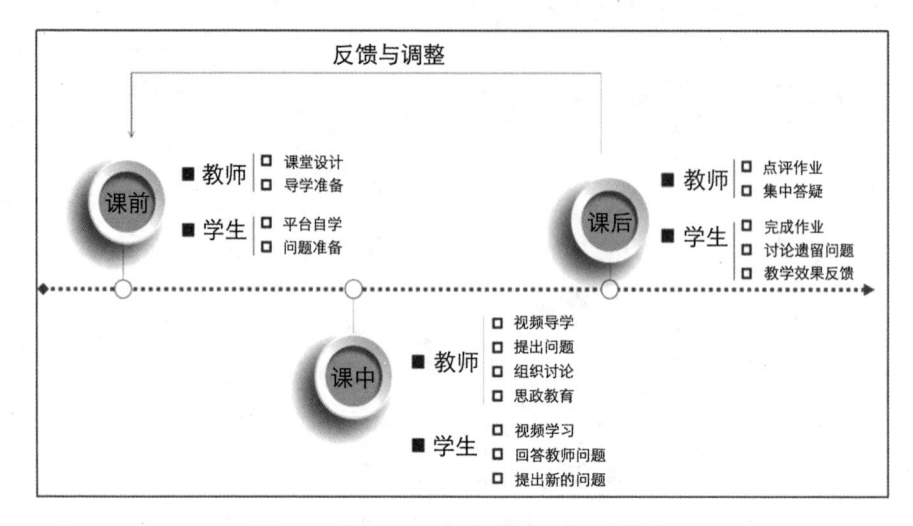

图 1 基础医学院教学过程评价模式

（二）公共卫生学院

《医疗保险学》注重成绩评定标准的研究，形成了一套行之有效的形成性评价方法。教师首先让学生根据所学内容设计一款医疗保险方案，名称自定，将全体同学根据人数分组，每个小组5～6人，也可以自由组合，每组指定一人为组长，并报备教师。教师根据评定标准，按照各组方案设计的完整性、科学性、合理性，给出每小组的成绩，再根据每个小组分工给出每一名学生的成绩，结合平时上课的表现和参与度给出每一名学生本课程最后总成绩，不仅让学生掌握了一定的知识，还可以让学生通过课堂培训，锻炼并提高了自己适应未来工作和社会的能力。

(三)护理学院

《成人护理学》以 PBL+ 情景模拟等教学方式开展教学,在教学过程中很好地融入了过程性评价环节。每次 PBL 教学均根据学生自评、学生互评和教师评价三方面确定本次课程的评价结果,对每名学生的学习情况进行诊断,随时发现学生在学习过程中的问题,并将其回馈给学生,促进学生的学习。每次情境模拟课中及课后,要求学生在实践教学手册中详细记录所学、所见、问题及感受,教师收集后进行反馈及打分,并反馈给学生,使之发现情境应对和处理中的不足,并适当给予鼓励和表扬,以提升学生的学习效率和学习热情。

(四)燕京医学院

《护理心理学》过程性评价体系的构建,贯穿了教学和学习活动的全过程,详见表1。

表1 《护理心理学》形成性评价指标体系

一级指标		二级指标		三级指标		评价标准及赋值	评价者及权重			
名称	分值	名称	分值	名称	分值		同伴	自己	教师	系统
理论课形成性评价	15	学习态度	10	出勤	5	教师根据考勤表进行评价	0	0	0	3.0
^	^	^	^	课堂表现	5	优(5)、良(4)、一般(3)、差(2)	0	0	1.0	0
^	^	随堂测试	5			教师根据班课的测试成绩记分	0	0	0	1.0

续表

一级指标		二级指标		三级指标		评价标准及赋值	评价者及权重			
名称	分值	名称	分值	名称	分值		同伴	自己	教师	系统
实践课形成性评价	15	小组学习成果	10	科学性	4	优（10）、良（8）、合格（6）、基本合格（4）、不合格（2）、无成果（0）	0.3	0.2	0.5	0
^	^	^	^	完整性	3	^	0.3	0.2	0.5	0
^	^	^	^	可实施性	3	^	0.3	0.2	0.5	0
^	^	合作学习能力	5	个人贡献	2.5	优（5）、良（4）、合格（3）、基本合格（2）、不合格（1）、没参加（0）	0.4	0.2	0.4	0
^	^	^	^	合作能力	2.5	^	0.4	0.2	0.4	0
基于网络学习的评价	10	网络学习情况评价	5				0	0	0	1.0
^	^	在线测试	5			教师根据BB平台测试成绩记分	0	0	0	1.0

注：评价者权重中出现的"0"，表示该评价者不参与对该指标的评价。

（五）口腔医学院

《口腔组织病理学》设计了理论课与实验课相结合的评价体系，将课程成绩设定为理论与实验成绩的汇总：期末成绩（100分）=理论成绩（70分）+实验成绩（30分），实验评价（30分）=看图题（10分）+读片诊断（10分）+画图（10分）。其中，看图是考查实验课上学习的形态结构；读片诊断是从实验课上学习的疾病中抽选两例，考查用显微镜进行读片诊断；画图题是从实验课画过的图像（7张）中抽选一张作为考题，考查学生对口腔组织病理结构掌握的情况。

（六）潞河医院

在内科实习专业出科考试方面，不以单纯的分数和死记硬背的知识点为评价导向，而是使用Mini-CEX评价量表（表2），通过师生合作共同完成教学评价。这样可以第一时间了解学生在临床技能方面存在的漏洞，有效促进教师及时改进教学方法，提高教学效果。学生通过教师的评价指导和自我评价反思，也能够及时发现问题，通过积极管理和调整自身学习，提高解决临床实际问题的能力，增强学习的责任感和自信心。

表2　mini-CEX评价量表

基本信息	考官姓名		日期		年　月　日 AM(PM)			
	考生姓名		考生身份		级　　组			
	考试地点							
	患者姓名		年龄		性别	住院号		
评价	评价内容	评价要求			评价结果			
					高于预期	相当预期	低于预期	未能观察
	病史采集技巧	帮助患顺利叙述病史，开放式问题，不连问，不引导，不假设，逻辑性良好，简短小结。						
	体验技巧	体检顺序合理，重点查体，手法正确，注重交流，手消毒，爱卫生观念。						
	受伤观念	建立信任，平等对待，有同情心，顾及患者要求，照顾种族、宗教需求。						

续表

	评价内容	评价要求	评价结果			
			高于预期	相当预期	低于预期	未能观察
评价	临床判断能力	适当诊断、鉴别诊断，有针对性的实验室检查，恰当治疗方案，对疾病相关危险性有正确认识，尊重病人的意见。				
	咨询建议技巧	态度诚恳，语言易于理解，了解病人期望。				
	组织能力和效率	时间控制在30分钟内，对病情的诊疗处理按照优先顺序区分对待，有效总结汇报。				
	整体临床能力	具有临床判断力，照顾患者的能力，时间掌控力，有效使用资源，清楚认识自身不足。				
	整体表现	综合以上评价内容，给予考生整体评价。				
反馈	考官反馈内容					
	学生自我评价					

二、实施效果

（一）加强了改革理念的渗透

在理念渗透方面，学校强调过程性评价对教与学的反馈和回流作用，与以学生为中心的教学改革积极呼应，看重对学生学习态度、学习方式进行评价。虽然大多数课程仍利用终结性评价来评价课程学习效果，但并不以终结性评价分数作为唯一的衡量标准，而是同时结合平时成绩、课堂测验、论文提交情况、阶段性测验等多种方式，最终以综合评定成绩作为学生课程学习效果的评价结果。

（二）得到了师生的认可

评价手段多样化，量化方式个性化，使过程性评价体系清晰。教师和学生对评价标准有准确的理解，最大限度地保证了评价的公平性和有效性，改革得到了师生的接受和认可。

（三）提升了本专科教学水平

首都医科大学坚持以学生为中心的改革导向，将过程性评价作为教学整体改革中的一环来推进，激发了学生学习的积极性；以评价改革为抓手，夯实了高质量人才培养的教学基础。学生对学校课堂教学的总体评价高，绝大部分学生认为课程设计合理，具有吸引力，可以激发学习兴趣，重点及难点突出，对目前的教学手段感到满意。

积极探索深化岗位分类评价的用人制度

/ 北京师范大学人才人事处

结合学校十三次党代会精神和"双一流"建设发展需求,北京师范大学以推进教学科研岗位晋升改革为抓手,进一步深化分类评价的用人制度改革,强调立德树人,落实人才培养中心地位,针对不同类型岗位提出岗位职责要求和晋升申请条件,构建体现学科特点、以贡献与水平为导向的分类评价和激励制度。

一、主要举措

(一)细化岗位分类评价

将教学科研岗位细分为3型6类,为教师岗

位分类评价及后续的分类管理奠定基础，具体包括教研并重型，教学为主型（含公共教学类、专业教学类），科研为主型（基础研究类、智库与文化传播类、技术研发与成果应用类）。针对不同类型的岗位提出不同岗位职责要求和晋升申请条件。

在满足学校对教学科研岗位总体要求的基础上，不同类型岗位在成果要求上各有侧重。教研并重型兼顾人才培养、科学研究和社会服务，这是学校教师队伍的主体；教学为主型主要考查教学工作量、教学效果以及教学研究能力；科研为主型主要考查原始创新及服务国家社会重大需求的能力，其中基础研究类侧重学术前沿创新，智库与文化传播类侧重政策咨询服务和文化传播与普及，技术研发与成果应用类侧重技术发明及其转化为现实生产力。

（二）认可多元化成果

将多种形式成果纳入认可范围，不唯论文，更不唯 SCI，突出对实际贡献的认可。成果形式包括论文、专著、教材、教学科研奖励、师德表彰奖励、行业奖励、精品课程、政策咨询成果、国家标准、设备或产品、数据库、发明专利、创作、展演、竞赛、文化传播成果、公共服务等。

（三）体现不同学科特点

学校采用"学校条件＋院系条件"的模式，其中师德要求、学历由学校统一规定，专业水平与贡献由学校和院系共同评估。院系在学校规定的制度框架和基准要求的基础上，结合本单位学科特点制定实施细则，经学校审核通过后施行。

（四）突出师德和育人要求

双重考查思想政治素质和业务能力，将师德表现作为教学科研岗位聘用的首要条件。单列师德评价环节，由各二级师德建设与监督委员会对应聘者师德情况进行考评，对违反师德行为的按规定取消申请资格，获得师德表彰的可定为候选人员。将为本科生授课、承担辅导员或班主任工作作为申请教授、副教授的必备条件，不能达到要求的只能申请研究系列职务。

（五）完善评审程序

明确了各级评审组织的组成规则和议事程序，重点明确了单位推荐组的组建、变更、调整规则。首先完善了举报申诉的调查处理，明确了受理范围，明确了单位推荐和学校评议阶段调查处理及决策的机构及程序。完善了回避制度，除本人及直系亲属外，将研究生导师和博士后合作导师列入回避范围。完善了公示制度，明确了各评审环节公式的内容及时间要求。

二、预期效果

（一）推动大学治理现代化

学校制定了《教学科研岗位晋升管理办法》，历经 2 年时间，经过多次讨论、征求意见和修改，目前学校党委常委会已经审议通过。此项改革文件的出台奠定了学校教师岗位分类管理的基础，明确了未来一流教师队伍的要求,是构建一流大学治理体系的重要组成部分。以此为基础,深化教师岗位聘任改革将作为大学治理现代化的重要部分,拟于 2022 年 1 月起正式实施。

(二)树立正确用人导向

通过岗位分类评价着重解决不同岗位教师难以发挥专长、部分岗位职业发展不畅的问题;通过成果多元化着重扭转评价中的"五唯",特别是唯论文、唯 SCI 的倾向;通过"学校条件+院系条件"着重解决学校单一标准无法适应不同学科特点的问题;通过完善评审程序着重解决提升评审公信力的问题;通过突出师德和育人要求着重解决"重科研轻教学"的问题。

构建博士生学术成果多元评价体系，多措并举破除"唯论文"

/ 中国政法大学

中国政法大学完善博士生学术成果多元评价体系，承认主持课题、实习及获奖等多种学术成果形式，特别是承认实习实践也能作为学术成果，积极摸索破除博士生学术成果评价"唯论文"顽疾的"良方"。

一、主要举措

（一）多元化学术成果被纳入评价体系

为贯彻落实《中国政法大学建设高水平研究生教育行动方案》，细化相关举措，《博士研究生发表学术成果要求与标准》规定："博士研究生在读期间（申请毕业和学位前）发表1篇核心期刊论文，同时符合以下情形之一：（1）主持中国法学会年度部级法学研究课题（青年调研项目）；（2）赴QS、US News、TIMES世界前五十名大学联合培养6个月以上；（3）赴全球性国际组织实习3个月以上；（4）获得中华法学硕博英才奖一等奖等，即达到《中国政法大学博士研究生培养规定》第二十九条规定的论文发表要求。"可见，在博士生培养中，发表核心期刊虽然是检验博士生学术能力和科研成果的重要指标，但不是唯一指标，是学校在破"唯论文"方面做出的有效尝试。

（二）突出实习实践在学术成果评价中的地位

1. 相关实习实践作为评价的重要内容

学校充分考虑实习实践对于博士生培养的重要作用，将相关的实习实践作为学术成果评价的重要内容。《博士研究生发表学术成果要求与标准》规定："博士研究生在读期间（申请毕业和学位前）发表一篇核心期刊论文，同时符合以下情形之一的，即达到学校规定的毕业和学位申请标准：2019年10月18日后，赴学校建立的校级实习实践基地及边疆地区实习实践6个月以上，提交实践报告并经实践单位、培养单位与研究生院考核合格的。"

2. 重要实习实践替代论文

学校研究生院通过充分调研，除了发现博士生发表核心期刊难的症结，还发现学生对于实习实践的重视程度不够，参与热情不高，而恰恰实习实践对于高端法律人才培养具有举足轻重的作用，因此实践能力也应该与发表论文一样成为考量人才培养水平的重要因素。学校经过调研、讨论并征求专家、导师以及学生的意见，于2019年出台规定，明确重要的实习实践经历经考核合格后可被视为在核心期刊发表论文，这成为学校破"唯论文"的一个重要创新点。

二、实施效果

（一）提升了人才培养水平

在博士生学术成果评价中充分认可主持研究课题、参与联合培养和境内外实习实践、获奖等形式，强调对博士生创新能力、国际视野的培养，很好地发挥了评价的指挥棒作用，推动了学校"双一流"建设和拔尖创新人才培养模式的创新。

（二）激励了学生参与社会实践的积极性

学校出台实习实践考核合格被视为在核心期刊论文的规定后，在选拔优秀博士生赴最高人民法院第二巡回法庭实习时，博士生踊跃报名，出现数十人选一人的情况，充分说明这一举措对博士生参与实习实践具有重要的激励作用。

创新大学生双创评价

/ 防灾科技学院

防灾科技学院从搭建平台、构建制度、创新学分认定等多方面入手,在推进大学生创新创业评价方面取得了突出成效。

一、主要举措

(一)成立专门机构,打造支撑平台和环境

防灾科技学院建设了创新创业教育工作体系,成立了创新创业学院,构建了二级学院双创平台、校级双创平台以及孵化平台,完善创新创业教育课程体系和创新创业教育师资队伍,营造创新创业文化氛围,依托社团活动月(团委)、大学生语言文化艺术系列比赛等系列活动，组织创新创业活动月。

（二）改革大学生创新创业管理制度

防灾科技学院印发《防灾科技学院大学生创新创业教育管理办法（试行）》文件，明确提出："创新创业教育课程的考核方式要打破传统书面考试百分制的方式，鼓励探索过程考核，鼓励用'大作业、小论文、实践报告'等依赖导师综合认定的方式进行考核，考核合格即取得相应学分。"以增加创新创业学分为关键实现课程考核改革，推进人才培养方案优化。修改完善学分认定与置换管理办法、学科竞赛管理办法以及教学成果奖（创新创业部分）。建立国家级创新创业训练计划项目管理制度。

（三）认定和置换创新创业实践成果

大学生创新创业教育学分的认定与置换，可有效提高学生开展创新创业教育实践的积极性，极大地调动学生参与学科竞赛、科研创新和创业训练与实践的积极性，促进学生的创新创业意识、实践能力以及综合素质的提升。学校出台《防灾科技学院大学生创新创业教育学分认定管理办法（试行）》（防科发教〔2016〕7号），并进行2次修订。基于创新创业教育的内涵，学校构建了覆盖范围广、形式多样的大学生创新创业教育学分认定体系，以充分发挥学生个人优势与特长为基本指导原则，鼓励大学生积极参与创新创业活动，积累创新创业学分，并充分利用积累的创新创业教育学分进行必修课程、选修课程成绩的置换，使学生自身有更充足的时间和精力充分挖掘自身潜力，学有所好，学有所长，在各自领域取得突出的创新创业成果。

二、实施效果

（一）创新创业实践成果得到认定的人次逐年上升

2017 年有 82 人次的 176 项创新创业实践成果认定学分 386.5 分。2017—2018 年度创新创业教育学分认定，共认定了 224 人次的 397 项的创新创业实践成果，认定学分 973.3 分。2018—2019 年度创新创业教育学分认定，共认定了 264 人/次的 12 类创新创业实践成果，认定学分 516.3 分。学生利用创新创业教育学分置换必修课、选修课和学位课共计 292 门次，246 人次累积置换课程学分 817 分。

（二）双创项目及参与学生的数量可观

学院积极推进创新创业训练计划项目，项目数量和参与人数呈逐年上升的趋势。其中，2019 年立项大学生创新创业训练项目 111 项，其中创业项目 9 项，全部获得省级立项；近年年均立项 100 项，年均参与学生 500 余人/次，年均参与指导的教师 100 余人/次。

（三）取得了系列成果和奖项

带动学生就业创业，助力创新型人才培养，全面增强学科竞赛对学生实践能力和创新精神的促进作用。2016 年有 478 人次获得省部级以上学科竞赛奖 152 项。2017 年有 735 人次获得省部级以上学科竞赛奖 278 项。2018 年参加竞赛项目 492 个，513 人次获得省部级以上学科竞赛奖 215 项，其中包括水中机器人大赛、世界机器人大赛冠军，全国电子设计竞赛一等奖，"共享杯"大学生科技资源共享服务创新大赛二等奖等具有影响力的奖项。

此外，学院成果《大学生创新创业教育学分认定与置换的"X+2+X"模探索与实践——以防灾科技学院为例》在河北省教育厅关于深化高校创新创业教育改革论文征集活动中获得二等奖。

探索校企合作育人模式下的多元评价

/ 吉林动画学院

学校始终坚持学研产一体化人才培养模式，实施精准人才培养战略，搭建一体化平台，开展实践教学改革与创新，探索实现实践环节的多元考评。

一、主要举措

（一）制订专项方案，保障多元考核规范的实施

根据项目制教学特点，全面提升学业挑战度，提高人才培养方案、教学过程和教学考核等方面的质量要求，改变了原有的单一考核方式。全

面修订《吉林动画学院实践教学环节成绩考核及管理实施细则》，明确实践过程考核和期末考核的形式和要求，规定了考核小组构成，进一步规范了课内外实践教学考核与成绩评定的流程，加强了成绩考核的科学性和严谨性。

（二）构建多元评价体系，实现考核目标与岗位素质的精准对接

1.考核主体多元化，考核形式多样化

改革"主体单一、形式单一"考试方法，建立学生自评（强化反思）、同学互评（取长补短）、教师点评（因人施教）、企业参评（用户检验）的多元评价形式，更加注重过程评价、能力评价。

基于实践教学要求，考核内容设计兼顾学习过程（包括平时表现、作业累计、学习态度、团队合作、出勤等情况）和项目成果（包括学生提交作品、撰写项目报告、项目路演、综合答辩等）。

2.完善以能力为导向的考核机制

建立校企双方考核的机制，由校企双方导师组成考核小组，按照企业生产流程、制作标准参与公司真实项目的制作及考核。学校注重学习评价对由"学以致知"到"学以致用"再到"学以致创"的导向作用。此外学校还注重考核是否有助于培养学生的市场思维、职业素质、实践动手能力、团队合作能力和创新创业能力；是否有助于体现知识掌握、知识转化、专业实践、创新应用多维内容；是否有助于促进学习从"重知识"向"重应用"转变，成果从"作业"向"作品"向"商品"转化。

二、实施效果

经过 2 年的实践,覆盖了全校 24 个专业 15884 名学生,在 188 个集中实践环节实施了多元评价,与传统的考核相比,提高了学业的挑战度,提高了学生的学习积极性,取得了较好的实践效果。

(一)学生实践能力显著提升

学生在学产对接实践教学平台通过 2~3 学期的实践训练,提升了创新能力、理论联系实际能力、解决问题能力、团队合作能力、市场认知度、学习主动性,实现了"教育与市场、专业与产业、作品与产品、产品与商品、人才培养与就业创业"互通互融、协调发展。

(二)学生创新创业能力显著提升

在近五届中国"互联网+"大学生创新创业大赛中(截至 2019 年),学生累计获得国家级金奖 2 项、铜奖 4 项,省级金奖 13 项、银奖 31 项、铜奖 35 项。近几年,学校累计立项校级及以上大学生创新创业训练计划项目 427 项,其中国家级项目 207 项,省级项目 220 项,5 个创业实践项目代表吉林省高校参加全国大创年会。5 年间,学校累计成立学生创业工作室 70 余个,注册公司 25 个。

(三)学生专业能力显著提升

近几年,学生在省级及以上各级各类学科专业竞赛和展演中共获国内外奖项 1336 项,其中获 2019 德国红点设计大奖等国际性奖项 18 项,全国大学生广告设计大赛、中国大学生原创动漫大赛等国家级奖项 315 项。

"特别申报"通道助力优秀人才成长

/ 哈尔滨工程大学

为不拘一格选拔人才，合理配置学校专业技术岗位，从 2014 年起，哈尔滨工程大学在教师专业技术职务评审中设置"特别申报"通道，这成为学校积极探索"代表性成果"评价的重要举措。

一、主要举措

（一）明确"特别申报"通道面向的群体

"特别申报"通道重点关注教师在人才培养与科学研究工作中的长板和取得的突出业绩。正高职称评审重点关注在国家层面取得重要、高显示度成果或做出重大、突出贡献的人才，副高职称评审重点关注有突出业绩、承担重要项目的青年教师和在学校重点建设团队中做出突出贡献的教师以及学校重点发展的学科方向所急需的人才。

（二）细化"特别申报"通道申报的条件

"特别申报"通道申报的条件包括以下十点。

第一，在教育教学与人才培养方面成绩特别突出、效果显著，且具有高显示度的省部级及以上重要成果。

第二，在重大基础研究和前沿技术研究方面取得突破或在解决重大工程技术难题中做出突出贡献，且具有高显示度的省部级及以上重要成果。

第三，研究成果具有代表性与原创性，发表过本学科领域公认的高水平论文。

第四，具有极强的统筹协调、技术攻关能力，承担重大、重点等有重要影响力的科研项目。

第五，在具有重大影响力的国家重大科技规划制定中或在国家、行业（军）标准制定中发挥核心作用，做出突出贡献。

第六，在发挥高校智库作用方面取得突出业绩，研究成果获在职省部级正职及以上领导（党政主要领导）批示。

第七，在高新技术成果转化和产业化方面做出突出贡献，并为学校贡献较大经济效益。

第八，长期坚持在教育教学与人才培养一线，教书育人水平高、效果显著，并取得突出业绩，或在学校重点建设且取得突出业绩的团队中，为团队发展建设做出长期突出贡献。

第九，学校重点发展、新兴交叉的学科方向所急需且具有发展潜力的人才。

第十，其他特别突出的单项成果。

（三）落实"特别申报"通道的推荐制

"特别申报"通道实行推荐制。对在人才培养、科学研究或学校其他重点工作中取得突出业绩的教师，由基层单位或学校"兴海"学术团队推荐至"特别申报"通道申报高级专业技术职务。

二、实施效果

（一）促进了学校优秀人才的快速成长

"特别申报"通道使学校师资队伍中的优秀人才快速成长并脱颖而出，分别有25人、84人通过"特别申报"通道晋升正、副高级专业技术职务，其中4名教师在教学科研中取得突出业绩，没有受任职年限限制，在短时间内通过"特别申报"通道完成中级到正高级的晋升，10人次入选国家级、省部级高层次人才计划。2014年，1人由讲师直接晋升至教授，并于2016年入选中共中央组织部"青年拔尖人才支持计划"。

（二）吸引了海内外优秀人才充实教师队伍

学校不拘一格的评聘机制，吸引了一大批海内外优秀人才来校工作，充实了学校师资队伍。学校直接聘用37人为正高级专业技术职务，69人为副高级专业技术职务。2018年，学校引进在伪装隐身技术领域具有较大影响力的王向伟团队，其中2人被学校聘用为二级教授，6人被学校聘用为副高级专业技术职务。团队依托学校青岛创新发展基地开展伪装隐身工程研究工作，依托学校良好的发展平台和先进的评价模式迅速发展，2018年被评为校"兴海"学术团队，2018年获得国防科技进步一等奖。

（三）提升了学校内涵建设水平

2017年，学校入选教育部高校教师考核评价改革示范校。全国有40所高校入选，哈尔滨工程大学是黑龙江省唯一入选高校。入选高校教师考核评价改革示范校是学校评价改革的标志性成果，同时也成为学校推进综合改革和"双一流"建设的基础工程。

开展成果导向的多元教学评价

/ 黑龙江职业学院

六年来,在成果导向教育(OBE)教学改革不断深入推进的过程中,黑龙江职业学院教学评价理念与模式逐渐成熟,形成了成果导向的多元教学评价体系,目前已在全校推广应用,在提升职业教育培养质量方面发挥了重要作用。

一、主要举措

(一)设置以学生为中心的可测量的教学目标

课程教学目标设定从教师角度转换成学生角度,全面展示学生完成课程后将具备的知识、技能和在素养方面的收获，并力图使目标可量化，为检验目标实现情况奠定基础。《药用微生物》课程单元教学目标调整历程如表1所示。

表1 《药用微生物》课程单元教学目标调整历程说明

修改过程	课程教学目标	修改说明
原稿	向学生示范如何使用显微镜。	教师做出示范后，目标就达成了，而不管学生是否学会。
第一次修改	学生掌握使用显微镜识别微生物形态的技能。	转向关注学生的学习结果，教学的目的更加明确，但仍不好测量。什么程度算是"掌握"呢？
第二次修改	能熟练使用显微镜并运用染色法分析识别微生物形态。	突出成果导向理念，叙述口吻以学生为主体，课堂操作内容更加具体，而且树立了师生反馈、评量的标准。

（二）以实现教学目标为目的开展多元教学评价

教学评价打破原有的"期末一张卷"的评价办法，转变成过程评价与终结评价相结合的方式，增加教学过程中学生表现评价的比重，并将教师单一主体评价拓展为学生自评、小组评价、第三方评价等多主体评价，构建了有效检验教学目标实现程度的多元评价体系。

1.过程评价与终结评价相结合

将学生学习评价分为平时、期中和期末三部分。每个专业根据自身特点，在每部分配分不低于10%的原则下，对三部分合理、灵活配分，强化平时与期中的考核评价，降低期末成绩比重，依据过程评价结果的实时反馈及时了解学生的学习障碍，对学生学习进行预警、辅导以及补救。市场营销专业"市场调研与分析"课程围绕课程目标，设计评价方案如表 2。

表 2 "市场调研与分析"课程过程评价与终结评价设置一览

课程教学目标	"市场调研与分析"课程教学目标
课程教学目标	1. 能根据企业市场运作的任务要求制作调研方案。 2. 能运用调研软件制作和评鉴调研问卷。 3. 能建立调研数据模型，综合运用调研方法，收集整理调研数据。 4. 能分析市场调研数据，撰写完整有效的调研报告。 5. 能将调研成果制成 PPT 或其他文件，并进行汇报。 6. 强化严谨认真的调研态度和逻辑思维能力。

成绩项目	配分	评价方式	操作说明
平时成绩	50%	口语评量实作评量	在课程进行中针对"撰写市场调研方案、设计调查问卷、收集市场信息资料、分析调研结果、拟定调研报告"项目，参照"评价标准，小组内与小间之间相互评定学习表现，满分为 100 分。此评价表期末上交，结合小组评定和教师复评，汇总得出评量成绩。
期中成绩	10%	纸笔测验	教学第十周进行市场调研与分析理论测评，满分为 100 分。
期末成绩	40%	档案评量	学生根据评价量表项目及评价标准，收集、整理、学习相关佐证资料，自行评定学习表现，形成学习档案，满分为 100 分。期末上交，由教师复评，汇总得出档案评量成绩。

2. 运用多种评价方式

在优化传统的纸笔测验的同时，结合高职学生"不擅硬背多喜操作"的学习特点，选取实作评量、档案评量、口语评量、专业证书鉴定等多种评量相结合的方式对学生进行多维度的综合评量。

下面，我们举例说明。

纸笔测验　纸笔测验是传统且最常用的一种评价方式，适用于对理论、知识类问题的考核。对于纸笔测验中教师经常出现的缺乏规划和违反命题原则问题，通过规范纸笔测验设计步骤的办法加以克服，突出其在检验教学目标实现中的作用。

实作评量　不同于纸笔式测验的评量方式，实作评量从"做中学"概念引申出来，学生参与、现场观察后，教师向学生询问一些相关的问题，让学生有所表现，或间接根据学生的作品去评量学习成效。实作评量的评定常见为"行为或态度评量表"和"行为检核表"，可以采用直接测验和间接测验方法实现。实作评量不仅考虑学生所知，还考虑是否能运用所知及运用的程度及技巧，可有效考虑学生思考、分析、研究、判断等能力，常用于对技能类教学目标的考核。

档案评量　在教师的策划下，以学生个体为单位，有目的地从各个角度和层次收集学生参与、努力、进步和成就的证明，并将其有组织地汇总于数据文件夹内，以供学习成果的评价使用，具有真实性、整体性、自评性和多主体性的特点，适合对综合类教学活动的评价。

口语评量　除考核学生对知识的掌握程度和理解力之外，还要评价学生的语言表达能力、思维的逻辑性和概括能力。在过程性评价中，主要用于提问环节，也常与纸笔测验共用于终结性评价。

3. 规范各项评价办法

对于多种考核评价方式，教师可根据教学实际情况选择运用。无论采用哪种方式，均需提前规划，详细设计。纸笔测试要根据教学目标，设计并填写"双向细目表"，如"市场调研与分析"课程纸笔测验双向细目如表3所示。

表3 "市场调研与分析"课程纸笔测验双向细目表（节选）

教材内容（章）（期中考试范围）	单元一 承揽调研项目	单元二 设计市场调研方案	单元三 设计调查问卷	单元四 确定调查范围	单元五 搜集市场信息资料	单元六 整理与显示市场调查结束	单元七 进行市场分析	单元八 撰写并呈交调查报告	
教学时间		4	12	8	8	12	12	8	8
占分比例 理想		5	17	11	11	17	17	11	11
占分比例 实际		6	22	14	12	14	18	6	8

教学目标 教学内容	试题形式	记忆	了解	应用	分析	评鉴	创作	合计
CP1 承揽调研项目（2节）	选择题 简述题 情境题 案例题 小计				6（1）			6（1）
CP2 设计市场调研方案（6节）	选择题 简述题 情境题 案例题 小计	6（1） 6（1）	6（3） 10（1） 16（4）					6（3） 16（2） 22
……	……	……	……	……	……	……	……	……
配分合计共36节课	选择题 简述题 情境题 案例题 小计	14(7) 10(2) 24(9)	14(7) 2(1) 31(4) 47(11)	17(3) 17(3)	12(2) 12(2)			28(14) 2(1) 70(11) 100(26)

注：1.试题形式中，（　）内的数字为题数，（　）前的数字为配分；
2.本表得视教学目、实际教学及命题需要调整。

（三）发挥教学评价在学生学习中的导向作用

1. 正向激励，提高学习信心

运用多种评价手段要求教师以正向激励为重点，使学生的学习动机因为赏识而得以激发。多元评价注重学生个性特点，多侧面考核学生的综合能力和多种素质。对于经历了应试教育之后以较低分数入学的高职学生来说，多数学生在各种过程性评价中表现积极，重树信心，通过评价看到自己的点滴进步，在评价中获得成就感，从而以愉悦的身心投入学习，成为"学习成功者"。

2. 及时补救，避免中途掉队

在教学评价过程中，教师依据评价结果的实时反馈及时了解学生的学习障碍，对学生学习进行预警、辅导以及补救；以授课教师、教学助理为重点，发挥学习导师、生活导师、学长导师的作用，进行"三级补救"；通过日常预警、期中预警和总结预警，开展日常教学辅导、期中补救辅导和总结补救辅导，促进学生如期完成学业，达到教学目标。

二、实施效果

（一）提升了人才培养质量

经过成果导向教育教学改革的不断深入推进，多元教学评价的理念与模式逐渐成熟，目前在全校推广应用，使全校学生受益。2019年，对2016级学生进行教学目标完成度检测，学生六项核心能力普遍增强，比 2014 级学生平均高出 5.7 个百分点；学生综合素质测评平均成绩较上一年提升 5.4 分，学生省级技能大赛参赛数量和获奖数量连续 7 年位居省内第一。2017—2019 年，毕业生就业率稳定在 97% 以上，在本省就业率接近 70%，学生的专业技能和综合素质得到了社会的普遍认可。酒店管理专业国际班学生在美国饭店业协会组织的 Year1 的国际职业资格考试中及格率超过了 90%，全部通过了国际品牌酒店集团的面试，进入高星级酒店实习。

（二）提升了教师教学能力

全校教师在成果导向教育改革中，更新了教育观念，探索了教法改革，通过实施多元教学评价，打破了传统填鸭式课堂，实现了从传输课堂向对话课堂转变、从封闭课堂向开放课堂转变、从知识课堂向能力课堂转变、从重学轻思向学思结合转变、从教师教学主体向学生学习主体转变，深入地探索了推进高职教育人人成才的路径，极大地提升了教育教学能力。从 2015 年至今，立项 OBE 课程改革课程 251 项，公开发表相关论文 125 篇，出版成果导向高职课程系列著作 3 部。教师教学评估达成通过率 100%，28 位教师获得"教改先锋奖"。"推行成果导向教育（OBE）课程改革，打通人才培养最后一公里"的实践研究项目获得国家教学成果奖二等奖，省级教学成果奖特等奖。

（三）提升了学校办学质量

学校是国家高水平院校专业群建设单位，省高水平高职院校建设单位，全国《悉尼协议》高职应用联盟常务副理事长单位。"率先实施OBE课程改革　学生学习成效持续提升"入选全国高职教育成果展优秀案例。"成果导向教育教学改革"典型案例多次被收录《中国高等职业教育质量年度报告》和《黑龙江省高等职业教育质量年度报告》。天津职业大学评价："黑龙江职业学院经过多年的实践，实现了国际标准本土化，具有非常好的引领和示范效应。"南京信息职业技术学院评价说："注重成果导向教育，守护学生成长，促进教师发展，改革卓有成效，为高职院校树立了榜样。"2019年，学校接待全国职业院校到校学习访谈20余次，中国高职高专教育网、中国高校之窗、《黑龙江日报》、黑龙江电视台、哈尔滨电视台等新闻媒体多次报道了学校成果导向教育改革的育人成效，学校的知名度和美誉度大幅提升。

依托信息技术推进与教学联动的考试改革

/ 湖南水利水电职业技术学院

2016年，湖南水利水电职业技术学院发布《考试改革实施细则》，启动考试改革，以现代信息技术为依托，从评价主体、评价模式和成绩构成等关键方面进行改革，积累了新媒体环境下以考试引领教学质量的经验。

一、主要举措

（一）依托信息化平台开展"分层考试"

学院构建教育信息化平台——湖南水利终身学习平台，开通北京超公司"学银在线"，开发基于教育信息化"泛资源"任务链式课程体系，建设以"微课"为内核的"动态课程",制订个性化学习方案,依据学生学习情况开发"分层"考核标准,实行"分层"考试制度。

(二)实行"应知考试"与"应会考试"相结合的评价模式

学校采取网上网下一体联动教学模式,开发了约360个"应知考试试题库",将理论知识考核纳入网上"试题库"考核范畴,考试成绩按40%计入总成绩。另外,同步开发约360个"应会考试实施方案",用于技能型课程的过程考核,强调学生的动手能力评价,考试成绩按60%计入总成绩。

(三)出台《考试改革管理办法》

制定法规是改革的保障,学校制定并出台《考试改革管理办法》,规范了考试改革中系部、教研室、教师与学生的责权与义务,全面规范建库、命题、组卷、考试、评分、补考、重修、学分转换等管理细则,做到有制度可依,有办法可循。

二、实施效果

(一)学习效果明显提高

考试改革与学院"有效课堂"教学管理制度相配合,双管齐下提升教学质量,考试及格率从原来的78%上升到95%。尤其是分层考试实施后，学生的压力减小了，考试心态放平了，过程考核很好地改变了唯分数的观念，技能操作培养了学生的学习成就感，学生学习态度也端正了。

（二）学生参与度与成就感有效增强

这得益于"应知"加"应会"成绩评价模式，缺考率、重修率与 2016 年相比大大降低，缺考率降低了 30% 以上，重修率降低了 60% 以上。由于"应知"考试是用网上题库，考题是公开的，有答案也有解析，因此学生可以多次刷题、看解析，对知识掌握度高于传统复习。"应会"是过程考试。成绩是一次次技能操作累积的成果，有效地提高了学生的参与度与成就感。

（三）教育教学质量显著提升

职业资格证取得率、毕业证取得率明显提高。到 2019 年年底，受成绩影响的毕业人数占毕业生总数不到 5%，低于 2016 年的 12%。2017—2019 年毕业设计抽查合格率、顶岗实习抽查合格率双双为 100%，省级技能抽查合格率为 100%，院级技能普查合格率达 80% 以上，毕业生就业率达 95% 以上，教学质量明显提升。

深化岗位需求导向的人才考核评聘改革

/ 中山职业技术学院

中山职业技术学院针对全体在编、非在编与外聘的教职工，实行竞争择优、能上能下、能进能出、目标管理、业绩导向、分类评价的人事考核评价与聘用机制改革，优化了以品德和能力为导向、以岗位需求为目标的选人用人机制。

一、主要举措

（一）深化考核评价与岗位聘用制度改革

中山职业技术学院先后制定并实施《中山职业技术学院第二聘期校级岗位设置与人员聘用实施方案》《岗位设置与人员聘用实施细则》《中山

职业技术学院高层次及紧缺适用人才引进与管理办法》，完善了《中山职业技术学院二级单位和教职员工考核评价办法》等规章制度。

（二）推进二级学院的岗位聘用改革

中山职业技术学院实行竞争择优、能上能下，低职高聘、高职低聘的岗位聘用机制。各二级学院（中心）和相关职能部门成立岗位聘用工作组，根据学校核定岗位数，参照学校制定的岗位评价标准，制定岗位设置与人员聘用实施细则及各岗位等级的岗位说明书，并根据个人业绩、工作能力和态度，从低一级职称择优聘任到高一级职称，并对业绩不达标者进行低聘。

（三）优化聘期考核评价

聘期考核分年度考核和期满考核。年度考核采用目标管理、360评价等多种评价方式，针对不同岗位、不同类别人员分别设计考核方法。期满考核重点为考核师德师风和聘期岗位目标任务完成情况，考核结果将作为续聘、解聘、晋级、调整岗位的重要依据。

二、实施效果

（一）优化了师资队伍结构

通过改革，中山职业技术学院顺利完成对全校在岗在编469人的第二聘期市级聘用，以及公开招聘、年度校内招聘和高层次人才引进等工作，有力地促进了师资队伍结构的优化，强化了学校人力资源管理的自主发展和自我约束，有效调动了全体教职工的积极性、主动性、创造性。

（二）涌现出一批人才和成果

2019年，中山职业技术学院新增全国优秀教师1人、全国技术能手3人、全国社科工作先进个人1人；新遴选高层次技能型兼职教师4人，新建广东省技能大师工作室1个、校级教学团队5个、双师工作室10个；新增国家级协同创新中心、国家级生产型实训基地、"双师型"教师培养培训基地、虚拟仿真实训中心等国家级标志性成果11项；入选全国职业院校教学管理50强，获国家级教学成果奖2项、省级教学成果奖4项，获准立项国家职业教育专业教学资源库，入选教育部首批"1+X"证书制度试点院校；认定国家级骨干专业11个，新增省级品牌专业4个；目前拥有省级以上重点建设专业16个，占比46%。

扩大行业企业参与评价，引导培养高素质现代学徒

/ 广西职业技术学院

广西职业技术学院探索扩大行业企业参与评价的现代学徒制，校、企、行共同制定了物流管理专业现代学徒制培养标准，企业导师进学校现代学徒教室，学校导师进企业现代学徒实践工作岗位，落实第三方监管和评价，以评价改革培养高素质现代学徒。

一、主要举措

（一）以现代学徒制培养标准为依据

把英国物流现代学徒制培养标准与广西物流

行业特色有机结合，以广西某物流有限公司物流岗位知识与技能为参照，校、企、行共同制定了物流现代学徒制培养标准，为扩大行业企业参与评价提供了依据和参照。

（二）以校企"双主体"联合为基础

广西职业技术学院在广西某物流有限公司中挑选业务能力强、职业道德好的部门经理作为企业导师，在广西职业技术学院物流管理专业中挑选教学经验丰富、师德高尚的教师作为学校导师，按照制定的培养标准对学生进行培养。企业导师进学校现代学徒教室、学校导师进企业现代学徒实践工作岗位，校企联合培养，并将在学生培养过程中取得的成绩输入"现代学徒制考核平台"。

（三）以"第三方"参与监管与评价为核心

培养期间，上海某国际物流咨询有限公司派内审员对学校导师、企业导师、学徒进行培训与指导，内审员每个月到现代学徒制实践工作单位现场考核每一名现代学徒当月所学习的知识点和技能点，并给出评价和改进意见。中国物流与采购联合会派外审员每月一次到现代学徒实践工作现场考核内审员、学校导师、企业导师、现代学徒，并且给出评价与改进建议。培养结束后，首先由上海某国际物流咨询有限公司内审员对所有培养结果进行考核评价，然后由中国物流与采购联合会外审员对培养结果进行最终考核与评价，对合格者发放"企业导师证书""学校导师证书""现代学徒证书"。

二、实施效果

（一）促进了企业技术进步

广西某物流有限公司对本项目给予了高度评价，认为现代学徒制项目对规范企业操作技术、加快企业高层次人才培养、提升企业管理能力起到了重要作用。

（二）培育起"双师型"教师团队

学校导师认为，通过与企业导师紧密对接，掌握了物流企业管理技术，熟悉了工作岗位标准，促进了自身"双师型"教师转变。

（三）培养出"技术技能型"人才

学生认为，通过校企双方精准培养，能力有了质的提升。通过学徒制精准培养，走上工作岗位后，5名现代学徒被企业确定为"企业百名高层次人才培养对象"，占比4%；30名学徒升为部门经理，占比25%；42名学徒升为部门主管，占比35%；所有学徒都成长为企业骨干。

（四）助力中国特色职业教育标准输出

将东盟来华留学生纳入现代学徒制培养范畴，提高了留学生的职业技能水平，起到了"以小带大"的作用。越南、老挝、泰国的部分职业院校与学校签订了现代学徒制标准引入的协议。

将多维度学业评价融入教学过程

/ 贵州民族大学

2014年以来，贵州民族大学稳步推进将评价融入教学过程的改革，在全校范围遴选部分课程作为首批学业评价改革试点的基础上，面向全校所有学生全面实施学业评价改革，对教学过程进行多维度的评价，有效激发了学生和教师的参与热情，取得了良好的改革成效。

一、主要举措

（一）稳步推动试点先行

2013年12月，学校拟定《贵州民族大学学生学业评价体系研究及实施方案》。把"注重考核学生实际能力""全面考核""过程考核"等先进理念贯彻到课程考核方式改革中，建立双向式、沟通式的考核信息反馈机制。

2014年3月，学校在全校范围内遴选了36门课程，将其作为首批学业评价改革试点，覆盖文学、理学、工学、艺术学等学科，全面地评价学生的综合素质，强化知识应用能力和创新能力的评价，注重平时考核，把注重考核学生实际能力、全面评价、过程评价等理念贯彻到学业评价改革中。

（二）全面实施学业评价体系改革

从2015年9月起，学校在全校所有学生中全面实施学业评价体系改革，根据专业要求和课程特点，将学生的平时成绩在总成绩中的比重提升至50%～70%，将学生的平时考核环节扩展至平时作业、平时考勤、课堂讨论、课程实践、小测验等多个环节。另外，根据学院要求与课程特色，设定学生期末考核的最低分，并以此作为学生总成绩是否合格的必要条件。

（三）积极深化教学过程多维度评价

学校制定《贵州民族大学学业评价体系改革教学记录本》，通过多元评教、移动教学和形成性测评，关注教学过程反馈及持续改进，并建立个性化考核方案，通过平时考核、中期检查和期末考核综合评价学生。

二、实施效果

（一）提高了学生学习实效

学校通过实施学业评价体系改革，加大了过程考核比重，突出了能力考核，改变了学业评价"重结果、轻过程"的状况以及"一考定终身"的局面，引导学生全过程、全身心投入学习；通过开展多次调研工作，从问卷调查结果来看，师生的接受度高，学生学习积极性明显提升。

（二）改变了教学过程

新评价模式改变了以教师为中心的传统课堂教学模式与师生之间的互动模式，通过网络课程、手机应用程序以及教材知识让学生在课前和课后自主学习，强化了学生的积极参与性，激发了学生学习的自主性，实现了"让学习发生"的教学效果。

（三）得到了社会肯定

2017年被教育部评为"高校教师考核评价改革示范校"。"大学本科生学业评价体系改革与实践"获2018年贵州省教学成果奖二等奖。

构建常态化动态竞争的岗位聘任机制

/ 西南政法大学

西南政法大学坚持人力资源就是"第一资源"的理念,积极探索教育评价改革实践,形成了一套既符合人才培养规律又体现学校特色且行之有效的动态竞争岗位聘任机制,为汇集人才、开发人才、使用人才、激励人才奠定了基础,发挥了积极的正面导向和牵引作用。

一、主要举措

(一)坚持目标导向,细化人才分类管理模式,创新人才评价机制

1.科学细化岗位和职责,适应各类人才发展需要

学校围绕提升人才培养质量和提高教学科研水平这一办学根本目标，缜密分析校内每一类别岗位的工作性质、特点及对组织目标实现的影响，从而归纳出每类岗位的职责并将其纳入岗位聘用办法之中，通过进一步科学细分岗位类别实现了对人才的分类细化管理。譬如，教学科研系列岗位着重要求教学、科研水平，主要对教学、科研工作任务进行了量化，同时，将教学科研系列细分为教学与科研并重系列、专职科研系列、学生思想政治教育教师系列，每一细分岗位类别的教学、科研工作职责均有所偏重和不同。管理岗位强调工作态度、办事能力、思维能力、文字表达能力、组织协调能力、全局观、有无工作事故等，教学辅助岗位强调专业知识水平、服务育人水平，工勤岗位强调技术水平、服务能力、工作态度等。学校通过对不同类别岗位职责的细分明晰，紧扣每一类岗位的工作核心任务，让各类人员在自己的事业领域各展其才，合力助推学校"双一流"建设。

2.打破"身份"禁锢，实现由"身份管理"到"岗位管理"的转变

学校以岗位聘用制度为抓手，积极完成每一阶段发展目标，通过创新人才评价模式，打破禁锢人才发展藩篱，真正实现由"身份管理"到"岗位管理"的转变，增强人才的获得感；将"淡化身份、强化岗位"这一管理理念贯穿始终，上岗条件以成果和业绩为主导，采用"招兵买马""能者竞上"的模式，打破"身份""资历""帽子"等评价方式，鼓励"低职高聘"，逐步破除对职称、职务的"兜底"保护。例如，2019年修订执行的岗聘办法规定，副教授可凭自身出色的业绩聘用至原本仅优秀教授可聘的教学科研三级岗，而业绩表现不佳的教授则降低聘用至原本副教授聘用的教学科研五级岗位。

（二）坚持"能上能下""岗位流动"动态竞争机制，提升人力资源配置效率，激发人才活力

1. 岗位聘用弹性机制实现人岗相适

学校每三年（聘期）开展一次覆盖全校教职工的岗位聘用工作，新一轮岗位聘用以上一聘期的业绩和成果作为上岗条件，与现聘岗位完全脱钩。上一聘期工作业绩表现不好的，在新一轮岗聘中会降低聘岗等级，工作业绩表现突出的，在新一轮岗聘中可能会提升多个聘岗等级。这真正实现了岗位"能上能下"。另外，对于不能胜任所聘岗位并全面履行岗位职责的，推行岗位调整，在履行完相关程序后，进行转岗聘用。这一举措真正实现了"人岗相适，人尽其才"。

2. 岗位聘用优胜劣汰机制建立良性竞争

在岗位聘用办法的整体设置上，上岗条件普遍高于岗位职责，既体现了尊重、爱护人才，适应人才发展规律，又促进了良性竞争机制的实施，激励人才脱颖而出。聘期内未全面完成岗位职责不仅会导致扣除绩效工资，也会影响下一聘期的聘岗等级，实现了能者竞上、优劳优酬、良性循环的竞争机制。

（三）坚持岗位职责履行与薪酬挂钩，以岗位聘用制度为基础，搭建人才培养体系

学校配套制定《西南政法大学绩效工作实施办法》，以岗定酬，让岗位和业绩与薪酬待遇直接挂钩；不断夯实聘后管理，出台与岗位聘用制度相匹配的《西南政法大学教职工考核办法》，建立以工作业绩为核心的考核标准，在考核实践中强调"淡化身份、注重贡献、多劳多得"的工作原则，对于不能履行岗位职责、考核不合格的教

职工按规定降低岗位等级、调整岗位甚至解除聘用，使个人考核目标与学校发展目标高度契合。

学校积极发挥制度的扩散效应，提高岗聘制度的辐射力，坚持正确的工作导向，在校内建立了体系化的人才培养激励机制，以期形成有利于人才成长的培养机制、有利于人尽其才的使用机制、有利于竞相成长各展其能的激励机制、有利于人才脱颖而出的竞争机制。

二、实施效果

（一）激发了体现正确用人导向的岗位聘用制度的活力

随着岗位聘用制度的不断完善，学校进一步优化岗位职责，强化了岗位管理，建立了以岗位职责为基础，以政治素质、业务能力和综合实绩为导向的科学化人才评价与考核机制，在实践中不断修订完善岗位聘用制度，以适应学校发展每个阶段的需要，增强了《西南政法大学岗位聘用制实施办法》的制度活力。

（二）形成了激励优秀人才脱颖而出的局面

推动"能上能下、优绩优酬"在全校上下蔚然成风，也激励着一批批"西政人才"脱颖而出，成为落实国家人才发展战略、服务地方经济社会发展水平、提升西政人才培养和科学研究质量的有效管理机制。

毕业综合考核体现专业能力导向

/ 丽江师范高等专科学校

丽江师范高等专科学校学前教育专业通过重构考核目标，构建出"三能八会"的重实际应用的考核内容，并且综合运用多种考核方式，探索构建了以专业核心能力为主的毕业综合考核评价体系，在提升学生的专业技能、实践能力、就业竞争力等方面取得了显著成效。

一、主要举措

（一）重构考核目标

毕业综合考试重构考核目标，关注学生专业能力和岗位需求对接，着重检验学生专业实践技能，达到培养的学生能在走向工作岗位后真正"用得上"。

（二）构建"三能八会"考核内容

考核内容紧扣"三能八会"，"三能"即能实施幼儿园教育活动、能组织幼儿园游戏、能创设幼儿园环境，"八会"即会朗诵儿歌、会讲儿童故事、会唱幼儿歌曲、会跳儿童舞蹈、会制作幼儿玩教具、会弹一手好琴、会画一手好画、会写一笔好字。

（三）多种考核方式相结合

1. 过程考核与综合考核相结合

部分考核内容在教学和实习过程中完成，如组织幼儿园游戏、幼儿园环境创设、教学活动的设计与组织等。其他部分能力在全部完成课程学习后、毕业前进行综合考核。

2. 个人考核与集体考核相结合

根据考核科目性质不同，一些科目采用个人考核的方式，如讲儿童故事、会弹一手好琴、会跳儿童舞蹈等；另外一些科目采用集体考核方式，如会制作玩教具、会画一手好画等。

二、实施效果

（一）明确了学校的专业发展目标

学校以目标为导向，根据社会对岗位需求的不同，及时调整培养内容和方式，保证毕业生质量，真正做到产教融合，形成了学校特色。

（二）提高了学生的竞争力

学校在历年的云南省职业技能大赛中均取得优秀成绩，在 2017 年、2019 年、2020 年云南省职业技能大赛学前教育赛项中均获得一等奖，这提高了学生的学习积极性、目标性，提升了学生的专业能力。

（三）保证了人才培养质量

毕业综合考核既检验了学生的学习成果，又检验了学校培养人才的办学质量。针对不同时期幼儿园的岗位需求，相应改变考核内容及形式，使毕业综合考试与就业岗位需求越来越贴合，提高了学生的岗位适应能力。

强化学生课程学习的过程评价

/ 丽江师范高等专科学校

丽江师范高等专科学校经过多年探索，打造了精品课程，创新过程性评价和案例教学相结合等方式，让学生乐学、好学，使教学质量明显提高。其中，英力克英语口语课程和"秘书实务"课程的评价改革赢得了校内外的关注和好评。

一、主要内容

（一）英力克英语口语课程倒三七考核评价

英力克英语口语课程平时成绩占70%，期末考试占30%。

1. 平时考核占七成

平时成绩由出勤、学生课堂表现、学生在英语日是否坚持说英语的表现（由自评和英语服务团评价两部分组成）、英力克之夜的表现以及作为学生教师上课和主持英力克之夜的表现组成。

2. 期末成绩占三成

期末考试以口试的方式进行，一般是让学生在本学期所学内容里挑选自己感兴趣的内容（约占所学内容的 2/3）进行重点复习，在考试时又在所准备的内容里挑选一个部分进行陈述。教师在"交际效率"（占 30%）、"交际技巧"（占 30%）、"表达的准确性和丰富性"（占 40%）三个方面进行评价。这实现了课程考核评价方式从终结性评价向形成性评价的转变。

（二）"秘书实务"案例教学的过程评价

1. 课程模块化

首先将课程内容按照"秘书实务"课程模块进行划分，大致包括办文、办事、办会、沟通协调、信息处理等（每一部分都有相关的实训作业或实训案例），然后把学生进行随机分组（每组6～8人）。

2. 教学案例化

根据教学计划进行教学并布置案例，让学生积极参与，并录制小视频（小视频可作为教师教学事例在其他班级课程教学中使用）。最后案例分享，教师现场指导，学生获得案例反馈。

3. 案例评价过程化

每部分的案例都要填写课程实训记录表，教师对现场实训有过程性评价，对实训中出现的问题进行针对性的指导，学生可在案例实训结束后知晓实训成绩。

二、实施效果

（一）倒三七考核评价改革成果获好评

"英力克英语口语"被评为云南省高校精品课程、云南省高校精品视频公开课，"英力克英语习得模式监控方式研究"获云南省科研成果奖三等奖，"英力克：创建英语语言环境的可持续性发展模式"获云南省政府教学成果奖二等奖，学生获省级专业技能口语大赛二等奖、先后三次教学技能竞赛一等奖。

（二）案例教学的过程性评价成效显著

在"秘书实务"课程中，学生自己录制小视频，其作为事例可有效辅助教师教学，并且学生可在第一时间通过现场的案例示范了解自己在实践过程中的不足和存在的问题，对知识点的掌握有较大帮助。这其中的过程性评价有助于教师及时掌握学生的学习状态，并能较好地督促学生的学习。

开展关键核心能力测评试点

/陕西国防工业职业技术学院

2016年,陕西国防工业职业技术学院汽车工程学院加入戴姆勒铸星教育校企合作项目。从2017级开始,学校针对汽车检测与维修技术专业各试点班级的学生(以下简称试点学生),逐步实施关键能力测评,并以此为抓手提升学生的实践能力,使评价改革初见成效。

一、主要举措

(一)践行知行合一理念,注重学生实践活动的评价

学校为学生提供参与实践活动的机会,在校

内成立"以学生为主体，以教师为主导"的学生实践社团（如汽车协会或志愿者协会）。社团承担大量的汽车专业实践教学活动，并开展汽车服务与咨询主题相关的宣传展示活动，举办汽车基础知识竞赛等，让学生成为实践活动的主体，并在实践中接受教育。学校在教学楼、图书馆、食堂、公寓、校园活动区设立多个志愿者服务站和勤工助学岗位。

试点学生通过青年志愿者协会和任课教师的安排，利用课余和周末参加校内志愿者服务活动、勤工俭学活动等（试点学生可自主选择两次实践活动）。每个学生要完成4课时的实践活动任务，成绩通过班级汇总和教师考核得出。

（二）落实关键能力导向，实施全过程跟踪评价

以培养关键能力为导向，学校和企业对学生采取全过程跟踪评价。关键能力包括：专业能力、方法能力、社会能力。为了培养高素质的售后服务技术技能人才，双方将学生职业发展的关键能力细分为10个维度的具体表现。每个维度的具体表现分为5个等级，每个等级有具体标准。教师对学生测评和学生对自己测评时，对照标准进行每项打分，形成本人最终测评结果。每个学期进行两次测评，教师与学生单独进行10方面沟通交流。首先，学生对照每项标准对10个方面进行自评打分；其次，教师通过课堂和课余观察，对学生进行测评打分；最后，学生和教师将各自测评结果进行对比，双方沟通测评中的差异项并进行测评修正，形成第一次测评结果。学生和教师双方明确第一次测评结果将作为基础分。

教师要求在第一次测评之后，学生在学习和生活中不断提升自我，达到每次测评优于上一次测评结果，经过三年12次教师与学生相互测评，使学生养成"质量意识""工作责任感""安全意识"和"沟通能力"等。

在关注学生关键能力评价的过程中，学校非常注重学生的素质养成、创新精神与实践能力的提升，注重加强对学生品德发展、学业发展、身心发展、兴趣特长、劳动精神、爱国情操等方面的培养，最终使学生成为思想政治坚定、德技并修、全面发展、具有团队协作精神的现代汽车工匠。

表1 DSE班学生实习表现评估

学员姓名：　　　　　部门：　　　　　到岗日期：

准则	具体标准	参考分数	实际得分	注释
质量意识	有质量改进意见，并且意见已经被采纳	5		
	质量意识很好，有质量改进意识	4		
	质量意识良好，质量控制方面无错误或经提醒后可以纠正错误	3		
	质量意识一般，在质量控制方面有缺陷记录	2		
	缺乏质量意识，有违反工业要求现象	1		
工作责任感	有事例证明，对自身工作及团队工作负有很强的责任感	5		
	对自身工作及团队工作负有责任感	4		
	对自身本岗位有责任感、责任心	3		
	只关注自身工作并且不愿扩大责任范围	2		
	不愿承担责任，向其他人传递废品	1		

续表

准则	具体标准	参考分数	实际得分	注释
安全意识	优秀的安全意识，对不合理的或违反安全规定的行为可以提出建议	5		
	良好的安全意识，遵守安全规定，拒绝不安全行为	4		
	遵守安全规定，日常工作中有安全措施	3		
	具备基本的安全意识，但有轻微违反安全规定的情况，但在提示下可以很快纠正错误	2		
	具备初级安全意识，有忽略安全保护的现象	1		
沟通能力	良好的沟通能力，同时和本团队人员建立了非常好的关系	5		
	与同事间有良好的关系，有问题及时询问，并对团队乐于提出意见	4		
	与同事沟通较好，有问题时能及时询问	3		
	有沟通愿望，但沟通的方式、方法还需提高	2		
	沟通不积极、主动，只在被问询时给予回答	1		
团队精神	良好的团队合作精神，帮助他人积极地解决问题	5		
	良好的团队精神，乐于与同事共同解决问题	4		
	良好的团队精神，与同事相处融洽	3		
	有团队合作意识，只在推动状态下才能帮助别人	2		
	缺乏合作意识，与同事的合作效果不佳	1		

续表

准则	具体标准	参考分数	实际得分	注释
学习、工作主动性	非常积极主动地学习、工作，并有很好的成绩，而且不限于对本岗位的学习	5		
	学习、工作主动性强并有很好的成绩	4		
	乐于学习新工作内容，能很好地掌握，并能基本完成工作	3		
	主动性不强，但可以掌握所需知识并基本完成工作	2		
	被动学习与工作	1		
工作技能	熟练掌握两个及以上岗位的工作，并可帮助其他同事工作	5		
	熟练掌握两个以上工作岗位的工作，并且工作表现很好	4		
	熟练掌握一个岗位的工作，并且工作效果很好	3		
	能承担起一个岗位的工作内容，但不熟练	2		
	不能承担一个岗位的全部工作	1		
灵活性	在工作调动过程中，能一直保持良好的心态	5		
	接受能力强并能适应岗位的调动	4		
	可以很好地适应新工作岗位	3		
	可以适应工作岗位的调整	2		
	不能适应工作岗位的调整	1		
工作区域干净	工作区域 5S 表现突出，并能主动帮助他人进行 5S	5		
	工作区域 5S 表现很好，每天工作后都进行清扫	4		
	工作区域保持 5S	3		
	在其他同事的带动下清洁工作区域	2		
	工作区域不能保持清洁	1		

续表

准则	具体标准	参考分数	实际得分	注释
谨慎使用/处理物料和产品	谨慎使用物料产品，并能够提出VPS的改善提议	5		
	处理和使用物料时非常谨慎，努力避免浪费	4		
	对如何谨慎使用/处理物料和产品有清楚的认识并能实施	3		
	没有对物品造成损坏，但在理念上还应有所提高	2		
	有事例证明，对物品的处理不够谨慎，如错误操作导致物品损坏	1		
		总得分		
综合评定				
跟 踪/行动计划				

签字　　　　学员工号：　　　　　　学员号：　　　　　评估日期：

（三）抓住"1+X"证书制度试点契机，深化评价改革

2019年，学院被评为第一批汽车运用与维修"1+X"证书制度试点院校，依照《国家职业教育改革实施方案》要求，逐步探索模块化课程体系及书证融通教学改革。为保证"1+X"模块证书和专业课体系深度融合与实施的有效性，学院坚持以学生为中心，深化复合型技术技能人才培养和评价改革模式，认真实施"1+X"证书制度。

首先，打破原有的传统教学模式及旧的评价体系，在教育理念上从以教为中心到以学为中心，采用线上线下的教学方式，教师在

职教平台上传视频、课件、学习任务单和过关考核材料，学生在线下按照自己的步骤完成学习。课上教师充分调动学生的积极性，发挥小组合作作用，引导学生探究学习。学生分组向教师提问，教师适时引导。

其次，参照"1+X"证书制度，借鉴国际汽车专业领域五大系统十大模块职业技能等级，从知识、技能、态度和实证四个维度综合设计现有模块化课程。实行模块化教学，在教学管理中实行弹性学制，学习成绩优秀、动手能力强的学生在短时间内可以完成学习任务，经相关培训机构认定学习成果后，提前进入合作企业进行顶岗实习，完成学习成果的转换，实现和企业的零对接。学生在实习过程中得到企业认可，顶岗实习成绩经过培训机构认定后可以转变为学分，对在学校获得的学分和企业顶岗学分进行综合评定，实现弹性学制。

最后，在原有的全过程跟踪评价基础上，更加关注学生的表现和学生职业能力的评价。在"1+X"证书制度下，在原来教材的基础上，学校借鉴世界技能大赛、全国技能大赛和各大汽车制造厂职业培训技能标准，系统地开发初级、中级相关教材资源，通过模块任务教材、教学视频、实施方案设计、学习任务工单、实训考核工单、理论考核题库等，完成学习全过程的考核，随时发现学生的不足之处并及时补差、补缺，真实地体现学生的学习成果和职业技能水平。

二、实施效果

（一）深化了校企合作成果

学校通过关键能力测评，巩固和深化了校企合作双赢的成果，不仅提升了学校办学质量，而且为企业输送了优秀人才。2017年，针对汽车检测与维修技术专业试点班级28名学生，学校以关键能力测评为抓手，实现了"四方"联动、协同育人。"四方"指学校、奔驰经销商、奔驰认证中心、戴姆勒公司。学校提供师资、设备和场地等教学资源；奔驰经销商提供岗位和技术，联合学校完成专业发展规划和人才培养方案的制订；奔驰认证中心负责人才培养结果鉴定；戴姆勒公司利用行业规范对各方主体约束，以达到良性循环的发展。学校与戴姆勒公司采用混搭互聘教师、共享共管实训基地、学历教育与技能教育双考核的交互融合协同育人模式，实现了产业、专业、职业、就业、创业"五业"贯通，夯实了双方深度合作的基础。

（二）学生就业有保障

2017级试点以来，经过3年职业关键能力测评，汽车类专业现代学徒制试点的运行模式和教学质量得到肯定。试点班84%的学生就业于陕西区域内高端汽车品牌，企业对毕业生满意度自76%升至97%。

（三）改革成果获好评

近几年来，邢台职业技术学院、无锡职业技术学院、云南交通职业技术学院、宁德新能源、吉利汽车等20余所高职院校和企业来校学习交流，认为学院的关键能力测评具有重要借鉴价值。

六位一体多元化学生综合能力评价改革

/ 兰州现代职业学院

兰州现代职业学院将"六位一体"多元化学生综合能力评价的理念融入人才培养方案,把学生综合能力评价贯穿在整个职业教育活动中,有效提高了人才培养质量,促进了学生思想道德、人文素养和技术技能的全面发展。

一、主要举措

(一)组建评价改革研究团队

组建"六位一体"多元化学生综合能力评价模式改革研究团队,明确研究任务,收集文献资料,全面了解当前职业院校学生综合能力评价的现状，确定研究的维度，制订评价模式改革方案。

（二）设计学生综合能力评价体系

设计"职业院校'六位一体'多元化学生综合能力评价体系"（如图1所示），分别制定六个维度的评价体系，并通过校企合作，开展基于"互联网+"、大数据分析的学生评价手段设计。

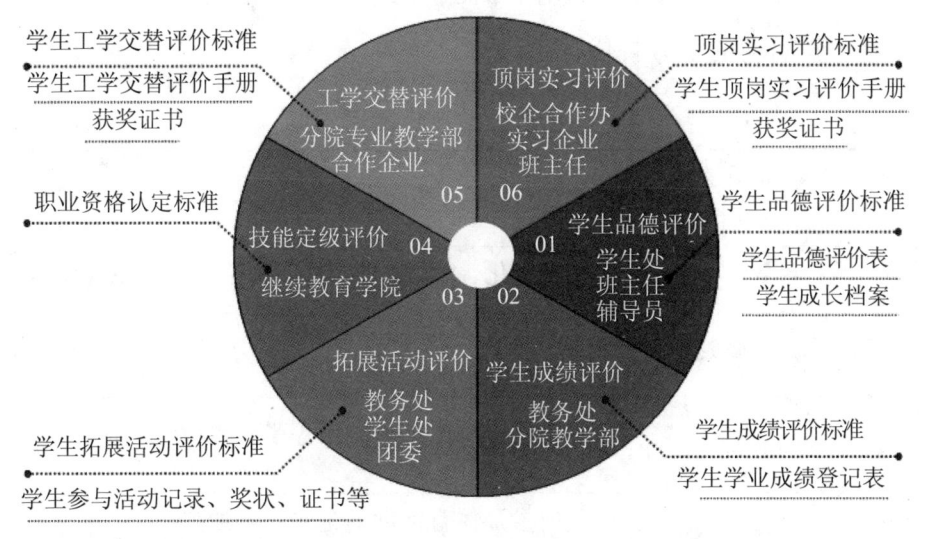

图1 职业学院"六位一体"多元化学生综合能力评价体系

1.学生思想品德评价

由学生处、团委、班主任、辅导员等人员组建，通过完善学生思想品德评价体系，创新利用网络学习空间的数据资源，建立学生成长数据分析及思想品德评价档案。

2.学生学业成绩评价

由教务处、专业教学部、任课教师等人员组成，通过改革创新不同学科考试评价方式，灵活采用理论考试、口试面试、技能竞赛、作业作品展示、才艺展示、操作展示等多种考试评价方式，综合评价学生在校期间的学业成绩，完善学生学业成绩档案。

3.学生拓展活动评价

由学生处、团委、教务处等人员组成，将通过对各专业学生开展的丰富多彩的"三延伸两融合"教学实践活动和社团活动，制定竞赛、作业展评、社团活动、志愿者活动等拓展活动评价标准，构建以赛促学、以展促学、以活动促学的学生拓展活动评价，并积极探索拓展活动的学分替代认定。

表 1 拓展活动评价项目一览

序号	职业素养培训项目	考核内容与方式	类别模块
1	特色晨读/晚读	传统文化、国内外经典作品诵读	文化素养
2	志愿者服务	累计时间达16小时计1分，以此类推（出具主办方提供的证明）	感恩教育
3	社团活动	参加各级各类社团活动记录及指导教师评价成绩	职业素养
4	体育活动与竞赛	平时参加体育活动的记录，参加院级以上项目获奖可申请替代学分	素质教育
5	院校及各类比赛、作业作品展赛	提供参加各级各类院校级比赛活动获奖证书，可申请替代学分	职业素养
6	勤工俭学（校内）	提供学生处开具的勤工俭学证明	职业素养
7	企业、市场、社会调研	根据专业对接行业企业，统一组织或学生个人前往企业、市场、社会开展考查调研，并完成调研报告（2000字）	专业素养
8	职业技能大赛	参加院级及以上职业技能大赛，获奖可申请替代学分	专业素养

续表

序号	职业素养培训项目	考核内容与方式	类别模块
9	假期社会实践	利用业余时间或假期,完成实践报告(2000字),获奖可申请替代学分	职业素养
10	参加各类专题讲座、研讨	参加院校组织的安全教育、社会责任、绿色环保等人文素养、科学素养方面的专题讲座、专题研讨活动,提供每学期参加活动一览表及一份总结报告(2000字)	素质教育

表2 基于"六位一体"评价体系的学分替代一览表

项目	一等奖/高级	二等奖/中级	三等奖/初级
国家级获奖	12	10	8
省级获奖	10	8	6
市、院级获奖	8	6	4
系部级获奖	4	2	1
职业资格证书	6	4	2
技能等级证书	6	4	2
品德评价证书	6	4	2

4.职业技能定级评价

由技能鉴定机构、社会组织评价机构等人员组成,通过广泛开展社会、行业参与的职业资格认定评价,积极参与"1+X"证书制度试点,通过广泛开展社会、行业参与的职业资格认定和技能等级考试评价,建立学分银行,实施毕业证书和职业资格证书互通,实现引入社会、行业参与评价,证书与技能对应,促进就业的评价模式改革。

5. 工学交替评价

由专业教学部、企业工作人员组成，通过对各专业学生赴企业开展认知见习、工学交替实习的评价，大力推进校企合作、工学结合，探索通过产教融合，积极开展学校、企业共同参与的学生综合实践能力评价。

表3 实践项目评价方式一览表

序号	专业实践项目	考核内容与方式	类别模块
1	企业认知实习	参加企业参观、见习、认知实习，提交认知实习报告（2000字）	职业素质
2	校内专项实训	根据专业课程安排，完成校内实训室实训项目训练，通过实训项目评比、实训作品评比考核，获奖可申请替代学分	专业技能
3	企业工学交替实训	根据教学安排，赴企业开展阶段性工学交替实训，填写工学交替实训手册，由企业师父、指导教师、学生共同评出实训成绩，根据实训情况16～18学时计1学分	专业技能
4	顶岗实习	根据教学安排，学生赴企业开展不少于6个月的顶岗实习，填写顶岗实训手册，撰写顶岗实习总结，由企业师傅、指导教师、学生共同评出顶岗实训成绩	素质教育
5	毕业设计	根据专业特色，在教师指导下选题，完成开题报告、毕业设计，通过答辩，获得相应学分	职业素养

6. 顶岗实习评价

由实习指导教师、企业辅导员等人员组成，根据学生顶岗实习期间的出勤、工作表现，基于信息化平台，创新学生顶岗实习管理机制，完善校企共同评价学生综合能力的内容和形式。

（三）修订完善评价体系

通过研究实践，学校修订完善了《中职学校"六位一体"多元化学生综合能力评价体系方案》；根据兰州市职业教育资源整合的现状和实施中高职一体化办学模式改革的现实需要，通过重新构建、内容补充、修订完善，构建和设计完成了适用高职院校教育教学评价的《高职院校"六位一体"多元化学生综合能力评价体系方案》。

（四）持续推进评价实践

以项目研究为引领，紧抓学院数字化校园环境建设和教务管理平台建设的有利契机，主动开展校企深度合作，将"六位一体"多元化学生综合能力评价的理念融入数字化校园平台和教务管理系统，依托"互联网+"、大数据分析，开发手机移动应用程序的功能，创新评价管理模式。同时，结合近年来国家对职业院校的评价模式改革、教学诊断与改进工作、专业人才培养质量评估、职业院校质量年报等工作的要求，在全院范围内推广实施，促进中高职一体化教育教学改革，提升人才培养质量。

二、实施效果

（一）取得多元评价系列成果

1. 品德评价

确定学生思想品德评价试点班，应用新的评价体系方案，进行了为期一学年的学生品德评价实践，完成了试点班学生思想品德评价总结报告一份。

2. 学业成绩评价

根据学业成绩评价体系方案，设计了公共基础课、专业理论课、专业技能课评价细则，并印制了与学业成绩评价体系相对应的成绩册。学院高职各专业在学业成绩评定时，结合专业和课程特点，灵活采用了理论考试、技能测试、技能竞赛、作业作品展评、实训项目评价、口试面试等多种评价方式，对学生学业成绩进行有针对性的评价，已进行了两个学期的学业成绩评价改革实践，调动了学生的学习积极性和主动性。

3. 拓展活动评价

根据拓展活动评价体系方案，重点对各院校学生社团活动的开展进行评价模式改革试点，完成了一份社团活动评价总结报告。

4. 技能定级评价

以点探索，汽车检测与维修、数控技术等专业开展了技能定级评价试点，形成了职业技能资格证书替代部分专业课学分的评价方式。

5. 工学交替评价

汽车检测与维修专业开展了工学交替评价试点实践，通过学生自评、小组互评、指导教师评、企业师傅评等形式，对学生赴企业进行工学交替实践进行了评价。

6.顶岗实习评价

建筑工程技术等专业基于"优职途"平台,通过对顶岗实习阶段的学生进行跟踪考核、校企共同参与、学生自评及工作情况总结等方式,完成了2019届高职首届学生的顶岗实习综合评价实践。

(二)牵引学校人才培养改革

2019年学院修订32个高职专业人才培养方案,将"六位一体"多元化学生综合能力评价的理念融入人才培养方案,并进一步指导兄弟中专学校各专业人才培养方案的修订,创新引入对拓展活动的多元评价和学分替代,将学生综合能力评价贯穿在整个职业教育活动中。

现代学徒制试点中的"三方评价"

/ 新疆石河子职业技术学院

自 2015 年被教育部批准为现代学徒制试点单位以来,新疆石河子职业技术学院热能动力设备与应用专业积极探索人才培养质量评价新模式,探索了校内导师评价、企业师傅评价、协会评价相结合的"三方评价"改革。

一、主要举措

(一)共同确定方案

学校、企业和供热协会(第三方评价机构)组成评价委员会,共同研制通过了《热能动力设备与应用专业现代学徒制人才培养质量监控标准及实施方案》《热能动力设备与应用专业现代学徒制专业人才培养过程跟踪管理制度》《热能动力设备与应用专业现代学徒制准员工实习考核制度》《学生（学徒）成绩管理规定》等方案，旨在对学徒学习的各个阶段进行考核评价，力求达到最优的效果。

（二）优化组织管理

制定组织管理办法，明确各位工作人员的职责，制定评价纪律，让评价的方方面面都有章可循。对供热协会相关参与人员进行理论培训和实践考察，让第三方评价既考虑职业教育面上的问题，也要针对具体区域情况来具体对待。通过管理办法规范第三方评价行为准则，以保障评价的顺利开展。

（三）完善评价机制

以学徒能力培养为目标，构建三方评价机制，将校内导师评价、企业师傅评价、供热协会评价相结合。学生理论知识部分以及校内实训部分的考核由校内导师完成，企业导师主要负责对学生的校外实训及在岗训练进行评价。学生技能等级考核以及毕业设计（论文）答辩由供热行业协会全程参与，与企业和职业技能鉴定中心对学生岗位技能进行达标考核。理论考核与操作考核相结合，要求学生所实习岗位须达到高级工水平，获得锅炉操作工（高级）职业资格证书，切实提高学生的就业基础能力、岗位核心能力、职业迁移能力等，最终实现"人人有技能，个个有特长"的目标。

二、实施效果

（一）功能强化，满足期待

通过三方评价体系的构建，提高了评价的客观性和真实性，强化了评价的导向功能，满足了社会和公众对评价公正性和科学性的期待。

（二）方向明确，思路清晰

使学校进一步明确了办学方向和办学思路，进一步增强了职业教育的吸引力，构建了富有时代特征和行业特色的教育评价体系。

（三）水平提升，促进就业

通过校企合作，提高了人才培养水平，拓展了学生的就业面。在热能动力设备应用专业的试点中，人才培养质量明显提升，就业率达到100%。

（四）合作加深，科研增强

双导师合作逐步加深，导师科研项目、专利数量不断增多，教学团队的整体水平显著提高。

后 记

《新时代教育评价改革典型案例》是教育部综合改革司委托课题"教育评价改革典型案例跟踪研究"的主要成果。教育部教育发展研究中心彭斌柏主任为课题主持人，负责制订研究方案和案例体例，选定典型案例条目，修改文稿等工作；陈如平副主任负责组织协调，教育治理与廉政；研究部副主任卢海弘具体执行。在教育部综合改革司的指导下，课题组开展了面向全国的教育评价改革典型案例征集工作，得到了地方和学校的大力支持。受课题组委托，河北师范大学徐莉教授以及研究生梁震、陈晓乐、石子鹏、安琪、杨丽乐、陶磊等同学对典型案例做了整理、补充和完善，以便更好地反映各地各校教育评价改革的经验做法。北京师范大学出版社郭兴举、鲍红玉编辑参与了选题策划、体例设计、文稿编辑等工作，在此一并表示感谢。